異溫層迷航記

芭樂人類學2

主編 趙恩潔 林浩立

目錄

在這疫常的時空

許多奮鬥持續進行

有的戰場開在身體上

有的在各地敲打與修補

環境與各物種也是我們的身體

我們對著物體歌唱，如同世界總是對我們吶喊

芭樂探員HL

異溫層中的旅行者

我喜歡聽故事，但原因不在故事內容本身，而是故事能蔓延出去、直通腦海與內心的路徑，召喚著我進入故事當中。這不需要是什麼千古鉅作，能一窺人間百態的日常生活真實故事即能達致。我媽就是這樣的說故事高手，擅長的題材是人倫悲喜劇，能從我阿媽婚前一段跨越省籍的戀情講到地方上一位越南媽媽拉拔孩子的奮鬥。這些可不是街坊八卦傳聞，而是在密切相處後得到的傾訴，並且反映了在不同關係中如何處理各種問題的可能性，連我讀小學一年級的兒子也常聽得津津有味。其中沒有道德警示的意涵，有的是或熟悉或陌生的各色人物怎麼因為獨特的生命歷程做出種種選擇。而當我的生命經驗與之交疊時，我也會想像要是我在其中會怎麼做。就這樣，別人的故事成為我自己的，過去與現在互相照映。《大腦會說故事》[1]一書的作者哥德夏（Jonathan Gottschall）認為渴望故事是人之所以為人的重要演化特質，使得人類能

1 *The Storytelling Animal: How Stories Make Us Human*

夠不斷將自己投射在不同情境中操練反應，調整對世界的認知與行動。雖然他強調的是虛構故事，但能將真實存在的他者的故事拉進自己的生命中，更是一種難得的體驗。

人類學對我來說也是如此。

在讀那些經典民族誌案例時，如峇里島的鬥雞、太平洋初布蘭群島的貝殼飾品交換、非洲努爾人的牛隻和婚姻制度，儘管發生在非常遙遠的地方，所描繪的行為更是前所未聞，但我還是能「懂」。我懂的不是人類學家的解釋和他們想藉此闡述的文化、社會、結構等概念，而是在民族誌材料中現身的人們，為什麼會對某些事物如此在意、為什麼會創造出相應的說詞和儀禮。我能懂為何需要透過有著強烈感官刺激的活動來認識模糊的集體自我，我能懂為何對珍貴物件的取得不能強求，反而要更謹慎地遵守遊戲規則，因為這些都是我自己有過或是能體會的人類共同經驗。記得在一堂研究所的課上討論涉及本體論轉向、閱讀難度相當高的民族誌《森林如何思考》[2]時，在一片無法參透其中奧祕的哀鴻聲中，一位同學卻說能「懂」厄瓜多雨林中原住民和狗、猴子、美洲豹，甚至靈魂等非人行動者所進行之不同層次的溝通：因為在這親友不斷死去的環境中，他們永遠不會孤單。這個說法很簡單，卻又如此深刻。人類學的迷人之處就在這裡，不是在讚嘆文化多樣性而已，而是在遙遠陌生的異文化世界中開闢同理共感的管道。

成為旅行者

在閱讀民族誌時能找到那一絲與自己文化或個人經驗的連繫，固然是妙不可言的滋味，但大部分時間，讀者是會迷失在繁瑣的民族誌材料中的。而當長期沉浸在田野中、執著於開放對話、細微符號、多方連結的人類學家想要絮叨起來，呈現出的成果堪比西斯汀教堂中的壁畫。曾幾何時，原本跟公眾議題有著密切對話的學科，似乎逐漸成為了遺世獨立且自我耽溺的神祕知識。但如同文化研究學者詹姆斯・克里弗德（James Clifford）的提醒，人類學的本質不是在田野中的居處，而是旅行、移動、遊走。這個行動固然有其西方特權的包袱，但也因為移動的不輟使得特權可以被挑戰、邊界得以被擾動、關係持續建立。這樣的旅行移動不只發生在實質的空間中，也包括書寫的天地。因此作為旅行者的人類學家，是具備能夠立即地回應世界上正在發生的大小事件的能力的。一方面來說，因為習於遊走田野筆記、日記、報告之間，人類學家有著轉換調整文體的彈性；而另一方面，在事件發生的地點，似乎總是有無所不在的人類學家移動而來的痕跡。

芭樂人類學是什麼，或許就可以用這樣的角度解釋：一群願意離開自己的故鄉去到異

2 *How Forests Think: Toward an Anthropology Beyond the Human*

文化生活，然後再度離開田野地的旅行者，以即刻當下的書寫，在世界與世界之間移動串連，即便這些新的關係會帶來新的質疑與挑戰也在所不惜。

二〇一一年我從斐濟的田野地回到台灣準備撰寫博士論文，此時芭樂人類學共筆部落格已運作了一年多，但遠在熱帶太平洋島嶼上的我沒有跟上剛創始上線的風潮。這年，魏德聖的《賽德克．巴萊》上映，引起各界廣大的迴響，芭樂人類學寫手陣容中有著不少長期關注原住民議題的學者，自然也沒有缺席。令我印象最深刻的一篇是邱韻芳的〈在眾「巴萊」之間沉思〉，裡面表達了對電影中許多情節安排凌駕賽德克族各支群之複雜歷史的不安。文章刊登後，兩個月之間竟引出下方留言區高達一百二十八則的回應，其中包括族人、學者、記者、地方文史工作者，以及自稱「一般小觀眾」的讀者，而韻芳也針對每則留言一一回覆。雖然有些留言是對文章尖銳的挑戰，但大多能引起良好的討論。身為一個剛從異文化田野歸來、即將投入一段孤獨寫作旅程的研究生，芭樂人類學的文字所能引起的多方互動給我相當大的震撼。在那留言區中，我彷彿看到一條條蔓延四處的路徑，雖然並非每條都是平順的，但至少是通向他方。韻芳從她的台灣原住民「異」文化田野移動到一個被視為共「同」知識的大眾電影，然後又開啟了更「異」質的對話。

由於芭樂人類學創立時設下的寫手需具有博士學位的不成文規定，成為芭樂寫手可以說是我完成學業的動力之一。二〇一五年三月我完成博士論文口試，當天馬上跟主編郭佩宜報了喜訊，也立即受邀撰寫我人生的第一篇芭樂文〈饒舌、革命與伊斯蘭〉，正式加入芭樂農友社群。我在攻讀學業的單調苦海中所累積的各種不務正業的興趣和自認被耽誤的滿腹珠璣，終於得到了發揮的舞台。我盡情地書寫，主題由田野地斐濟和太平洋出發，從音樂、電影、小說、漫畫、運動，寫到人類學史軼事、社論、書評、影介。這種感覺真的就像在多重的世界中漫遊旅行。

許多芭樂寫手都有這種脫離自己的田野地然後跨界旅行、移動的書寫經驗。我們有不少的時事文，是重大事件發生的當下與之有連結的寫手主動跳出來的即刻回應，例如二〇一五年七月底反高中課綱微調運動中有位學生選擇結束自己生命，一直以來關注創傷與療癒的彭仁郁立刻發表了〈用聆聽與行動療癒創傷：給反課綱運動同學及其他大人的一席話〉。我們有只是日常生活人與人相處經驗的分享，卻能走進讀者家戶中帶來實質影響。我說的是也收錄於本書的陳如珍〈「我不是你的家人」：香港菲律賓籍家務傭工吃飯的學問〉，在回應踴躍的留言處，有不少讀者表示更懂得如何跟家中幫傭甚至公司員工相處。我們有身為系主任的林開世勉勵人類學系畢業生的講稿〈做一個會遲疑的聆聽者〉，卻也能對人生受用無比。我們還有司黛蕊、施永德兩位外國寫手，願意離開舒適圈以中文寫作，這之中因此還多了一條語言轉換的路徑。而在去年席捲全球的疫情和在世界各處延燒的抗爭運動，許多寫手也都能跳脫自己的田野地、由真切私密的日常經驗出發提供評論。這些都可以說是有著不同生命力的書寫旅程。

部落格書寫經驗當然並不總是美好的，有時候文章會引來尖酸的回應，而投入心力的作品則乏人問津。部落格書寫也有字數篇幅上的限制，無法更完善地發展自己的論點。此外，網路文章的「壽命」短暫，很快就會被其他事件與評論蓋過。然而，若是能讓更多從異文化洗鍊出來的人類學觀點走進公眾論述中，這些犧牲都是值得的。最重要的是，共筆部落格書寫讓寫手們有機會走出去成為旅行者，並且在旅途中懂得更有效傳達自己的觀點、成為更好的作者、與讀者建立連結。

從共筆到成書的旅行

如今《異溫層迷航記【芭樂人類學2】》實體書的出版，又是另一個奇異的旅程。芭樂人類學目前大約有七十名常駐成員，而曾在部落格發表過文章的作者則高達一百四十幾位，這些人大多為文化人類學家，但其中也有考古學家、社會學家、心理學家、地理學家、歷史學家等，與人類學有著不同淵源的專家。沒有錯，擁有博士學位確實是他們的共同點，但這不成文的規定來自部落格創立初始，希望學院中的教授、研究員能多多進行純功德、沒有績效、也不能幫助升等的大眾書寫以推廣人類學。往後，每當聽聞有新鮮博士產出，編輯群也會設法去聯繫邀約，就像當時的我一般，彷彿受邀進入一場轉換身分的中介儀式。這裡可以練習拋開熟悉的論文語言，用平易的方式介紹自己的研究成果，或像我一樣選擇重新做人，發展出不同的學術人格。因此，這個社群其實更像一張牽連出來的有機網絡，成員彼此間不見得認識，且充滿著多重身分。

雖然如此，直指人類普同經驗的人類學故事，確實在訴說著某些共同的價值：對主流論述捕捉不到的渺小事物的好奇、對看似已蓋棺論定的現象的反覆推敲、對另類可能性和挑戰現狀之希望與能動性的著迷，然後藉此來反思更大的組織、結構、歷史的問題。我想表達的是，人類學本身即是一門「異」與「同」不斷辯證的學問，但唯有透過出走，這個對話才能進行下去。因此若執著於芭樂人類學的「同」，會忽略有機的寫手網絡及其多方延伸的關懷所走出的「異」。當《異溫層迷航記》計畫剛開始上路時，我粗略地整理了部落格上《芭樂人類學》未收錄且具有出版潛力的文章，依照所浮現的主題進行分類，整理出包山包海的主題，包括觀光、建築、身體醫療、宗教儀式、博物館文化遺產、社區發展、消費經濟、親屬家庭、性、展演藝術、電影漫畫、學術機構、音樂聲音、外交、環境物種、語言、數位遊戲、考古體質、飲食、體育運動、抗爭、選舉政治等，橫跨主流非主流的議題，這還沒算上常出現的中國、香港、東南亞、大洋洲、北美、南美等台灣以外的地理區域分類。仔細想想，當這些文章加總組合起來，所構成的世界會是多麼地異質。

若「同溫層」的相反「異溫層」指的是單一現實與經驗之外的廣闊穹蒼，那麼充滿旅行動能的人類學始終在嘗試躍入，在其中迷航，設法找尋共同的方向。這就是這個學科生產知識的態度，總是設法鑽入各種細縫、超越各種界線。當愛聽故事的人類在腦中模擬想像各種可能性時，人類學家往往能藉由田野與世界的往返加以實現，甚至將可討論之事物的邊界推到非人的領域。因此，當越來越多人說人類學的觀點像是一個「同溫層」，我樂觀地認為是因為我們已走向更多樣的主題，接觸到更多不同領域、生命經驗的讀者。至於能不能被接受、連結能不能產生、故事有沒有說好，當然值得被評斷，但至少我們已經航行出去了，而不是守在田野地中。這正是芭樂人類學共筆部落格最原初的價值，也是《異溫層迷航記》成書的目的。

本書從一片蓊鬱的芭樂森林中還是開闢出了七塊園地，分別是關於認識這個多重世界的人類學知識、席捲全球造成巨變的疫情、挑戰各種巨獸的抗爭政治、展現各種關係可能性的性愛家庭、在地方上敲打修補的空間社區行動、能吃能思的物種飲食、可聽可頌的音樂聲音，並由恩潔自云的「想像地球與人類終於再次合體之後，空氣中播放出了一首寧靜的宣言詩歌」的巧思，以一首目錄詩將這些世界串接起來。我們期盼這些來自不同寫手之田野經驗、不同世界之角落、不同尺度之事物的人類學故事，透過實體書的重量，更有可能走進讀者的生命中。這當然是一段不穩定的旅程，但人類學願意這樣縱身一躍，訴說有可能會被置若罔聞的故事。我們也應該時時刻刻提醒自己，莫忘對異文化、另類聲音感到好奇、願意脫離舒適圈旅行的初衷。我想，這大概就是我們面對「異溫層」的方式吧。

林浩立

二〇二一年八月二十四日　在旅途中

芭樂探員NJ

迷航中的靈光

連結異溫層的人類學開箱
在這疫常的時空
許多奮鬥持續進行
有的戰場開在身體上
有的在各地敲打與修補

環境與各物種也是我們的身體
我們對著物體歌唱
如同世界
總是對我們吶喊[1]

對我來說，讀實體書始終有一種特殊的魔力。因為讀書能吸引我、感動我，卻也讓我平靜。芭樂文又特別適合成為實體書，因為芭樂書能迅速帶領我穿越時空，迷航於大洋洲天然嗨飲料、秘魯的烤牛心串、復活節島的食人傳說，或是泰國的歪女及港台泰奶茶聯盟。芭樂書適合擺在家裡，擺在研究室，擺在廁所，甚至也能擺在泡麵杯蓋上。[2] 因為她就是這麼日常、這麼真實，又能幫你暫時脫離這媚俗世界與纏人手機的一個好物。

如果說芭樂文是每位農友用自己的話語探索日常生活與世界百態的一種分享文，那麼芭樂書則是長著延伸到各種異溫層觸角的一種文字物體。根據經驗，確實有許多朋友，都是因為實體書才開始接觸人類學的。妳可能可以推特轉發壓線球台灣新國旗的圖片，但當你帶著壓線球國旗運動毛巾慢跑時，那又是渾然不同的fu。

所以，謝謝妳帶她來——（你目前所在的位置）。《異溫層迷航記【芭樂人類學2】》即將啟航。

靈光是一座橋

芭樂書目前有兩本，第一本是二〇一五年出版的《芭樂人類學》，第二本則是你手中的這本《異溫層迷航記》。

想討論「異溫層」，因為「同溫層」是二〇一八至二〇二一年日常政治的關鍵字。「同溫層」作為「想法類似的一群人」的用法在台灣大約自二〇一六年開始萌芽，二〇一八年大選及公投前夕攀升至高峰。「同溫層」用來取暖，但也用來幻滅。取暖，因為「韓粉父母無助會」

無法在家庭裡獲得政治認同感，需要同是天涯淪落人彼此的理解。幻滅，因為三百三十三萬支持同婚者不敢相信有六百九十四萬人反對，因此有義務反省自己「同溫層太厚」。

面對平行宇宙的各種同溫層，芭樂人類學有話要說。人類學的老本行仍然是差異的探尋，本質上涉及一種逐漸熟悉異溫層的訓練。但進入異溫層做田野只是一個開始。芭樂人類學持續用更通俗的語言向潛在讀者傳遞人類學知識，包括共筆部落格、出書與辦講座，每一個行動，都希望觸動到異溫層，也被她們觸動。從台灣的過去，到台灣原住民、日本統治下的沖繩、非裔美國人、《國安法》通過後的香港、流亡的藏人、紐約的波多黎各人，到台灣的「紐約東村」，本芭樂書的每一篇都涉及不同社群以及他們所面對的異溫層。

光是在實體書店卡位，芭樂書也擴增了書店異溫層的地景。畢竟，這個年代的書市場，幸福被宣稱為隨手可得，彷彿一個人需要的只是勵志指南、心靈雞湯，與投資妙方。我們想擾亂那些空洞、單一、缺乏文化敏銳度的「幸福書市景觀」，而我們當然是故意的。在這

1 以上這首偽詩，是《異溫層迷航記》這次特別設計的「目錄詩」。一方面，目錄詩協助我們分類主題，並將所有的主題串成更有機的連結。另一方面，我們也想知道詩句性標題的安排，經過排版後，在書的長方形有限空間中，會讓你產生出什麼不同的視覺感受？

2 是的，在萬事萬物都能數位展示的今日，真的還有人在出實體書、讀紙本書。事實上，即使在紙本書銷量連年下降的今日，台灣也仍然約有每年五千萬冊圖書的銷售量，而電子書市占率不到百分之五。即使是日韓歐美等電子書較為成熟的市場，超越百分之二十亦非易事。

個書市景觀裡，《異溫層迷航記》想告訴讀者，對於幸福的嚮往是一種文化的建構，而非人天生必然的渴望（佩宜）。事實上，人類學的經典異文化洗禮訓練，就是專門要求人全職地將自我挪移到異溫層時空，挑戰剔除原有偏見的極限，當然包括什麼才稱得上「幸福」的想像。透過異溫層，人得以改變思考方式，即使這個過程所帶來的衝擊很有可能使人受傷。然而，「不讓你傷心的人類學就不值得從事」[3]，異溫層所帶來的創傷與幻滅後的成長，直視世界結構暗黑的那一面，似乎正是人類學的要義之一（郁茜）。

因此我們一直都知道，在體驗異溫層或擴增異溫層的過程中，暈頭轉向是必然的。但是我們仍要出航，且不怕迷航。因為我們總是期待，異溫層可以帶給人的靈光與橋接力。

所謂靈光，其實不見得是古典維納斯雕像或蒙娜麗莎真跡的光暈，而是書上固定的刻紋，相較於手機與螢幕的滑動，帶給人更平靜的思考。[4] 靈光感則是一個異時空和讀者之間的差距足以被喚醒的感受。而芭樂書帶來的靈光感是在妳被喚醒的時候，騰出一個更包容不可思議的、對日常細膩充滿好奇的空間，讓自己被吸入其他異溫層時空裡，比如藏人在印度的流亡，乃至亂倫性侵受害者的心靈地景。

讀實體書帶來的靈光感，好比一起吃飯培養出來的感情。立體影音或許因為過於逼真而徹底摧毀了想像力。純粹紙墨所懸宕出來的橋接力，反而使得異溫層的空間、物種與飲食，以更深沉的力道，躍然紙上。芭樂書的橋接力，正希望能讓你身入其境，現身於跨物種與土海山河的各種世界裡。那包含宜蘭的農村、基隆海港的跨國身世、居住在苗栗與雲林離岸風電周圍的漁民，以及鄒族的苦花魚和小米田。

從芭樂書上能讀到的異溫層震撼，終究魂牽夢縈的比在螢幕上讀到的多。或許這是因為書的物體觸感本身以及單一功能性——即閱讀，它不能拿來照相、看影片或傳訊息，使書的中介作用力增強，而使橋接力更為穩固。因此從芭樂書本上讀到的幸與不幸，異中之異，可能也較螢幕上的文字更多一層深刻。是的，深刻，是穿越時空必然帶來的迷航感受。如果說人類學知識很容易在時空上超展開（從四百萬年前，到你昨晚睡覺前），而不得不多少習得在不同尺度間轉換的技藝，那麼讀一本大眾人類學的實體書，本身亦是能讓人感受情境切換的經驗。芭樂書特別適合用來做日常的「異溫層史觀」練習，學著從她人眼中看歷史（恩潔）。因此我們從大洋洲雅浦人到東南亞前現代，又從北非柏柏爾人回到今日台灣。面對異溫層，似乎沒有比學著做一位「會遲疑的聆聽者」（開世）更好的介入態度了。不先入為主、不急著批判，先聆聽，但也對所有觀點保持開放，等待被靈光找到的時機。等待

3 這是《傷心人類學》書中最常被引用的一句話。詳見本書〈名為傷心與暗黑的人類學〉。

4 與一般的解讀不同，在攝影技術還需要長時曝光取景的年代中，班雅明試圖去找到機械複製藝術本身所具備之解放潛能的感受。一旦將技術的歷史攤開，所謂的本真性可能是一種相對的，而非絕對的東西。Benjamin, Walter.（2008）. Translated by J.A.Underwood. *The Work of Art in the Age of Mechanical Reproduction*. Penguin UK.

橋接舊時光與新日常的力量，但也總是朝向未來，不斷叩問人類學可以如何改變我們的世界（黛蕊）。

換位是一種自由

因此異溫層不只是異空間，也是異時間。在這疫常的時空，由於社交距離以及自我隔離的需求，日常活動有更多遠距，更少實體。在一切都層層隔離的狀況下，親密的實體書接觸，反而變成一種擁有真實的信物。正如二〇二〇年夏，我們得知在香港的一位民運朋友在入獄前開了一張書單，其中一本，便是《芭樂人類學》。

但帶給人安慰的未必是書，也可能是看不見的手機信號與里長的慰問（梅君）、阿美族人在病毒之前人人並不平等的狀況下對疫情開的自嘲玩笑與處理疫病的部落儀式（宜澤），或是飛速教室中沉浸在聽覺裡的發呆放空（如珍），乃至作為一種共同體之公民認證的口罩（郁茜）。當然，給人撫慰的也是農村的遠見，是因疫情而更加顯學起來的在地生活合作社（晏霖）。

因此，疫情當下，我們雖然避免外出，但若外出，我們佩戴信物；我們避免流動，但若必要流動，也保持距離；我們是一個瘟疫共同體（郁茜）。然而，這種疫情所導致的行動狀態的不同，使得街頭的政治抗爭變得困難重重，反倒使我們重新思考政治抗爭所仰賴的臨場群眾身體政治，使我們重新思考各種空間與時間的抗爭。曾被挖苦為只愛錢財不問是非的香港人，在《國安法》實施前夕造就了二百萬人上街頭的壯舉，更多香港年輕人也因為社運而必須發動家庭革命（肇祺）。不論是半世紀以來被警察不當執法與殺害而形成的美國黑人運動（劉文）；看似美好實則問題百出的離岸風電，以及把台灣海峽當成養育漁村大窟田的風機抗爭者（欣怡）；重申區域獨特性而引來日本右翼人士攻擊的沖繩祭典（綺芳）；撕裂民主社會但又是民主嘉年華精粹的選舉造勢晚會（malaita），沒有一種活動能脫離身體現身的物質性。沒有一種「正港」的抗爭或造勢可以單純遠距。但如果有，那可能是實體抗爭影音所帶來的片段共感。若發生在純文字上，那需要的則是一種靈光感的傳遞。

我們希望你在讀這本《異溫層迷航記》時，能被靈光感充滿，進而獲得換位的自由。不只是思考換位，而是感受也換位。即使是面對看似純粹搞笑紓壓的哏圖，也突然間能意識到一種對刻印文字的投入，對異世界提問的衝動。比如泰國「歪女」的身體政治究竟是如何擴散到跨國異溫層，意外造就出台泰港風靡一時的「奶茶聯盟」（育生）？泰國人的幽默與不在乎為什麼像耶穌光那樣照亮了氣急敗壞的台灣人？靈光在面對嚴肅議題時同樣重要。女僕咖啡館與慈濟的功德勞動，各有什麼勞動邏輯（宜澤）？為什麼堅持自己不是你的家人，是香港菲律賓家傭自我尊嚴的最後一道防線（如珍）？性侵受害者的創傷地景，將如何帶領我們到意想不到的富饒心靈境地（仁郁）？然後你可能讀到父職，這遠比母職少被談論的異溫層話題。一位女孩在父親節感謝她那女兒身的爸爸，但為何擁有這樣的另類爸爸會讓她的同學覺得羨慕呢（文玲）？

這些種種經過靈光之橋而獲致的換位身體感受，也在地景的遞嬗中，有機會淬鍊成為未來的記憶。這涉及找回過往的異溫層變遷地景，並建造未來的、新的異溫層建築。比如，考古遺址除了要保存，又如何是一種與活生生的人共同生活的社區地景（芝華）？為什麼要在大學裡蓋一間排灣族石板屋（韻芳）？台中的東協廣場，如何在老社區與新族裔之間，形成流動交織又各自分立的族群景觀（子愷）？當故鄉成為異鄉，返回基隆老家如何成為連結過去與未來的旅程（益仁）？在東海岸的台灣東村裡，為什麼一個部落可以吸引地球上二十多國的各路好漢前來定居（政良）？

但靈光之橋不只指引我們去認識祖先與異溫層的他人，甚至想要我們打開五感去體會人與萬物的關係。所謂萬物，包含其他的物種，也包含礦物。所謂關係，特別是這些萬物經由「食」的儀式構成我們身體的「異溫」過程。鄒族人稱苦花魚為「真正的魚」，如同賽德克巴萊意味著「真正的人」。但河川魚類的豐盛是如何影響到小米田的收穫（永清）？海南島峨蔓鹽丁小學的操場上的巨大標語「缺碘影響孩子智力發育」，如何挖苦到當地人因海水可能含碘量不足，所以期待除了賣鹽也能發展觀光的苦惱（伯楨）？復活節島的食人奇談是一種逼近肉身的恐懼，儘管「你老母的肉在我牙縫」這類髒話背後的食人預設已被更新的研究證據挑戰（浩立），但在書面上遇到這「食人」的誘惑，你捨得錯過？面對秘魯因殘酷內戰與殖民時期族群對立留下的傷痕，菁英大廚們的美食大業，真的有辦法重新搭起與平民之間的橋樑嗎（縈瑩）？天然嗨的大洋洲飲料卡瓦胡椒水，究竟如何製作，又為什麼會牽涉到離奇懸疑的著名考古公案（斯嘉）？

最後，靈光之橋會對我們說話，對我們唱歌。這並非真的有人對我們說話、唱歌、彈奏音樂，而是由於其中想像空間之遼闊，我們被擾動、移情的程度也有所不一。因此，將幾篇關於音樂與聲音的芭樂文付梓，是我們雀躍期待的嘗試。當你流亡時、當你被關在監牢時，腦海中會有什麼旋律？流亡藏人的音樂，如何陪伴良心政治犯度過漫長牢獄（美玲）？非洲的節奏、印尼甘美朗以及日本禪學又是如何啟發西方的「極簡音樂」（子晴）？而如果害羞、勤勞在阿美族倫理中是男人的美德，那麼他們該如何唱出失戀的情歌（永德）？烏克麗麗這小巧的樂器千迴百轉、征服宇宙，又是如何默默諷刺著白人之於夏威夷原住民不正當的對待（浩立）？阮月嬌的故事，又是如何地以越南配偶的角色扮演，先將了台灣一軍（恩潔）？為什麼「發音不標準」是世界上最美麗的事情？

一本實體書，想像與異溫層和解的儀式

這本實體書，可能難歸納，但會很好讀，也可能很好睡。在反覆構思之餘，兩位主編與責編也曾為了書名掙扎過。一開始我們考慮過「異溫層故事集」、「異溫層筆記」、「異溫層練習本」，但它們都太熟悉了。「那些異溫層教會我的事」太長了，適合文宣，但可能不適合當標題。「熊抱異溫層」的抬頭獲得兩位主編、某資深農友與責任編輯一致推崇，但一位資深農友表示太矯情，畢竟我們沒有真的「熊抱」。「面對異溫層」好像「太環保」，有點像談論氣候變遷？至於「異溫層奇航記」當中的「奇」難免難逃人類學原罪之一的「獵奇」，跳到高屏溪也洗不清。最後我們選擇了「異溫層迷航記」。有點幽默，有點可愛。浩立認為異溫層是一種氣層的意象，要有飛行的感覺。而我認為在異溫層中會迷路，但也會著迷。會迷路，也比較謙卑。總是認為應該對人事物保持遲疑，相信真實沒有那麼容易破解，但也不怕出航。迷樣的人類學，迷樣的宇宙。

今日，在網路民粹與網路民主並行的狀況下，網路時而化為迷幻汪洋，充盈平行宇宙與同溫層危險的和諧。但使人迷惑的不是被妖魔化的塞倫美人魚，而是排外的演算賽伯格。有件事很奇怪，但是你可能也已經發現，那就是有時候，光是走入書店本身，妳可能就會再次被書本的實體性震懾，親眼看見那些異溫層就在你身邊。

波赫士的《沙之書》裡頭越翻閱就長出越多書頁的寓言，[5] 如今不再是書本與圖書館，而是永遠沒完沒了的網路連結。相反地，書本逐漸趨近於古董，但也更靠近初衷。不是浪漫的想像，而是在相對時空中，希望本真性能再次美夢成真的期待。如果異溫層是格雷戈里．貝特森（Gregory Bateson）所謂越演越烈的分化生成，那麼也許讀一本芭樂人類學的書，是異溫層之間期待和解的納文[6] 儀式。

正是在大量書寫都處於數位漂浮的情況下，我們堅持付梓。我們想用紙墨的方式來分享芭樂魂。分享那些稀奇古怪的，生機盎然的，積極亂入的，充滿福態的。分享最傷心，最黑暗，以及幸福的各種可能。

趙恩潔
銀河系

二〇二一年八月三日

5 http://jhampton.pbworks.com/f/bookofsand.pdf.

6 Bateson, Gregory.（1958）. *Naven: A Survey of the Problems Suggested by a Composite Picture of the Culture of a New Guinea Tribe Drawn from Three Points of View*（Vol. 21）. Stanford University Press.

連結異溫層的人類學開箱

在《幸福路上》遇到人類學

郭佩宜

人類學家。原本念化工系，但對人的興趣大於計算流體熱力與成本，轉以人類學為職志。受大洋洲民族誌吸引，循著南島文化的足跡，至南緯5度的所羅門群島進行長期田野工作。目前任職於中央研究院民族學研究所，斜槓博物館。

什麼是幸福？

《幸福路上》（*On Happiness Road*）電影的主角小琪天真地問。爸爸笑說這麼小就問這個問題，長大後會是哲學家喔～

媽媽立刻說當哲學家會餓肚子——這真是諷刺，認真探討幸福這個問題的人反而會不幸福?!

不過許多人對什麼是幸福、如何追求幸福快樂很有興趣。有人開玩笑說這個年代「到處都有幸福，至少書店裡面很多」。的確，在勵志指南、心靈雞湯區，幸福隨手可得，哲學之外，談正向心理學、幸福經濟的書也不少，不知是否能讓作者與出版社不必餓肚子？

人類學在慢了好多拍之後，也開始探討幸福。我們不妨將《幸福路上》當成一部民族誌來閱讀，與「幸福人類學」的討論對話。這部好片的主角是一九七五年出生在新莊的小琪，她的人生與台灣近四十年的轉變交織在一起。文中舉例不是爆雷，通通都是你我身邊常見的故事。

幸福可以排名嗎？

人類學開始探討幸福，很大的推力是對近年流行的「幸福排名」不以為然。「幸福排名」

始於不丹，當時的國王曾自詡為「世界最幸福國家」，強力行銷國民幸福指數（Gross National Happiness, GNH），以有別於追求經濟成長的國民生產毛額（Gross National Product, GNP）。媒體大幅報導形成風潮，聯合國在二〇一二年將每年三月二十日訂為「世界幸福日」，也建置了系統的調查並發布年度報告。不過根據〈世界幸福報告〉（World Happiness Report），二〇一六到二〇一八年不丹在全球只名列九十五（台灣為第二十五名），前幾名多半是北歐國家——顯然如何選擇與計算指標加權，本身就是一項價值判斷。

幸福排名問卷調查「你幸福嗎？」，人類學者則反問，我們講的是同一件事情嗎？中文的「幸」跟「福」兩個字都有豐富意涵（例如幸就有快樂、幸運等不同的面向，福就更複雜了），合在一起又有另外的意義，此外也經常把「幸福快樂」連在一起。英文也經常混用happiness、wellbeing等概念，討論happiness的文章常引述源自希臘的概念，將之分成hedonic（日常快樂）與eudaimonia（人生滿足）。光是這兩個語言之間就沒有一對一的幸福，更遑論全球不同語言中的「幸福」。為了方便討論，這篇芭樂文將暫不細分，以「幸福」一詞來暫代幸福、快樂、happiness、wellbeing等等相近但層次複雜的概念。

除了跨文化翻譯的混亂之外，幸福有單一標準嗎？不同文化脈絡的人，感受、經驗及表達的幸福，可以用同一套格式來測量計算嗎？例如研究日本高齡社群的人類學家卡維吉嘉（Iza Kavedžija）指出，日本的幸福指數調查中，人民幸福主觀感受的分數偏低，然而這未必表示日本人不快樂。會有這個結果，一方面是因為幸福對應到日文時，「幸」（shiawase）與「喜」（ureshii）有所差異，更重要的是，在日本文化中，這不是很合宜的問法。當被問到「你幸福嗎？」，人們傾向給個謙遜的答案，這也與幸福的定義有關（稍後詳談）。同一個國家裡面，差異也不小，《幸福路上》的阿媽說，「人只要吃得飽，就很幸福啦。」但小琪的爸媽、表哥或同學們，想法顯然不盡相同。

我們還可以進一步問，人一定要追求幸福嗎？美國憲法把追求幸福當成重要權利，倡議幸福指數的人也預設了人類都追求幸福，但這真的是普同的嗎？以上這些追問，都顯示了將幸福量化排名可能有的問題。不同社會想像的幸福不一樣，當我們將幸福當成客體化、可測量、可用來「科學地」制定政策的「東西」，甚至形成新興的「幸福工業」，是相當效用主義（utilitarianism）的做法。國民幸福指數原本是對只重經濟發展或資本主義的反思，甚至是對西方主流的反動，然而化約為指數的結果卻又落入了另一種標準化的窠臼。

雖說幸福有千百種，很難排比，但仍然值得研究。人類學家最擅長的就是文化特殊性與人類共通性的探討，當然不能在這個議題缺席。在田野中，我們試圖理解一群人怎麼過日子、看待人生，其實也可說一直在摸索幸福這個問題：一個地方、特定時代的人怎麼想像、估量與追尋幸福？

近年出現不少幸福人類學的研究，不但有專書（例如二〇〇九年的《追尋幸福：人類學觀點》[1]），也有期刊專號（如二〇一五年人類學重要刊物*HAU*的幸福專號[2]）。大部分人類學家認為幸福無法做量化排名那種「硬比較」，但跨文化理解分析仍是可行的。我們可以透過「軟比較」——也就是透過跨文化的民族誌，進行一些小尺度的對話。

當我們談幸福，我們談的其實是——

倫理學家柏克（Sissela Bok）曾俏皮地指出，快樂的定義就有如羅氏墨跡心理測驗一樣，「從你如何定義快樂，就知道你是什麼樣的人。」[3]一個人怎麼定義快樂，透露了她／他的「人格特質、期望與偏見」。的確，當我們試著回答小琪的發問「什麼是幸福？」，悲觀或樂觀、重視物質享受或靈性修行的人，會給出很不一樣的答案。這個問題直指一個人最重視的核心價值是什麼，甚至也可說是在告訴別人「我是誰」、我是個什麼樣的人。

人類學基於對文化差異的敏感度，則提出更進一步的看法：幸福的問題不只是個人感受與哲學，其實是整體社會文化的複合體。不同文化對幸福有不同的想像，甚至對「幸福」

1 *Pursuits of Happiness: Well-Being in Anthropological Perspective*
2 *HAU: Journal of Ethnographic Theory* 5(3), *Happiness: Horizons of Purpose*
3 *Exploring Happiness: from Aristotle to Brain Science*

這件事是否重要，也有不同衡量。我們可以依樣造句：「從一個社會如何定義快樂，就知道這個社會的文化價值觀是什麼。」

幸福是什麼？相對於美國人普遍視幸福快樂為持久的正面狀態，經常與成就以及開心有關，卡維吉嘉發現日本文化中談到幸福時，比較不看重獨立或個人成就，而是著眼於平靜、平和，找到個人自由與群體和諧的平衡。亞馬遜的烏拉里納（Urarina）人則有另一種形態的幸福美學。人類學者沃克（Harry Walker）描述他們偏好「平靜」（tranquility），但與日本的平靜不同，不是內心平穩的情感狀態，而是指一種自由彈性的生活方式，不受打擾、沒有麻煩的平順。此外相對於長期的平靜，有時另一種短期的快樂，尤其是獵人們回來時大家充滿期待與興奮，也讓人感到幸福。獵人們帶回鮮肉，一來滿足感官享受，二來可拿來分享，符合社會道德；兩種不同的快樂——類似前述希臘的hedonic（日常快樂）與eu-daimonia（人生滿足）——不但不衝突，而且得到平衡。

幸福的追尋也有文化與時代差異。學者安梅德（Sara Ahmed）分析happiness這個字中，hap有偶然、機遇與幸運之意，可遇而非刻意追求，但後來概念逐漸演變成一種內在狀態，是人們可努力達致的目標；不快樂或不幸福似乎成為失敗的代名詞，也難怪教人幸福的書很有市場。相對地，卡維吉嘉研究的日本長者則未必認為幸福是自己追求的極致理想。密克羅尼西亞的雅浦（Yap）人則更直接地挑戰讚頌幸福這回事。人類學家索普（Jason Throop）

認為雅浦人對幸福的態度曖昧，很少提及自己的「幸福時光」。硬要問的話，就只會講些兒時回憶或樂在工作之類的話。相反地，雅浦人比較愛談生命中的悲苦——這並非他們喜歡受苦，而是受苦這件事讓人們能看見過去到未來的犧牲、照顧與歸屬，具有道德光環。雅浦人覺得幸福快樂只是短暫的，快樂的個人隱含了只顧自己，而無法同情受苦的人，或無法看到他人福祉；為了幸福快樂，人們會傾向漠視不幸福，而這樣的視域（horizon）會窄化了社會連結與責任，不符合雅浦人的道德理想——還不懂社會道德的孩童快樂沒關係；工作是符合社會責任的，因此談談工作的快樂倒也可以；但在這之外，就不太恰當了。雅浦社會強調受苦的道德性，人們強調共苦，而非自甘。

在這些跨文化萬花筒中，我們看到了幸福不只是個人心理狀態，同時更反映了文化價值觀。童年的小琪與同學們在屋頂上聊長大的夢想（聖恩想做大頭家、小琪想改變社會、貝蒂想要家庭團圓去美國），這些看似個別、私人的幸福想像，其實反映了集體的文化價值觀。後來小琪考上明星高中與台大，畢業後去了美國，同學聖恩則是開了自己的機車行、還買了房子。這些個人成就也符合台灣主流社會的幸福憧憬。

然而《幸福路上》不停留在這裡，而是更進一步透過主角的經歷與反思，探討台灣社會更深層的文化價值。電影前段描繪了兒童單純的幸福感，包括物質上的小確幸（新書包、電子錶、美國巧克力），以及家庭提供的安全與親密呵護。但小琪逐漸變得不快樂。在學校她發現成績代表人的價值，更難堪地「學到」自己的母語是不入流的，原住民血統會被歧視，更因階級落差而自卑。而阿文表哥只不過讀了史明的《台灣人四百年史》就被抓去警察局刑求，更讓她發現自由只是假象、偉人其實是神話。

小琪逐漸打開視域，看見受苦的人——家庭不圓滿的貝蒂、從小就要為家計掙錢的聖恩、被國家暴力傷害的表哥、艱苦的底層勞工、受父親盛名之累的陳幸好，還有九二一地震無情粉碎的生命。當她從美國回來，看到新莊大排水溝整治為親水河岸，變身為符合中產階級美學的幸福城市，對比的卻是自己原生家庭的經濟困頓：父親工殤後被迫退休得要去值夜班警衛賺錢、母親撿資源回收誤觸法網。小琪自己也在異國婚姻中傷痕累累。最終她選擇回到新莊的老家，而觀眾能夠同理她的選擇，一方面是對故鄉土地的情感，也或許是因為我們認同另一種更深層的道德圖像——同甘共苦。

在歷史洪流中翻滾吧，幸福

「什麼是幸福？」以及如何追求幸福，除了有文化差異，其實也隨時代變動，在歷史脈絡中形塑。光是「西方世界」的幸福歷史就爬梳不完。[4] 例如希臘悲劇中幸福是天神的禮物，而羅馬時期則是喜悅與豐饒；亞里斯多德認為幸福並非感官感受，而是德性的生活；基督教裡幸福是上帝承諾的天堂。啟蒙時代開始，幸福不再罕見稀有，而成為世俗生活的期待，甚至是天賦人權，以及人生的追求目標。

在台灣，幸福的理想樣貌與社會發展有密切的關係。在台灣經濟起飛的年代，工人階級出身的小琪，被期待要透過念書、工作、結婚，來達成階級流動的幸福。小琪的家庭相框清楚呈現了這些成就解鎖：考上明星高中（放鞭炮）、台大畢業（成就功名）、嫁到美國（富裕歸宿），都是通往幸福路上的重要里程碑。

然而主流的幸福理想圖像，也經常成為幸福路上的包袱。如同安梅德所言：不只是社會文化建構了什麼是幸福，那些「幸福」的概念也會影響人們行動，甚至形成一種魔咒，當我們無法達成，就面臨社會壓力與自我否定。《幸福路上》可以說是這些小人物試圖在時代的洪流中，與原本的幸福想像對話，尋找多元出路的故事。

例如小琪決定要「走自己的路」，從第三類組跳到文組，反映了時代的價值觀變遷：個人興趣追求與自我實現，才是幸福。對比於人類學者石瑞（Charles Stafford）三十年前在台灣南部的田野觀察，也可以看到台灣社會的轉變。石瑞認為家庭在華人的幸福目標中扮演了關鍵角色——追尋幸福不是個人的事，而是家庭、代間共同的目標。也難怪小琪要換選文

4 可參見達林．麥克馬洪（Darrin McMahon），《幸福的歷史》（*Happiness: A History*）。

組時，居然召開了家族會議（而且父母雙方的長輩都來了），這在西方比較強調個人的社會難以想像。不過《幸福路上》的家庭圖像比石瑞的研究晚了一個世代，挑戰了儒家傳統。例如小琪不念醫科或離開父母遠行，沒有人以「不孝」來責怪她；媽媽勸小琪要生孩子不是為了傳宗接代，而是「夫妻感情會變好」。女性不再需要符合三從四德，單親媽媽被社會接納，也接納自己，得到幸福。石瑞做田野的那個年代，代間的關係是義務，然而《幸福路上》呈現的代間關係則重視人的親密情感，幸福的圖像也更多樣。

幸福歸幸福，政治歸政治？

《幸福路上》的主角與同學很迷卡通《科學小飛俠》，各擁其主，尤其分裂為一號鐵雄與二號大明兩派粉絲。小飛俠的目標是要打敗惡魔黨，然而「成功」後，人們會從此過著幸福快樂的日子嗎？卡通中，好不容易打倒了惡魔黨的大頭目，可是無名主宰卻又扶植了二代大頭目。

小琪的成長歷程中，惡魔黨很明顯地是讓她越來越不快樂的那些黨國教育，背後則是威權政治。片中巧妙地呈現了台灣社會的幾項歷史快照：獨裁者駕崩（有兩位）、解嚴及社會運動、政黨輪替（還兩次），與她的生命歷程交織。小琪在解嚴後風起雲湧的時代走上街頭，參與了台灣政治轉型。然而惡魔黨乍看好像打敗了，台灣民主化了，但人們從此過著幸福快樂的日子嗎？還是發現大頭目換成二代，無名主宰陰魂不散？

我在電影院觀看時有映後座談，第一位舉手的觀眾是中年女性，她表示自己很感動，但質疑導演為何要放那些政治元素到電影裡面呢？瀏覽網路心得文，也不難看到只談女性成長的故事，跳過與主角生命經歷緊密交織的政治變遷。映後迴響反映了台灣的異溫層：有些人傾向「社會和諧」，政治反感或避談政治，此與台灣經歷殖民與白色恐怖有關；而另一方面，台灣在解嚴後也有熱鬧的公民社會，小琪的爸爸聽地下電台，媽媽是馬英九粉絲，大家意見不同卻還是一家人。

幸福，真的只需要討論家庭與個人的掙扎，而不必碰觸小飛俠問題嗎？前面提到雅浦人對幸福快樂有所保留，認為過度專注自身或自家幸福會限制了視域，窄化了社會連結與責任。如果我們看不到（或假裝沒看到）阿文表哥被刑求的傷，看不到文化語言系統性歧視所造成的苦，對政治、大環境冷感，個人真的能幸福嗎？《幸福路上》沒有逃避這個問題，也否定了「從此過著幸福快樂的日子」這麼簡單的答案。

＊＊＊

人類學的幸福研究指出，幸福無法簡化為指標排名，也不只是個人情感，而是需要放在特殊社會文化脈絡中——包括政治與社會結構——來理解與思考，而人類學提供的跨文化案例豐富了我們的想像，也有助於我們回眸自身。幸福關乎核心價值，形成一種與世界互動的模式，我們對幸福的看法形構了特定的視域，影響我們如何理解事情，更影響我們如何行動。

透過《幸福路上》這部優秀細膩的動畫民族誌，我們探問幸福。我們在片中看到台灣社會幾十年來的變遷，也看到自己的影子。透過探問幸福，我們得以思考我們的幸福框架是什麼，而幸福又如何框架了我們。雖然不知道這樣的思辨與感受是否有助於得到所謂幸福，或反過來會讓我們餓肚子。但至少我們知道：

新莊有幸福路，台中有福人街，很多地方都有幸福之路——幸福之路不止一條。[5]

5 本文引述研究的詳細出處，請見芭樂人類學部落格。https://guavanthropology.tw/article/6642

名為傷心與暗黑的人類學

黃郁茜

宅，喜歡文字，也喜歡經年累月地思索字詞與字詞之間的空缺。積極蒐集曾受人類學訓練的作家清單。在蘭嶼和密克羅尼西亞做過田野。現棲身於台灣大學人類學系。

這種「傷心」人類學，不適合心腸軟的人。[1]

文章談兩個主題：傷心，以及暗黑。「傷心」，來自露思・貝哈（Ruth Behar）《傷心人類學》所談的vulnerability——人類學田野工作者的脆弱性、易受傷性。而「暗黑」則是謝莉・歐特納（Sherry Ortner）於二〇一六年發表在*HAU*期刊上的一篇文章：〈暗黑人類學及其他者〉[2]——關注社會生活之艱難（如權力、宰制、壓迫、不平等），以及這些面向的主觀經驗，如當地人的憂鬱與絕望。兩者看來相近——這是個咸認黑暗的時代，且我們大多數人都時時刻刻傷心（若非麻木的話）——只是，本文聚焦於人類學田野工作者。

傷心

《傷心人類學》最常被引用的一句話：「不讓你傷心的人類學就不值得從事。」[3]是，我想談田野工作者的易受傷性（vulnerability），但這是一個巨大的命題。對於從事過田野工作的人而言，我可能談得太少；對於未從事過田野工作的人而言，我可能談得太多——未從事過人類學田野工作的人，常常對「田野」懷抱著各式各樣的想像。以我的經驗，大部分年輕學子對田野的想像源於害怕受傷，或者迴避「易受傷性」。而不同性質的田野工作與研究課題，也有著傷心度（易受傷度）之別。

在談太多與談太少之間，先講一個故事。

每位「人類學的學徒」在訓練過程中，從田野回到書齋之後，都有著自己的療癒儀式。田野中的大小事件點滴，在書寫與紀錄初步客觀化之後，有的很難寫成論文，卻也很難棄之不理。就像海明威所說，如果作品是一座冰山，水面下的部分是水面上的七倍，而是那水面下看不見的部分支撐了水面上看得見的部分。田野亦同。田野中的時刻與事件，可能是論文成品的十倍，甚至百倍。我常想，如何消化在田野中難以言說的經驗，很大程度上決定了我們研究的格局。

我所就讀的學校著重人類學古典理論，也強調長期深入的田野工作。但這「長期深入的田野工作」如何訓練？所謂古典傳統就是：這是一門幾近於藝術的「不可說」之技藝。事實上，漫長求學生涯中唯一堪稱正式的田野訓練，就是人類系大學部必修的「文化田野實

1《傷心人類學》（*The Vulnerable Observer: Anthropology That Breaks Your Heart*）。黃珮玲、黃恩霖譯。台北：群學。頁三〇。

2 Ortner, S. B. (2016). Dark anthropology and its others: Theory since the eighties. *HAU: Journal of Ethnographic Theory*, 6(1), 47-73.

3《傷心人類學》中譯本，頁二二六～二二七。

習與方法」。我始終記得大學的最後一學期，一位芝加哥大學畢業的前輩在課堂上表示：田野怎麼教呢？田野是沒辦法教的。在芝加哥大學，是藉由田野工作坊的形式來「教」——從田野回來的博士生舉辦工作坊，尚未從事田野的博士生就從前人的實際案例中略窺一二。維吉尼亞大學人類學系似乎也承繼了這樣的傳統。從田野回到學校的學生，會在老師與學生共組的「田野工作、倫理與民族誌」工作坊中分享經驗。

我要說的第一個故事，就來自這樣的工作坊。那場工作坊是關於田野中的死亡。

一位美國同學在西非進行博論田野。初秋抵達村落，耶誕節回美國東岸探望家人。此時田野地一位往來頻繁的熟人（通常稱為「主要報導人」）意外過世。回到田野後，他從村民的異樣表情中得知噩耗，當下震驚難以言喻——返國之前還經常見面的朋友硬生生地從生命中消失，而他不在場。田野前期與後期的斷裂彷彿再也無法接上。村民的複雜態度，以及在田野中頓失依靠的心情，使他不斷自我懷疑——是不是自己無意中說了什麼或做了什麼，導致友人意外過世（儘管事實上並不是）？這樁事件所帶來的衝擊，遠比他想像中的要巨大。田野結束回到學校撰寫論文，那時他是靠著友人持續地陪著他在校園內散步，一再一再地走著，他才能逐漸把這個事件談出來。他說：陪伴、傾聽、散步，效果遠勝學生保健中心的諮商。

相識多年，我很確定，這樁西非田野中的死亡事件，深深地改變了我這位美國同學。

它已經溢出了「田野」這個可被客體化言說的場域，形成田野工作者生命中的重大事件。

另一個故事來自於我自己的田野經驗——一樁冰山表層的事件。

我的博論以財團在西太平洋島嶼的觀光開發案為主題。島民對於這樁受國家與州政府支持的大規模觀光開發案意見分歧——部分贊成，部分反對，更大一部分則持觀望態度，暫不發表意見（至少在我面前）。由於強烈不贊成財團圈地，我與持反對意見的島民團體關係密切。又因島嶼政治的迴避邏輯，意見迥異的人不太容易遇到彼此，偶爾相遇也竭力避免當面衝突。因此，鎮日與反對者相處的我不太容易遇到贊成者。也是在這樣的氛圍之下，我搬離原居的中低階村落，遷往反對者占多數的高階村落。

此舉完全有研究上的正當理由——要理解階序社會，我無法只待在中低階村落，也必須往高階村落盤桓。但此種「如企業家一般地向上攀附」已經溢出了原居家庭的親屬範圍。數年之後，原家舅舅的女兒仍會問我：「我還是不明白，你為什麼要搬到某村去呢？」（言下之意：你是不是不喜歡我們？）我努力解釋，連指導教授都搬出來（深諳島嶼政治的教授很早就提醒我：遷居時可以拿他當擋箭牌）。但我永遠也不曉得到底他們理解了多少。而幾年後寄宿家人的名字出現在集體租地的租約簽署名單上，與我這個出邊出沿的寄宿姊妹之遷居他處，關聯性又有多少。（我經常想著，如果我在田野中不遷移到高階村落而留在原本的低階村落，是否數年後的集體租地，就不會發生？然而這只是個無效的假設性命題。）

在離開田野兩年半之後，原居村落與財團簽署了一筆效期一百九十九年的租約，租賃範圍是村外一片遼闊的無人土地。我在社群媒體上得到消息，擔心不已，聯絡島外親戚稍知詳情，然而島嶼的祕密政治與村落階序，使我當時根本完全無法從村人／家人處探聽一二。又過了一年半，我終於畢業，重訪田野，還是一如往常地帶了禮物回去。但是我與寄宿家庭的關係再也不如以往一般自然親密。他們收下了禮物，道謝，而我們很快地道別。

這是一樁不那麼傷心的小事件。但我還是感覺到傷心。

不讓你傷心的人類學，就不值得從事。

傷心沒有高下之別；傷心就是傷心，脆弱就是脆弱。但是如何處理傷心，的確有格局高下之別。

暗黑

所謂「幸福人類學」與「暗黑人類學」之討論，是新自由主義中人的存在境況之一體兩面。同時，這個議題牽涉到人類學知識圖譜中長久存在的「他者」——只是這個「他者」所占據的空間，在「幸福人類學」的討論串中，由「野蠻間隙」（Savage slot）[4]蛻變為「受苦間隙」（suffering slot）。一旦牽涉到「他者」，就是人類學知識的重大命題。

「野蠻間隙」的觀念與「西方／他者」之討論相近，但意涵更為豐富：它是個空間上的想像，指涉想像的地理與管理的地理之雙重投射。而人類學研究的對象，就是「野蠻間隙」中的居住者。這是讀過東方主義的學生們所熟悉的母題：人類學的研究對象，想像空間中的居民，是作為西方的反命題，也是某種西方的未竟許諾。當世界政治經濟局勢改變，「西方／他者」不再是有效的世界史區分方式，西方旨在了解自我的探照燈轉移方向之後，間隙中的居民便「被遺留於黑暗之中」（人類學家喬・羅賓斯〔Joel Robbins〕語）。

「照亮黑暗」的方式之一，便是透過受苦的探照燈，而此種訴諸苦難的論述常常是強而有力的，可以喚起讀者的同情共感。如，羅賓斯在二〇一三年發表於人類學指標性刊物*JRAI*的文章〈超越受苦主體：關於善的人類學〉之中，便列舉幾部當前人類學界中談論受

4 Trouillot, M. R. (2003). Anthropology and the savage slot: The poetics and politics of otherness. In *Global transformations* (pp. 7-28). Palgrave Macmillan, New York. (original work published 1991)

苦的著作，書中的苦痛經驗經常喚起（西方）讀者的人道精神。[5] 此種同情共感，是讀者與「他者」連結的另類方式，這是羅賓斯提出「他者」知識占據的空間從「野蠻間隙」移動到「受苦間隙」的原因。但是，羅賓斯並不希望人類學研究對象就等同於「受苦間隙」中的居民，也不願意否定這個間隙確實存在。他強調：提出關於「善」的人類學（anthropology of the good），並不在批判受苦間隙，而是提出一個（十分豐富的）補充——關於價值、道德性、福祉、同情共感、關懷、禮物、希望、時間與改變。

與羅賓斯所代表的「幸福轉向」不同，歐特納想藉由「暗黑人類學」這個主題，重新喚起人類學家重視晚期資本主義導致全球權力宰制、壓迫、不平等，以及大規模驅離。她同意：討論人們如何賦予生活／生命以方向感與目的，或者如何在艱困環境中奮力尋求好的生活方式，確實十分關鍵。她也同意：如果無法想像更好的生活方式與更好的未來，那麼我們還能站在何種立足點來對抗新自由主義？但是，她還是驚訝於近來人類學的「幸福轉向」過於強調信念價值的光明面，相對忽視有關權力宰制與不平等的現實黑暗面。因此，歐特納提出了一種不同的「關於善的人類學」——特別關注批判、抵抗與行動的人類學。這類強調行動的人類學，研究者自身往往涉入運動。[6]（那是一個超越本文範圍的文類，在此不細述。）

華語世界人類學對於歐特納所稱「暗黑」——也就是對於權力宰制、不平等、壓迫的關注，儘管並非付之闕如，但大多數都是將之視為背景，而非聚光燈下的焦點，且前景並不是田野工作者。儘管羅賓斯所提到的同情共感之範圍，自然也包括田野工作者在田野中的同情共感及脆弱性，但田野工作者的傷心，依然在兩派論述中隱沒到不可見的間隙裡。

不是幸福的對立

本文開頭談的是傷心，是田野工作者在田野中的易受傷性。問題意識起源於貝哈所說的：

> 不讓你傷心的人類學，就不值得從事。

5 Robbins, J. (2013). Beyond the suffering subject: toward an anthropology of the good. *Journal of the Royal Anthropological Institute*, 19(3), 447-462。這些著作也包含羅賓斯自己的民族誌，以及朱歐・畢尤，《卡塔莉娜：關於生命療養院，以及人們如何被遺棄的故事》。

6 比如大衛・格雷伯（David Graeber）的民族誌《直接行動：民族誌紀錄》（*Direct Action: An Ethnography*, 2009）——針對運動組織「直接行動網絡」（Direct Action Network）反對二〇〇一年四月於加拿大魁北克召開有關美洲自由貿易區之高峰會的詳實記述。或者阿帕度萊（Appadurai）於《作為文化事實的未來》（*The Future as Cultural Fact*, 2013）所揭櫫：以孟買貧民窟為基地的「貧民窟居民國際」（Shack/Slum Dwellers International）研究。

我將「傷心」置於「暗黑」的背景中，試圖將歐特納的「暗黑人類學」與貝哈的「傷心人類學」結合起來——這是我們這個時代的一般常識了。認識到時代的性質就是黑暗，不可能不傷心；然而與其選擇麻木與虛偽，還不如傷心。經過深度反思與高度節制的易感性往往具備撼人的力量。

但是同時，如果傷心流露出淺薄廉價，問題可能不在脆弱易感，而在於什麼呢？是什麼會讓部分研究者將訴諸苦難的民族誌視角稱為一種（旁觀他人之苦難）「偷窺式的三級片視角」（voyeuristic quasi-pornography）[7]呢？是什麼又讓貝哈尖刻地批評：那些將自己的脆弱性與個人經驗刻意隱藏，將研究中的「情感」因素隱而不提，實乃藉由隱藏自己的立場上演學院獵頭劇碼的弑父者呢？[8]

我認為，是立場角度的問題。是研究者願不願意客體化自己的參與，以及客體化的同時正視自己在研究過程中的脆弱性。情感上的脆弱性，也意味著「同情共感」程度上的開放性。

有時我會想起社會運動者的硬頸自白書《左工二流誌》。跋言開篇：「長征路上的傷兵是要帶走，還是乾脆斃了？或是安置何處呢？」（頁四九〇）那些從田野返回書房的人類學家，有沒有療癒儀式？[9]或者都得靠有效無效全憑運氣的心理諮商，或讓媽祖、筊杯、聖母、耶穌、十字架、符水、收驚劾勞生、濟公來處理？這些同袍們，是否能像我的同學那樣，有人陪著他們在校園裡（或不管哪裡）一趟趟地走著，談著，讓當事人感到些許安慰？憑什麼我們認為這些（多半）年輕的工作者就可以理解田野中的複雜現象，並能全身而退？

民族誌工作者在田野中是開放的，因此也是脆弱易受傷的。可能因為目睹暗黑沉重的現實而消沉，也可能因為目睹人們在暗黑中的努力而振奮。作為民族誌書寫者，她的易受傷性會直接傳達給讀者——這是田野工作者與田野中的人的同情共感，也是讀者與民族誌書寫者的同情共感。是不同層次的同情共感。

有時我會遇見在田野中研究尖銳議題而遍體鱗傷的朋友，或者經歷運動傷害（和永無休止的自我懷疑）的朋友。有的人凝視過尼采所說的深淵，彷彿也正在毫無辦法地變成深淵。他們好像從來不知道，在田野中所受的（心理的）傷害如何療癒。我不認為療癒可以制度化，至少這並不是目前台灣的學院人類學教育可以負擔的。很多時候他們得仰賴著各

7 Kelly, T. (2013). A life less miserable? *HAU: Journal of Ethnographic Theory*, 3(1), 213–216.

8 特指兩位學者評論人類學家雷納多・羅薩多（Renato Rosaldo）的經典文章〈悲痛與獵頭人的憤怒〉（Grief and a Headhunter's Rage）過於訴諸個人經驗，其情感主義可溯源於維多利亞時期的女性文化。貝哈認為這兩位評論者刻意忽視羅薩多的觀察者立場，在脆弱性（的同情共感上）完全封閉。詳見《傷心人類學》第六章。

9 編註：可參考《返田野》中關於田野療癒的部分。

種（多半）非正式的療癒管道——媽祖、筊杯、聖母、耶穌、十字架、符水、濟公、收驚效勞生——或者咖啡、茶、基隆鹿港北港知名糕餅鋪的點心。換言之，是研究者的福德、業與命。但這可能是人類學教育（不只是台灣，北美也是）的黑箱，至少還不是能夠以正式學術寫作形式所處理的黑箱。

如果還沒有談「暗黑」，就不是開啟「傷心」的時機。但就算約略談了暗黑，我也覺得，田野工作者的「傷心」，目前還很難仔細去談論。我們的語言還不夠，準備也還不夠。

人類學可以怎樣改變我們的世界？

關於格雷伯的公共人類學

司黛蕊

中央研究院民族學研究所研究員，研究領域包括表演藝術、媒介科技、性別、粉絲次文化與創意產業。2019年出版了*Puppets, Gods, and Brands: Theorizing the Age of Animation from Taiwan*（夏威夷大學出版社）。

二〇二〇年九月二日，我從芝加哥大學人類學研究所的臉書群組收到大衛・格雷伯（David Graeber）驟然過世的消息。這是個很大的打擊。他是一個我們很熟悉的人物，研究所時期一直在我們旁邊，畢業工作後又一直出現在研討會與社會網絡中。一個那麼有活力的人，就這麼突然地離開了，實在讓人很難接受。這種難受瀰漫了我們芝加哥同學圈。格雷伯不只是我的優秀學長，他算是我們這一代最有名氣的人類學者。他寫了十本書，其中還不包括跟別人一起寫的。他最出名的《債的歷史：從文明的初始到全球負債時代》[1]被翻譯成包括中文在內至少二十五個語言。除此之外，還有四本也被翻譯成中文：《無政府主義人類學碎片》（簡體字）[2]、《為什麼上街頭：新公民運動的歷史、危機和進程》[3]、《規則的烏托邦：官僚制度的真相與權力誘惑》[4]，以及《40％的工作沒意義，為什麼還搶著做：論狗屁工作的出現與勞動價值的再思》[5]。很多年輕社會運動的行動者知道他，因爲他在紐約的「直接行動網絡」組織（Direct Action Network）和占領華爾街運動中，都扮演了重要的角色。很多人類學者把他看成是價值人類學的重要理論家。他也是著名的人類學理論期刊*HAU*的編輯之一。

許多比我口才更好的人，已經講過格雷伯對無政府主義和泛左翼運動的重要性。我在這裡想分享的，是他的另外兩個面向：第一，因爲他的指導老師馬歇爾・薩林斯（Marshall Sahlins）也在二〇二一年五月離世，我想以一個學妹的立場，分享薩林斯對他思想的影響，以及這兩位學者的不同。第二，雖然很多人類學者會橫跨學術界與社會運動界，不過格雷伯混合這兩種領域的方法還滿獨特的。以下讓我依序說明。

師徒之間

格雷伯與薩林斯會很契合並不奇怪。兩人都是猶太人、都很有幽默感、很愛玩文字遊戲、文筆都很有吸引力、論點邏輯很清楚，也都一直在追求大觀念。在薩林斯的書中，尤其是《石器時代經濟學》[6]和《文化與實踐理性》[7]，有很多思想方向後來都被格雷伯承接，並做了進一步的發展。可是薩林斯的影響不只是在他出版的作品。薩林斯教芝加哥大學人類學博士班第一年的一門基礎課，正式名稱叫作「社會文化理論的發展（一）」（Development

1 *Debt: The First 5,000 Years*
2 *Fragments of an Anarchist Anthropology*
3 *The Democracy Project: A History, A Crisis, A movement*
4 *The Utopia of Rules: On Technology, Stupidity, and the Secret Joys of Bureaucracy*
5 *Bullshit Jobs: A theory*
6 *Stone Age Economics*
7 *Culture and Practical Reason*

of Social/Cultural Theory 1），不過大家都叫它「系統課」（Systems）。這堂入門課讓好幾代畢業生都留下很深刻的印象。

「系統課」算是人類學這個學科知識的「史前史」，範圍包含二十世紀前西方在政治、經濟、社會與語言等領域的思想。到了第二學期，才由別的教授教人類學的經典文本如馬凌諾斯基（Bronislaw Malinowski）、芮克里夫–布朗（Radcliffe-Brown），以及鮑亞士（Franz Boas）和其學徒的作品。這堂課的知識密度很高，每個禮拜有三個鐘頭是薩林斯的演講，另有三個鐘頭是同學們針對早期類民族誌著作的分組討論。我在一九八七年上了那堂課，而格雷伯比我早兩、三年。

薩林斯不會直接說他怎麼定義人類學，而是透過他對霍布斯、洛克、盧梭等思想家的分析來表達，我們也慢慢從中發覺他的看法與人類學的重要性。他的演講會從霍布斯的《利維坦》和聖奧古斯丁的《天主之城》開始。我們的分組討論讀的則是十七世紀法國天主教傳教士寫的報告，內容是關於一群加拿大原住民的生活方式。一開始，我們都是用後殖民理論來分析那位傳教士怎麼把原住民寫成「他者」、怎麼把法國殖民權力合法化。他聽了一會兒，嘆了一口氣，終於忍不住說：「你們都忽略了重點！」我們一臉震驚。他接著說，「你們看，這個傳教士跟聖奧古斯丁一樣，相信原罪；跟霍布斯一樣，相信人性本惡。一直痛苦地競爭，就是一種宿命。人類需要被王權的力量控制，才能享有和平。

結果他卻在新世界碰到了北美原住民！這群人無論食物有多少，一定會公平分享。就連冬天獵物不足的時候，他們寧願一起餓死，也不會互相爭鬥、搶食物。而且這群人之中沒有國王、沒有任何政治力量逼他們那樣做。這在當時歐洲人對人性的假設下，是多麼大的震撼啊！」

有人可能會說人類學的特色只在於田野研究方法，這種話薩林斯聽到是會生氣的，因為這太小看人類學了。對他來說，人類學的特色與重要性來自於不同文化的比較，而文化比較的重要性在於我們能挑戰「理所當然的假設」，尤其是我們對「人性」以及對「社會改變有其侷限性」的假設。格雷伯和薩林斯的博論田野都在離美國很遠的島嶼、都是一個規模很小的社會，他們用的研究方法也都是古典的參與觀察。不過，他們兩人寫完論文以後，都不再進行傳統的田野工作，而轉向以歷史資料為基礎，透過比較不同文化和不同時期，來凸顯資本主義最深的文化邏輯。格雷伯常常提到，在一個「世界末日比資本主義末日更容易想像」的時代，人類學（還有考古學）特別有用，因爲人類學搜集了最多活在資本主義系統之外的人群的紀錄。

雖然格雷伯的思想受到薩林斯很大的影響，他們的問題意識還是有所差異。對薩林斯最常見的批評就是他把文化視爲封閉系統，忽略了不同社會之間的長期互動，也忽略了一個社會內部同時存在的次文化以及超越個別文化的泛文化認同（如穆斯林、嘻哈歌手）；再者，他對社會變遷的問題興趣缺缺。相反地，格雷伯真切地在意文化概念和邏輯的流動過程，這包括人類學者與他們研究對象之間，還有不同地方的社會運動之間的流動與變遷。而且，正因爲他自己參與了很多社會運動，他怎麼可能不問社會變遷是怎麼發生的？革命的條件是什麼？

除此之外，兩人最大的不同還在於，他們是為誰爭取權益、為誰寫作？他們的「行動模式」是不一樣的。

格雷伯的公共人類學

我們可以把格雷伯放在行動人類學更長遠的傳統中來討論。在人類學史中，從鮑亞士和他的學徒開始，「行動人類學者」其實不少。其中最常見的行動人類學模式可能是聚焦在田野地，幫助當地人爲了自己的權益抗爭。除了教課、發表論文、讓外界了解田野地的情況、參與或幫忙組織反抗活動之外，有的人類學者也當法律顧問、組織其他的學者關心當地議題、寫陳情書，或是提供當地人可以用的新媒體科技，讓他們的聲音可以傳達到國際社會。很多研究各地原住民文化或研究殖民與後殖民主義的人類學者，都時常採取這樣的行動。

薩林斯和格雷伯參與運動的策略跟上述模式很不一樣。前者在斐濟做田野，後者在馬達加斯加，但是他們沒有參與當地的社會運動。薩林斯採取的是另一種常見的行動人類學模式，也就是在校園範圍內戰鬥。越戰時代，他在密西根大學開啟了教書靜坐（teach-in）的反抗活動。在芝加哥大學他也成功地反對孔子學院繼續在校園內經營。他的目標一直是保護自由的教育與辯論的空間。格雷伯還會在校園內行動，比如支持研究助理與教學助理組織工會。不過跟薩林斯不一樣的是，他沒有花太多時間和精神與學術界對話。他雖然發表過一些書籍和文章是為了與其他人類學、社會學與經濟學教授討論，但是他比較出名的作品，則是成功地把人類學的智慧帶到學術象牙塔外。

格雷伯重新帶回十八、十九世紀思想和二十世紀早期公共人類學的行動模式。與鮑亞士及其學生相同，他透過「人類學的文化比較」作為參與公共議題討論的起始點。在談論人類的文化多樣性之餘，同時強調人類的共通性，也就是不同的人群能互動與溝通的可能。然而，他跟鮑亞士一代的人類學者不同之處在於，他對社會結構與意識形態的看法複雜許多（人類學發展經過了這麼多年，有這樣的複雜理解也是應該的）。而且，他認為，只是提出不同社會之間有差異，並不能證明什麼。我們需要把每個問題，比方說價值的來源、權力不平等的結構等等，放置在全人類的歷史脈絡中進行比較，或至少應比較一些不同類型的社會在不同時代怎麼面對一個問題。在《債的歷史》一書中，他所比較的文化範圍大得驚人，將地中海、印度、中國等大文明五千年以來的歷史都納入了，同時也把其他人口較少的社會的案例加進來討論。就這種大範圍的比較模式上來說，他比較像啟蒙時代的哲學家。經濟人類學家基斯・哈特（Keith Hart）就拿他來跟十八世紀的思想家盧梭比較，認為他繼承了「探討不平等的人類學」的傳統。

以公共知識分子的角色而言，格雷伯可能最像鮑亞士的高徒，瑪格麗特・米德（Margaret Mead）。跟米德一樣，他使用各種媒介跟公眾對話。米德寫了很多一般讀者容易閱讀的書，而且很受歡迎，特別是《薩摩亞人的成年》。她也在紐約市自然歷史博物館策畫了世界文化的展覽，也跟人類學家羅達・梅特勞（Rhoda Métraux）一同於一九六二到一九七八年之間在美國女性雜誌《紅書》（*Redbook*）上寫專欄。在專欄中，她們以自己的研究和生活經驗來參與很多議題的辯論，特別是男女關係、女性主義、小孩養育等。格雷伯最有影響力的書也都有著很吸引人的文筆。他在書裡對理論專有名詞有清楚的解釋，使用很口語的英文，也很有幽默感。最重要的是，他的論述邏輯非常清楚，因此說服力很強。他常常在《國家》（*The Nation*）、《衛報》，和其他偏左翼的報章雜誌刊物上發表意見。他討論的議題也很多樣，包括美國和英國的選舉、敘利亞的內戰、學生助學貸款的問題等等。他也會用新媒體如推特，並且樂意在很多不同平台上演講，很多後來被放在YouTube上面。

與行動者對話

雖然格雷伯常常在學界和公眾空間發表他的看法，但我想他最重要的對話對象還是他無政府主義和泛左翼社運的青年同志們。他討論的都是怎麼解決實際的問題。他的文筆讓我聯想到後結構主義潮流之前，七〇、八〇年代女性主義、同志運動、黑人民權運動等社會運動被引入學術界的一些經典作品。他常常問的不是「自己社會的民族誌，如何幫助我們更了解我們自己的現況？」而是「人類學的文化比較方法，能夠提供什麼新的策略，去改變我們的世界？」

格雷伯的論文很少從理論問題開始。他常常會先講故事，提到他在日常生活中碰到的人跟他說過的話，然後把那個人的說法問題化。比如說，為什麼一個幫助窮人基金會的律師，會支持國際貨幣基金組織對第三世界國家的緊縮條件，雖然她明明知道緊縮的後果一定會害到窮人？為什麼大部分的人類學者不願意用「受壓迫者」這個詞彙來描述他們的研究對象，即使連他們都這樣描述自己？為什麼那麼多白領工作者會對他坦承，說他們覺得自己的工作沒有什麼價值？這些故事雖然帶有刻意的戲劇化效果，但卻有兩個重要的功能。第一，他把問題意識脈絡化到讀者的日常生活中，讓人了解他要探討的問題其實就在讀者身邊。第二，他讓人理解人類學者進行田野的模樣，知道人類學研究方法的「質性研究」

就是這個意思。人類學家跟人們廝混，用「她人的」眼睛看、用「他人的」耳朵聽，直到遇到了「好像有一點詭異的」說法或行爲時，便以此為思考的跳板。

在這篇短文中，我沒有要把格雷伯英雄化的意思。我只是很想念我的學長，也很欣賞他橫跨人類學界與左翼運動的精神。Vale! David Graeber.

異溫層史觀

雌雄同體與離婚派對的啟示

趙恩潔

喜歡慢跑和科幻小說，偶爾客串故宮南院策展顧問。老本行是伊斯蘭與東南亞，新本行是跨物種科技與社會。大愛病發時會認真亂入全球時事。台灣史上首位兩廳院售票表演「吃播」的直播主。農友中少數保有分身人格者。

二〇一五年的反課綱爭議，帶給我一些意想不到的啟示。我們的歷史課到底都教了些什麼？我也曾經是「那種」歷史課本下的受害心靈，曾接受單一、我族中心的歷史教育，曾經習於一味歌頌有權有勢的世界龍頭、讚嘆以色列戰勝阿拉伯聯合軍隊的論述。我對於廣闊的伊斯蘭世界的既定認知，以及對東南亞歷史的無知，是一直到了在波士頓讀博士班以後才逐步瓦解，最後全面崩盤的。而我，已經是少數能以「生產知識」為生的特權者。連當年那自以為在許多領域都可以獨立思考的我，一旦遇到伊斯蘭與穆斯林的議題，竟然也毫無跳脫窠臼的能力。

如果可以早點知道，我的世界將會有多麼不同。

事後回想，當年反課綱運動發生時，我就想分享，從她人眼中看歷史，如何是可能的。當然，這種視角不可能包山包海，但或許我可以從兩個讓人印象深刻的地方著手：一個是東南亞性史，另一個則是北非伊斯蘭史。

上空裝與雌雄同體

東南亞性史部分，我想先談上空裝。

十五到十七世紀之間，在我們今天稱為東南亞的低地社會中，有許多王國與文化禮節。

穿金戴銀華麗登場的所在多有，但爪哇人、暹羅人，還有許多其他族群，是不穿上衣的。女人的胸部並不需要特別遮起來。事實上，亞齊的伊斯蘭王國過去曾有女性皇家侍衛，這些女戰士的上半身也都是空空如也。[1]

這些與伊斯蘭共處幾世紀的島嶼服飾習慣，在歐洲人入侵、殖民現代性與性別美學被引入，本土政權中央集權的政治形態也逐漸確立之後，都被當作野蠻習俗而逐步取消。當時，她們「穿太少，太野蠻」；今日，當她們開始穿得比歐洲人還多的時候（如戴頭巾、穿長袖），卻又被世界嫌棄「穿太多，太保守」。

每次談到歐洲的「解放乳頭」運動，我都感慨萬千。前現代東南亞諸多平原地帶的社會，並不需要有人教導她們要解放乳頭，因為她們的乳頭不曾被禁錮。不僅如此，他們也沒有「貞操」觀念，甚至某些地方還有專門幫少女「破處」的專家，也就是讓少女可以不必經過初次性交疼痛、就能開始自由享受性生活的達人。許多前現代的東南亞女性，對身體裸露充滿自信、對性行為握有掌控權，且至少在婚前，社會無權譴責開放的性生活。

凡是宣稱「進步開放的觀點都來自西方，非西方或東方大體都是傳統保守，因此性平思想或性開放觀點都是西方進口，不容於ＸＸ傳統」的論述，都是一種時代錯置且充滿我

1 以下的內容，請參考 Anthony Reid、Babara Andaya 以及 Thomas Gibson 等人的多本著作。

族中心主義的誤解。性解放只有在性壓抑的時空才需要；對於不受貞操束縛也不必穿胸罩的某些前現代社會而言，女人的性自主不是「進步」，只是日常。

如果說前現代上空裝可以幫助我們反思以西方中心觀點出發的性解放大敘事，那麼接下來我要談的雌雄同體，則是關於性別的分類，同樣再次質疑了西方中心的歷史敘事。

今天我們稱為印尼南蘇拉威西省的地方，有一個航海族群布吉斯（Bugis）。其創世神話《葛利格》（Sureq Galigo）是一部六千頁的巨大史詩（另有一說為三十萬餘行），版本眾多，由口述歷史寫成，完成年代尚有爭議，可能從十三到十八世紀不等。我對於這部神話史詩的文化理解，大抵受人類學者湯瑪斯・吉布森（Thomas Gibson）的精彩著作《當太陽追逐著月亮》[2]影響。《葛利格》記載了半人半神與世界的誕生、跨文化的探索、雌雄同體薩滿的神聖性、多中心的族群來源、海洋文化、夫憑妻而貴、從妻居，還有女子交換男子，也就是表姊妹交換男人，讓王子嫁去支那，其後代則被吩咐回到本土，徹底顛覆了李維史陀男性親屬交換女性的「文明基礎」。

《葛利格》神話史詩除了神奇又有趣之外，也深刻地影響了布吉斯的性別教育。最著名的就是傳統的布吉斯社會有五種性別：女、男、雌雄同體薩滿（*bissu*）、男跨女（*calabai*），以及女跨男（*calalai*）。其中，雌雄同體薩滿可以是生來如此，或是跨性別展演而成的儀式專家。他們在傳統社會中享有極高的社會地位，因為雌雄同體是當地文化最高的價值，贏過男子氣概或女子柔媚。憑著這樣的價值觀所提供的空間，跨性別者的社會地位有了完全不同的可能性。

然而，在殖民政府與現代國家統治下，雌雄同體薩滿的地位整體來說已經大不如從前。若不跳脫現今的角度去學習歷史，我們將不會知道，多元性別制度在前現代的東南亞相當常見，遍及今日的印尼、馬來亞、緬甸與泰國。但在歷史過程中，它們很多都被消滅了。

不論是上空裝或是雌雄同體，東南亞性史告訴我們，過去有很多跟今日所見完全不同的人類景觀，無法由單一線性史觀理解。可惜的是，我們總是把「非西方」與其過去都想得太扁平、太保守了。這種慣性的想法，其實是進步史觀的一種圈套。它不但在嚴謹的知識上是不正確的，也會導致誤導性的政治宣稱。

如果我們不再鼓勵強記單一答案，而是培養「對過去提問」、「從另類歷史尋求啟蒙」、「對非西方的歷史充滿興趣」的習慣，相信我們的世界可以更寬廣。

柏柏爾人與離婚派對

說完了兩個東南亞故事，該來談北非故事了。我在很多場合都提過，我們對於穆斯林

2 *And The Sun Pursued The Moon: Symbolic Knowledge And Traditional Authority Among The Makassar*

世界的想像是去歷史化的，且被西方主流媒體牽著走。我們不知道伊拉克巴格達大學與阿富汗喀布爾大學的學生分別在六〇、七〇年代穿的是西裝、短裙，而十八世紀的英國外交官夫人孟塔古（Lady Mary Wortley Montagu）讚嘆土耳其女人的生活比英國女人自由。我們不知道歷史上眾多伊斯蘭王國有過女皇、女將軍、女戰士與女宗教領袖。這不只是因為我們歷史知識貧乏，也是因為長期以來，我們日常生活論述背後的「史觀」，都是參照以「華人」為主體以及西方中心觀點主導的媒體，雙雙交織而成的產物。

我們不僅「知道的很有限」，甚至「不知道可以知道些什麼」。當聽到跟習以為常的狹隘史觀背離的歷史知識與文化論證，我們習慣將之視為特例。這樣的態度不只是一種帝國主義式的種族化國族史觀，甚至可能是一種阻撓世界和平的史觀。

接下來，就讓我用柏柏爾人與離婚派對兩個例子，來繼續挑戰一般人誤以為伊斯蘭與穆斯林社群都是同質的且漠視女權的想法。

＊　＊　＊

如何定義柏柏爾人？這個問題直指每個時代的統治策略如何塑造出不同的人群概念。以人類學家巴斯（Fredrik Barth）的族群理論來看，每個族群都曾經歷變遷，而族群之定義不能只看文化內涵，還要看其邊界是如何被維持。這在北非馬格里布三大國的發展也同樣適用。突尼西亞、摩洛哥和阿爾及利亞「同文同種」，卻在憲政女權路上走出三條迥異的道路。[3] 所以，光用阿拉伯人與柏柏爾人來區分三國內部的族群，本身就陷入了一種本質主義的謬誤。

阿拉伯人和柏柏爾人在法國殖民文獻中常被二分為「不順服的柏柏爾人」以及「順服君王的阿拉伯人」，但這種粗糙的分法，嚴重曲解了馬格里布的政治史。阿拉伯人和柏柏爾人其實是兩種不同語族，兩者之間的主要差別是柏柏爾語系和阿拉伯語系的不同，而不是血統。馬格里布的阿拉伯人，事實上就是在八世紀後逐漸「阿拉伯化」、改用阿拉伯語的柏柏爾人。然而，在法國殖民統治下，「柏柏爾人」卻逐漸僵固下來，從一個「語系」變成一個「族群」。

在此之前，根本不存在單一的「柏柏爾」認同或語言。在馬格里布的歷史上，無論是阿拉伯人或柏柏爾人，都不曾作為單一團體。如果柏柏爾人對阿拉伯造成威脅，那是因為他們屬於敵對部落，而不是因為他們是敵對族群。事實上，很多部落裡面既有「阿拉伯人」

3 請參考 Charrad, Mounira.（2001）. *States and Women's Rights: The Making of Postcolonial Tunisia, Algeria, and Morocco*. Univ of California Press.

也有「柏柏爾人」。（就像台灣的阿美部落，有些年齡階層中也會有「白浪」的成員。）殖民時代以前，柏柏爾人的部落認同遠高於「柏柏爾」認同。

如果今天我們預設有所謂「天然柏柏爾人」或「天然阿拉伯人」的存在，然後開始往前回溯，當然可以建構出一套「阿拉伯史」與「柏柏爾史」。但這樣的歷史必然是在很多政治條件下才得以成立。若不去探討那些歷史過程和政治條件，而將族群過於本質化，將會掩蓋重要的歷史變遷，以及過去跨族互惠的機制。

同樣重要的是，法國征服阿爾及利亞的過程漫長且殘忍，是馬格里布區域最失敗的經驗。儘管法國於一八三〇年正式殖民阿爾及利亞，大部分地區仍有長達數十年的時間處於抵抗狀態。而法國殖民政府為了分化部落，更是想盡辦法加深殖民地內部分歧。當窮兵黷武過於浪費資源，殖民政府便與部落進行協商，一方面爭取效忠，一方面分化部落又鞏固族群邊界，以加劇阿爾及利亞人內部的爭端。

什麼樣的課綱才能夠讓高中生學到，每個族群都是在歷史過程中被政治力量塑造出來的？我們必然不能只有「國史本位」的史觀，而是必須要有一種「族群建構」的史觀。一個「族群」不只不是天然的，內部更是異質的，而且會隨著歷史改變。

＊＊＊

柏柏爾人內部的族群差異極大。某些卡拜爾人社群是超級父權主義，但在歷史中，某些圖阿雷格社群的女權卻高得讓人讚嘆。圖阿雷格語族生活在沙漠中，他們是穆斯林，系譜是母系（是的，世界上還有好幾個穆斯林母系社會，最大的在蘇門答臘，叫作米蘭卡堡）。他們在歷史上協助了好幾個伊斯蘭帝國在西非的興起，更於十二世紀建立了廷布克圖城，這座城市在十五、十六世紀之間是一座大學城與醫療研究中心，城內醫學發達，眼科手術能力遠超越當時的歐洲。

在圖阿雷格的傳統中，女人的地位極高。女人擁有財產、帳篷與牲畜。婚前性行為不受禁止，直到遇到喜歡的人之前，想要幾個愛人都可以。（因此，其他族群的男人雖然承認她們的美麗，往往不敢跟她們結婚，因為覺得自己會搞不定她們。）結婚討價還價、離婚是家常便飯，也沒有污名。事實上，母親有時還會為她們剛離婚的女兒舉辦離婚派對，慶祝她們再度進入「戀愛市場」。[4]

然而，圖阿雷格語族作為一種「族群」，卻也得面對很多困難。比如他們在各種定居族群的壓力下，在國界之間被迫跟著定居，因而改變了經濟模式，且在不同的政治脈絡中犧

4 Norris, Harry T.（1976）. *The Tuaregs: Their Islamic Legacy and Its Diffusion in the Sahel*. London: Warminster. Prasse, Karl-G.（1995）. *The Tuaregs: the Blue People*. Museum Tusculanum Press.

牲了不同程度的女權。而全球暖化與沙漠化導致畜養牲畜困難，繼之而來的商業化經濟更是擴大了男權，也降低了女性地位。

近年來因為伊斯蘭激進主義興起，有許多名為「宗教」與「傳統」的衝突。不了解柏柏爾內部異質性與歷史變遷的人，可能還會以為「他們不是一直以來都這樣嗎？有激進伊斯蘭也剛好而已」。但若知道「柏柏爾人」的身世與坎坷的歷史，就可了解這種想法是不公平且過於傲慢的。一旦有了「異溫層史觀」，我們就比較有機會發現，圖阿雷格人可以是浪漫與自由的穆斯林社群，而激進主義之所以有辦法滲透，必然有其他的政治經濟與複雜歷史的緣由。

更有意義，同時也更有意思的歷史教育在於，我們不是只有在速食般的國族套餐之間做選擇。相反地，我們希望打破窠臼，認真去思考，究竟有多少種問問題的方式，與答案。換言之，我們需要的是一種可以學著去問更多意想不到的問題與得到意想不到的答案的訓練，而不是只要「制式問題」與「標準答案」的教育。

阻止天堂來的風暴

上面我所提到的例子中，沒有一個是可以用本國史、外國史的二分框架來說明的。其實，人類大部分的歷史都必須跳脫國史本位思考，才能解釋得更清楚。換言之，我們需要的不是爭論國史要講什麼，我們需要的是解除國史的枷鎖。我們真正需要的，是一種可以清楚看到眾族群與眾國族是如何在歷史中被建構起來，且互相交織、互相作用的世界史。（畢竟，當哈布斯堡家族還在跟歐洲所有皇室通婚時，哪來的什麼「正統的X國人」？）我們需要有人類學涵養的多元族群世界史，而這必然要包括能以各原住民、各族群、移民、移工為主體出發，且能徹底跳脫晚近國家邊界的歷史。

雖然我不相信所謂客觀歷史的存在，但我相信有更精準、更多元的歷史書寫，也有能達到這種目的的教育。高中課本儘管不可能像寫博士論文那般精細與翻轉——任何現代國家教育都沒有那種能耐——但，懂得考慮族群與國家建構，學會質疑「單一線性進步史觀」、「從她者角度看歷史」，卻並非天方夜譚。

歷史教育應該要培養學生主動思考什麼可以編入歷史課本、什麼可能會被打壓，以及一個歷史宣稱是否經得起辯論與證據支持。重點不在知道全貌，而是知道自己不可能知道全貌。了解真相一定比想像中複雜，而知識一定比常識來得不容易確認。歷史教育應該培養學生學習判斷，自己所持的知識背後所預設的立場為何，以及有能力思考，每一種歷史書寫是為了何種政經利益、哲學、道德或美學基礎，才得以被呈現出來。

每個時代的當代史都不是單一的。每個「當代」都還有複數的史觀。轉譯的工程失敗或困難是一回事，我們現在的知識將會被未來的學者推翻是另一回事，但我們現在就需要清楚看到多元的觀點與立場可以發聲的空間。換言之，聲稱「每個政權都會採用有利他們的史觀，所以歷史教科書怎麼改都不重要」，只是一種不負責任的嚷嚷，我們也不該以此作為逃避改善歷史教育的藉口。

歷史應該鼓勵對過去的發問，而不是給予便宜行事的解答。歷史應該思考如何嚴肅地還給「過去」一個公道，而不只是利用口頭上的多元主義粉飾。班雅明〈歷史的天使〉已用寓言體告訴我們，國史本位的國族進步神話如何是千篇一律的災難。歷史的意義，不只在於過去發生了什麼，而是此時此刻我們能容納多少過去的影像與聲音，尤其是那些被遺忘的、被嫌棄的、被禁止的。我們人人都可能是歷史的天使，因為我們永遠可以選擇挺身而出，阻止從天堂來的那場風暴。

世界上的每個人，都值得更好的歷史課。

做一個會遲疑的聆聽者

給人類系畢業生（以及，所有人類學學徒們）

林開世

喜歡看書、看電影，不務正業的人類學學徒。對現實世界完全沒有期望，所以就成為了樂觀主義者。在台大人類學系教書。

終於，來到了送走你們的日子。過去四年，目睹你們的掙扎與成長，看過你們的歡笑與淚水，從徬徨到堅毅，從憤怒到理解，瘦了一圈、脫了一層，但你們的眼神比起從前更為深邃，你們的笑容比起以前更為內斂，讓我這個陪伴過你們的老傢伙，面對這場離別感覺格外的珍重。

之前我給畢業生的致詞是有關人類學的用處，做了很大的宣稱、很高的期許，回頭再讀那段文字，自己都覺得不好意思。其實，不像許多冠冕堂皇的學科，人類學是一門很謙遜的學門。我們吐槽龐大理論，解構中層理論，取笑裝模作樣的量化研究，鄙夷常識性的實證主義。但來到了經驗現場，面對實實在在的生命時，我們卻往往是個膽怯的學徒，強迫自己從無知出發。在面對差異的時候，不預先假定我們已經知道對錯或美醜，而是先試著揣摩別人的語言與行動，來感受別人所經歷到的世界。

接受差異與田野學習

這絕對不是一件簡單的事，很多念過幾本人類學著作的人，以為這不過就是所謂的「文化相對主義」，或者認為田野工作的方法與技術就只是一種特殊的態度與倫理的養成。但我想要提醒大家的是，這些說法也許都對，但也往往不僅僅是如此。我們的確要求人類學學徒應當對還沒有理解的東西不做價值判斷，尊重與我們社會的道德標準不符的文化，但是沒有人要我們停留在這個相對性的位置。我們的前輩用文化相對主義來對抗種族主義與西方中心主義，他們堅持那些看來簡單與「野蠻」的文化也與複雜的工業文明具有同等的價值，這個立場明顯就具有清楚的倫理判斷。他們用懷疑、擱置自己文化的價值為出發點，希望能一方面讓出更多的空間給別人的世界，另一方面挑戰任何人類普同性的宣稱。

許多人以為否定了普遍價值的立場就是一種懷疑論或者虛無論，但是事實上是我們連這樣的立場都不敢站，也不會站。我們頂多採取的就是紀爾茲（Clifford Geertz）說的「反－反相對主義」（anti-anti-relativism）。既不會接受有所謂的普遍標準，但也不會接受所謂的毫無標準。而在這兩個立場之間，有情緒、情感、習慣、魔術、巫術、意象、感官、寂靜、無奈……還有每天的日常生活。它們有時需要當事者清楚地表達或捍衛自己堅持的原則，但更多時候，隨著不同社會脈絡的需求而來的對、錯、真、假，就只是需要人們去承認與應對，共處與擺置。

換句話說，人們的確有些時候需要做原則性的道德抉擇，但大部分時間就是活在複雜的關係網絡中，做各種細微的倫理斟酌，更有許多無法被清楚言說、表達與確認的情境，難以被分類與評斷。人類學的訓練只是希望你能挪開自以為是的各種框框，讓不在框框內的生活步調與細節也有機會能被看見、被感受。

另一方面，在學校，我們也的確要同學至少透過田野實習去體驗一點做密集參與式的田野工作的感覺，好像把田野工作當成是我們蒐集資料的方法。但是其實對人類學來說，田野工作不只是研究方法。我們也許帶著特定的問題到一個地點去做調查，但是不像大多數的社會科學方法，我們很少會先設計好問卷或社會調查格式，然後透過訪談來取得是非或填空的答案。對我們來說，預先設定我們已經知道答案有多少可能，然後只是去確認不同的人會選擇落在統計的哪一端的答案，是無法令人接受的知識傲慢，也是扭曲與製造馴化的「訪談者」的治理技術。這種治理技術透過制式的、誘導式的問題，不斷地騷擾、持續地訓練一般人勾選已經預先被設定好的答案，讓毫無想像力的調查數字得以轉化為管理方便的民調、意見、統計與資料庫。透過被調查，群眾以為他的意見可以算數、可以當家作主，卻同時也被收編到各種安全的意見管道，成為無可奈何的選民或消費者。

人類學的田野工作不是去肯定我們的意見或理論，而是去參與、學習別人的能力、技術、概念與知識。我們透過觀察、請教與親身體驗別人的生活，讓自己與別人共同成長與延伸。這個學習的過程本身就有它存在的價值，不需要仰賴民族誌書寫來合法化它的意義。我們甚至可以說，民族誌只是人類學家在田野中成長的副產品。透過閱讀民族誌，我們訓練自己如何去做田野？要注意什麼？而不是倒過來。但歸根究柢，你就是要學習一套去觀察、體驗與教育自己的成長方式。突破自己既有的框框來學習與成長是田野工作的目的，也是人類學對我們的挑戰。這個挑戰超越民族誌與非民族誌，也把人類學的知識取得與一般人的學習界限模糊。就這點來說，人類學其實是一種無止境的學習。

聆聽與謙遜

要有能力突破社會僵化的思考模式與自己慵懶的思維模式，就是要能試著成為開放的聆聽者以及謙虛的學徒；但同時弔詭的是，不要以為只要有耐性、有同理心，就能達到溝通與理解，也不要以為知識一定可以透過翻譯來傳承。無論是在人類學的田野或者工作職場，我們都必然需要與人相處，與人交往。你的前輩、坊間的人際溝通術書籍，都會傳授你如何掌握人際關係、如何達成有效溝通的知識與技巧。我相信這些經驗傳承應該是難能可貴的生存之道，也是理解自己處境的學習指南。但人類學的訓練不只是這樣。你需要對那些可以被整理成系統與可以合理解釋的知識，保持警覺與距離；並且去發掘還沒有被納入可被傳承的知識經驗，重新定義你的學習範圍。也許這些警覺與反思不會幫你贏得上司的信賴或同事的愛戴，但是卻能讓你真正的成長，讓你一直比別人早點感覺到即將來到的寒意。

願意開放自己、接受差異，會讓我們自然地就成為一個好的聆聽者，而聆聽會沉澱出許多故事，也會訓練我們有能力敘述好聽的故事。但是作為一個敘說故事的人，要學習不把聽來的故事說得太滿，也不要嘗試把每個故事都講得很有道理。精彩的故事固然能感動人心，但是無法說清楚的往往是故事中的圖像與意象，而繼續留在我們記憶、困擾我們的，也正是這些難以溝通的東西。圖像的意義往往是曖昧不定，又跳躍掙脫。所以，每一個想要詮釋意象的嘗試，都會伴隨著不安的遲疑。但也就是這種殘餘的遲疑，值得我們繼續到田野、到生活中去聆聽故事。只有願意在現場聽、看、感受別人的故事，我們才會知道理解與溝通是多麼的虛幻與殘忍。我們如果願意為他人保留一點尊重與距離，也許所有的那些已經發生的，都還來得及轉圜。

恭喜你們終於畢業了！也期望你們陪伴別人、幫助別人繼續一起成長！

在這疫常的時空

誰是「疫情」？

全球疫情下的台灣原住民

李宜澤

長在芭樂園裡的檳榔樹。從心理學走向人類學；從阿美族傳統祭儀與發酵製作，走向環境人文與原住民取向STS研究。
在人類學的研究與書寫過程裡，最喜歡重新思考田野工作中時間與空間的多樣組合，如何重新定義參與觀察者，研究協作對象，以及人類學這門迷人的學科。

「這個月我沒辦法回家」Ca’ay ka nga’ay kako a taloma^ anini a fulad.

“A. Kacaw！Halafin to kamo ca’ay ka taloma^ mailol to ko Ama to sona yu！”

（啊，卡造，你們怎麼那麼久沒有回來？阿媽很想念孫子捏！）

“Aya Ina！ira ci ‘I-cing’ a tayni. saka ca’ay ka taloma^kako tonini a fulad.”

（哎，媽媽，因為有「疫情」要來，所以這個月沒辦法回去～）

“Cima kora ci “I-cing”hananay?”

（啊？誰是「疫情」？）

“ca^ayay. O tata^angay a adada.”

（不是啦，是很嚴重的「生病」。）

“Amatira. Kalamkamem a patala Ising ci “I-cing”ngan!”

（喔？那快點叫「疫情」去看醫生啊！）

「疫情」擬人化的焦慮

COVID-19疫情爆發許久之後，我第一次回到吉安阿美族村落家裡，聽到村人分享上述的故事。對話中住在鄉下的阿媽問遠居都市的兒子，怎麼好久沒有回鄉下了？兒子回答因為有疫情要來，狀況很嚴重，所以沒辦法回去。不常看電視的阿媽以為「疫情」是某個要來拜訪的朋友，反問兒子，這位朋友生這麼嚴重的病，怎麼不去看醫生？雖然這是大家拿來「演話劇」的飯後玩笑，卻也反映了原住民社會面對疫情的兩個問題：其一是，外來環境看不見的威脅和恐懼，如何在原住民社會透過人際關係被感知？另一是，主流社會不斷透過媒體宣導的防疫措施資訊，又如何被原住民情境反身「引用」，表達自身處境？

在這則玩笑裡，第一層是「擬人化」的疾病關係思維：誰是「疫情」？為什麼大家那麼關心他？以特定人物經歷創造出的「人形化」載體，是許多原住民在現代社會資訊快速流動中，用以理解變遷的關鍵，例如在儲蓄互助社被騙的某位遠房親戚，或是去跑船卻被船長丟包的族人。在每次確診人數的新聞裡，確診者不是數字，而是某個職場環境的特定角色或人際網絡的關係人。在原住民社會中，訪客或朋友應被熱情招待，但鄉下阿媽對這位朋友的身世不理解，關切「疫情」的舉動，和一般漢人避之唯恐不及的角度大相逕庭，正好表達了原住民生活圈對於所謂「社交距離」的疑惑。第二個層面則是對主流社會防疫行動下被遺漏的人（比如沒有跟上消息的鄉下阿媽），以及缺乏經濟與醫療資源的自我解嘲。「疫情」這個沒人關心也不知為何無法看醫生的朋友，正好也反映了原住民族人常常被各類資源忽略的情境。「好客關懷」的阿媽和「沒有朋友」的疫情，此時成為兩個互相對照的荒謬真實。

自從二〇一九年年底，COVID-19流行以來，疫情成了政經階級的分水嶺，缺乏醫療資源的中下階級受到更多排擠。也因為對於人群移動的「邊界」感受更為強烈，原住民處境也赤裸裸地呈現出對於疫情資訊與醫療資源的缺乏。正因如此，我們要問的是，是否所有的人都同樣受到病毒「平等」影響？如果答案是否定的，那麼某些受害更深的群體帶給我們什麼觀點？原住民族如何理解與回應這次的瘟疫呢？透過訊息與關係網絡的擬人化，原住民族人如何看待「瘟疫」呢？

二〇二一年五月初，尚未開始三級警戒，我在花蓮近郊的村落參與家戶改建後落成掃除的儀式。當天的參與者包括四位主要的祭司成員、五位家族成員，以及七、八位村人親友。室內的儀式空間沒有超過「政府規定」的五人上限；戶外祝賀參與的人，雖然也沒有超過規定人數，但現場每位族人朋友戴著口罩走來，卻脫下口罩一起聊天喝酒，享用主人家提供的豬雜點心。我一開始戴著口罩，後來覺得實在很怪，在老人家面前感覺「不太禮貌」，也就脫下口罩一起聊天。言談中我問為什麼大家在這裡不戴口罩？一位中年村人朋友說：「平常我們都留在部落，也沒有人出門，不知道那個病會怎麼跑進來？如果沒有喝酒消毒，我覺得應該更容易被感染啦！」乍聽之下好像很「隨便」，但這其實並不是族人「非理性」的意氣之詞，反而讓我想到人類學者安清（Anna Tsing）在《摩擦》[1] 這本關於加里曼丹雨林國家盜伐與當地原住民衝突的民族誌裡的一張照片：坐在酒吧裡的原住民背後正好是香菸品牌Bomb（炸彈）的宣傳照，朋友對人類學者帶來的禮物發出絕望的感嘆，「所有的樹都被政府砍光了，你最好真的帶著炸彈來把這裡都炸了！」安清發現，在強調全球化和治理的環節裡，失望與憤怒是在地能動性的重要表現。村民每天被限制在部落裡，原本做小吃店或雇工的人長達半年沒有工作。當疫情訊息變動劇烈，疫苗供應等待漫長，LINE群組開始出現猜測外在狀況的假訊息，喝酒防疫的行動變成僅存的行動力。

但這樣微小的能動性終究被三級警戒完全壓制。警戒命令後的隔週，村裡久病的長者過世了。出於公共規定與自身的害怕，原來每晚都應該有親友去陪同的喪家冷冷清清，但喪家還是依照禮俗，在喪禮家祭後殺了一頭豬分送給親族朋友；不過因為無法多人參與殺豬，大太陽下，一頭豬殺了一整個早上才分完。分好的豬肉只能放在喪家門口桌上，用香蕉葉蓋著，打電話請親友自行到場噴酒精後取用。村落阿姨說，那天拿回來的豬肉特別腥，但她還是煮來吃了！這感覺不是抱怨，而是表達疫情下大家不得不「沒有朋友」，那種能動性被剝奪的深刻感嘆。

1 *Friction: An Ethnography of Global Connection*

部落疫病觀

阿美族對於大規模疫病的概念，傳統上稱為Malifong。依照村落耆老的說法，以前會有Malifong多半是在農忙後豐年祭前，天氣炎熱的時候會突然出現家裡的雞鴨大量暴斃的現象；這時他們就會儘量把暴斃的雞鴨殺來吃，以免浪費。但是村人也無法說明，為何過去多半Malifong的時間點都巧合地發生在豐年祭活動前？豐年祭時間接近，是否是祖先以Malifong作為與當代族人對話的形式呢？這就不得而知了。在現代公衛觀點出現以前，部落傳統上有讓族人參與對抗疫情，以回應Malifong的模式。在我所認識的北部阿美族群的歲時祭儀中有個活動叫作Miva'va'，舉行時間在每年五月中下旬。這個活動傳統上是為農作物去除害蟲，但也延伸為驅離可能流連在部落附近的Takenawan（阿美族語的飢餓鬼靈，人們通常認為祂是會蹲坐在檳榔樹梢，撿拾老化檳榔的鬼神Kawas）。Miva'va'的儀式會請Sikawasai祭司以及部落耆老協力幫忙，以檳榔葉鞘包裹檳榔做成掃除工具Civa'（趕鬼葉鞘），然後讓部落的幼童拿著Civa'，把象徵老鼠體型的小柚子從部落入口一路打到另一頭的出口。而Sikawasai祭司們則手持檳榔葉扇，以及從保護女神dongi那裡借來的神靈絲線calai，走一步噴一次酒，並向需要清掃的空間做出投擲calai且回收的手勢，把部落掃除乾淨並且以祝福過的絲線對部落周圍覆蓋保護。這個儀式表面上是針對農作物，但也特別提到會同時驅除令人致病以及使人貧窮的Takenawan。因此可以說，在阿美族的傳統觀點裡，農作物的疾病與人的身體病痛有某種相關，並且注意到「貧窮」也是一種需要驅趕的「疾病狀態」；這似乎呼應英國公共衛生鼻祖愛德溫．查德威克（Edwin Chadwick）在十九世紀提出「貧窮是疾病的密友」的觀點。

另一種回應疫病的方式，是針對外來陌生接觸的「隔離」反應。太巴塱文化工作者Namoh Nofu Ka'atay表示，太巴塱地區傳統上有Pamalataw（淨身祭），這是專屬於戰爭後倖存者的潔淨儀式。透過採訪自己的爺爺Kulas，Namoh提到：「過去，有參與過戰爭的男人，因為遭受戰爭的恐怖與驚擾，需要在回到部落時淨身，並召喚自身那個留在戰場上混亂迷惑的靈魂。儀式如下：從戰場回來後需要隔離在部落之外，前兩日禁食，只能食用生米Oled；方式是將生米泡水後直接打碎，以團塊狀食用。而且只能飲用Misama'ma'an（糯米發酵滲出的汁液，製作方式是不放酵母，直接將糯米烹熟後讓其自然發酵，然後飲用發酵後滲出的液體）。第三日，部落耆老會帶著從戰場回來的青年禁食者到河邊抓魚執行Malialac，也就是脫離儀式禁忌，且當日只能吃魚。第四日，禁食者需高舉著一隻雞，對天祈求Maladaw（阿美族男性守護神靈），將自己的靈從戰場上召喚回來。」傳統儀式的淨身與禁閉，透過空間隔離（避免跟部落內其他人的接觸）、飲食限制（避免烹煮而出現的移動接觸，也用簡易食材淨化身體）回應疫病，與當前處理疫情方式頗有異曲同工之處。

面對這次的COVID-19疫情，我們看到三種原住民的回應，分別是「儀式邊界劃設」、「社群網絡再定義」，以及「個人反身認知」。前面提到的Miva'va'就是「儀式邊界劃設」。而由戰場回歸的Pamalataw則是反映「社群網絡再定義」的方式。其他情境下則是會在大型瘟疫流行時，或部落重要儀式開始前，在部落周邊進行「遮蓋部落」與潔淨的儀式。例如台東排灣族土坂部落，在二〇二〇年二月底、COVID-19疫情在台爆發之後，部落祭司決定以搭建村落入口處的竹拱門並且執行pakiqecan儀式，為部落進行保護遮蔽（如同Miva'va'的活動），以及阻擋外來疾病。這個活動最近只出現過兩次，一次是在二〇〇三年SARS期間，另一次就是COVID-19期間。大型的活動則可能會因而取消或者延期，例如四月初台東利稻部落舉辦布農族射耳祭就是花東今年唯一的一場，但因應疫情不對外開放，並且在部落周邊設置管制點，避免遊客誤闖。至於二〇二一年五月開始的全台三級警戒，花東地區的阿美族部落，全數決定停止七、八月份的豐年祭典活動，只留下在地頭目耆老的祈福祭拜儀式。這些設計一方面昭告旅外的部落遊子或外來客，部落環境雖然脆弱，但已有所準備；一方面也是提升部落本身的自我警示能力。

以上這些回應看來也許被動或「古老」，卻是重新「劃界」與「社群界定」的重要舉動。對於身處在快速流動情境下的原住民族群，重新劃定界線，並且標示自身部落與環境的重要關係，是重新取得部落主體的重要行動。這也呼應北美原住民哲學家凱爾・懷特（Kyle

Whyte）在人類世與原住民處境問題上提出，以「更新親屬」（renewing relatives）來替代「傳統知識再更新」（renewing indigenous knowledge）的過程。此處的親屬指的不只是人類親屬，還包括非人類的動物，甚至是環境地景等原住民族可以指認的人格行動者（如同疫情作為人形化載體）。這類行動在重塑原住民文化與外來事物關係的同時，也創造原住民族與其他行動者，包含面對「疫情」衝擊時的回應模式。

第三種回應疫情的模式則是「個人反身認知」，也就是本文開頭所舉的故事。當「疫情」在都市肆虐，遠在偏鄉的原住民老人家想像這位「病況嚴重」的「疫情」某人是否無人照顧？為什麼沒有去看醫生？這樣的反身感長期出現在原住民族形成外來資源與威脅雙重衝突的自我闡述，比如常常會聽到部落的人說，「那個文件／那個規則／那些字認識我，可是我不認識它。」而這也反映了這種制度不對稱的規範與資源分配差異。「被沉默」的原住民，也來自於這種「疫常沉默」的狀態。我們對於疫情的恐懼，來自看不見卻會移動、現身的感染，以及為了消除傳染途徑而阻礙經濟活動的擔憂。但是，部落所面臨的，除了可能在資訊相對封閉的環境裡受到更大的外來傷害之外，尚有其他問題。

隔離而不孤立

「全球公民」組織（Global Citizen）在對加拿大原住民族報導裡提到，受COVID-19衝擊時，「孤立是原住民社群最大的弱點」：在缺乏檢測制度、回報系統，以及醫療資源的原住民社區，進入社區的疫病可能成為橫行無阻的殺手。為了克服資源上與意識上的孤立，對於原住民社區如何回應此次疫情的建議往往結合了傳統知識的復興，以及重啟在地環境資源網絡。例如，聯合國農業及糧食組織（FAO）提出十二點建議，試圖消除原住民社區在疫病時期糧食與資源缺乏，甚至醫療物資無法快速補充的困境：包括敦促在地政府在地區資源分配決策團體中納入原住民代表、鼓勵在地青年幹部加速翻譯外在訊息以回報給社區老人（在本地的阿美族語言永續發展學會的努力下，台灣的疫情懶人包的確有即時翻譯為阿美語）、必須充分尊重在地自我隔離的立場、必須防止外來農牧礦產等企業趁疫病時期侵入原住民資源地區，以及協助原住民在環境裡重新取得自給自足的食物與充足的外來醫療資源替用品。我們也看到，即便是防疫隔離時期，美洲原住民族傳統的Powwow儀式聚會，仍然被組織並且重視，而用「社交距離Powwow」聚會的模式表達對所有原住民社區的精神與儀式支持。

當代原住民面對重大變動時，透過「隔離」而「不孤立」，更新親屬式的反身創新活動，加強在疫情這個「病人」來臨時，原住民族能夠主動回應，而不只是認知自嘲的「韌性能力」。而透過這三種模式的回應，台灣原住民族才能夠有機會在面對全球疫情時，不被「疫常沉默」的狀況所淹沒隱瞞，能夠更新在疫情下仍然活躍的傳統智慧。

有人情味的
防疫科技

一趟跨境隔離之旅的隨想筆記

李梅君

游走在數位、資料、賽伯格間的後／人類學家。讀書沒離開過人類學，工作卻斜槓在劇場、竹科、電視台、黑客松之間。對媒介物有不可自拔的好奇心，對非人則有超出人類的關懷。

二月十六日，當台灣還在慶祝農曆年假期的尾巴時，我們一家人貓五口，從冰雪封天的波士頓展開了一場超過一萬公里、歷時二十四小時的返家之旅。這場在疫情之中的跨國搬家，不僅讓我們見識到「台灣模式的科技防疫」如何成功地在已超過一億人染疫的全球大流行中，將病毒防堵於邊境之間、社區之外；更讓我們親身感受到所謂的「台灣模式」並不是冷冰冰的科技防堵，而是充滿關懷與照護的人與科技的協作，是人類學家艾蜜莉・亞特斯多爾（Emily Yates-Doerr）筆下，「反英雄式照護」（anti-hero care）與防疫科技共舞的探戈。

自從COVID-19全球大流行開始，數位遠距成為許多國家日常生活的新常態。我生活在疫情嚴峻的美國，當地政府從疫情之初的漫不經心，到醫療系統瀕臨崩潰後，才後知後覺地展開停班停課、封城隔離一連串措施。接著，人與人面對面的接觸減少了。社交聚會取消、室內活動關閉。日常用品、生鮮雜貨仰賴線上購物，就醫看診透過遠距醫療，上課開會以視訊軟體進行，連孩子常去的說故事唱跳時間，都變成在網路上和鏡頭對面的老師互動。

數位科技讓人們得以在病毒肆虐下保有基礎的社會生活，但也帶來新的挑戰與問題。不管是數位社交障礙甚至精神壓力、數位落差帶來更大的社會斷層、遠距課程造成學習效率低落，以及數位生活下性別家務分工失衡等等。

這一代的孩子被稱為C世代（COVID Generation），他們從小學習數位工具如同我們玩弄花草樹木，視虛擬的擁抱、2D的互動為社交的本質。小如一歲半的我的孩子，都已理解螢幕另一頭有活生生的人類，鍵盤是產生互動的神祕武器。但即使螢幕裡老師賣力說唱，少了溫度的互動，也漸漸地索然無味。

於是，我們決定在疫情看不見底的二〇二一年年初，帶著孩子、兩隻貓咪舉家返台。

跨越一萬公里的逃疫大冒險

時正年節前夕，秋冬防疫專案啟動，台灣的邊境管制也有許多政策變化。入境台灣需附登機前三日內的核酸檢測報告、每一個人必須有一支台灣門號的手機，更嚴格規定一人一戶居家檢疫十四天加上自主管理七天。

早在出發之前，我們便透過二十四小時無休的一九二二專線詢問回台相關細節。透過Skype撥出越洋電話，帶著滿滿疑問的我，總是在一九二二專員親切口吻的回答中感到安心不少。

LINE則替我們省去了跨國長途電話的需求，輕鬆敲定防疫專車接送的時間。在對話框那頭，時而是LINE機器人的文字提醒，時而是真人彈性且溫暖的個人化服務，彼此補足時間的缺口，讓日夜顛倒的時區，變得幾近零時差。

確定好居家檢疫細節、防疫專車的安排後，便是等待啟程日的到來。為了避免轉機，我們驅車五個小時至紐約機場直飛回台。在前往紐約機場的路上，我們登入入境檢疫系統填寫資料。系統很簡潔，沒有太多花俏設計，而是清楚的警示著居家檢疫的注意事項，然後一路填寫個人資料、台灣電話和防疫住所後，便能完成登錄。表單的最後一頁，提醒著要儲圖於手機，作為機場通行的密語。

這趟返家之旅，手機成為我們闖關的鑰匙。它不僅替我們表明身分、驗證健康，更化身為我們的數位分身，透過看不見的訊號，打造出一座隱形的圍牆，將疫病未明的我們滯留在國與國之間隔離的中介狀態。

我小心翼翼地收好手機，保存電量。這支隨我從加州流浪至麻州的手機，是我異國生活的哆啦A夢，它既是我的地圖、我的手電筒、我的記事本、我的行動銀行，更承載了我生命記憶的吉光片羽——貓咪翻肚撒嬌的照片、家庭日出遊的雜記、寶寶第一次走路的影片等等。現在，它多了一項任務，作為這場跨境大冒險的關鍵鑰匙。它需要保持警覺、精神飽滿，以便在遇到哨兵時可以隨時亮出傢伙。

連帶著我們的口罩與全身防疫裝備，我感覺自己在進行一趟祕密任務，而成功的要件是保護我們的數位分身（手機）通過國境，不被殲滅（沒電）。

紐約機場，往昔車水馬龍的出境大廳不再，只剩三三兩兩旅人，各自包裹在形態不同的防疫裝備裡，散得極開。我們三人兩貓近十箱的行李顯得特別引人矚目。唯一主動接近我們的，是拿著旅客健康聲明書的地勤人員。他一靠近，就先索取第一個通關密碼：核酸檢測報告。

我在心裡演練過數十次這個場景，務必追求最少的（病毒）暴露、最快的通關。無奈我們人貓團隊實在太龐大，一舉一動都特別笨拙。地勤人員耐心等待我操作手機，用力放大檢測報告的文字，比對我們的資料，還體貼地幫我推著一車滿滿的行李走到櫃台。終於過了第一個關卡。

緊接著，我們在一陣慌亂裡完成了報到，並把行李和貓咪送上飛機。人呢？除了核酸檢測報告證明我們的健康清白，還得脫衣脫鞋脫電腦，一一通過X光機電眼掃描，然後再快速回收，一個一個消毒。我近乎偏執地用酒精細細擦拭我的手機，以免我的數位分身染疫。在一陣手忙腳亂後，我們終於安然坐在飛機上了。

「請將手機轉到飛航模式。」空服人員提醒著。這句再平常不過的搭機對白，終於讓我們一路掛在心上的大石頭放下來，「只要十六個小時，我們就到家了。」

跨時區的飛行徹底打亂我們的生理時鐘，空服人員送上的佳餚也因為高空壓力味同嚼蠟，直到我們追上太平洋東岸升起的太陽，機器鳥翅膀下的島國愈來愈大、愈來愈清晰，我們終於落地了！

電子圍籬裡的人情味

落地後第一件事就是換好台灣的電話卡，關掉飛航模式，喚醒我沉睡中的數位分身。疫情指揮中心的簡訊第一時間傳了進來：「歡迎來到台灣，您入境後為居家檢疫對象……中央流行疫情指揮中心關心您。」

早就耳聞台灣的入境檢疫系統，結合網路和電信服務，做得極有效率，沒想到，我們人還沒踏出飛機，就已收到關懷簡訊。

我們撿拾孩子玩得散亂的玩具，大包小包狼狽地走下飛機。眼前，一排穿著背心的服務人員已經拉開一個安全距離，招呼著下機的旅客：「歡迎回國，請打開你們的手機收簡訊。」「沒有台灣門號的請靠右走到前方辦理。」「來來來，我教你，點開這個連結，把這兩頁截圖唷！」「小朋友跟媽媽的門號嗎？她的申請書也幫你截圖起來！」許久沒有被這麼溫暖的台灣腔問候，我差點想擁抱她。

但是防疫距離拉好，我們快速完成作業，往下一關前進。進海關前還有一個哨站，數位檢疫人員鎮坐在桌子後面，一一檢查我們手機裡的截圖，並且說明居家檢疫的注意事項。「每天會有里幹事跟你們聯絡，手機記得不要關機。」「三月四號就可以出關囉，出關後還是要把口罩戴好戴滿喔！」我那因為久戴口罩不耐的孩子已經把口罩褪到下巴上，馬上受到關注。「小朋友好乖喔，口罩要戴好喔！」「好的，這樣就可以了！」我們的數位分身又過了一關。

通過檢疫關卡，一路被指引往海關。機場因為疫情人不多，很快就排到我們。「麻煩把口罩脫下來。」我把自己和懷裡寶寶的口罩脫下，狠狠吸了兩口故鄉的空氣，一如往昔帶著島國潮汐的溫暖味道。「歡迎回國！」海關人員說。

我們的檢疫之旅還沒結束，這只是開始。防疫專車的運將專業地消毒我們的隨身行李、全身衣物，連鞋底都不放過，接著送我們前往即將隔離十四天的住所。路上，我用手機訂餐平台點了想念很久的蛋餅饅頭豆漿，在我們抵達十分鐘後正好送到門外。不久後，里幹事也來電。「李小姐你好，歡迎回國，記得這十四天手機不能關機喔！」「我等下幫你們送關懷包過去，新年快樂！」稍後，門外躺著一大袋關懷包，裝了滿滿的零食、飲料、體溫計、口罩、面膜、毛巾等等，裡頭還有來自臨近香火鼎盛的慈佑宮發的發財金紅包。我們把忙了二十四小時的手機趕上充電架，看著眼前滿滿的台灣味，「趕上了年節的尾巴啊！」終於放鬆下來。

往後的每一日，我們仰賴手機訂餐、仰賴手機接聽關懷電話、仰賴手機請人收垃圾、仰賴手機證明我們足不出戶。我們雖然通過海關了，卻宛若身處邊境之間的真空地帶。透過手機訊號的持續存在，停留在防疫的隔離泡泡之中，等待時間證明我們的健康。

這個等待，是安心的，是平靜的。房子外，再也不是充滿看不見病毒的國度，再也不是封鎖而蕭條的冰封之城。

反英雄式照護的台灣防疫

在台灣，日常得以繼續保留見面三分情的人味，仰賴著科技協助的邊境管制與政策溝通。

台灣超前部署的神話，源起於二〇一九年十二月底PTT一則貼文——「武漢疑爆發非典型肺炎冠狀病毒群聚感染」，鄉民從中國論壇分享過來的訊息，成為台灣防疫的警鐘。在全球各國都還對疫病默然之時，台灣已早早成立疫情應變小組。緊接著，各項資訊整合系統推陳出新協助防疫：入境檢疫系統與電子圍籬結合，將可能的疫病控制在邊境；健保資訊系統和入境資訊連結讓第一線醫護人員即時掌握病患的旅行史、職業史、接觸史、群聚史；口罩實名制和供需資訊平台確保每個身在台灣的人都擁有基本的防疫配備；LINE疾管家機器人與雙向簡訊雙管齊下，提供即時、互動式的疫情資訊和檢疫管理。科技成為人類在這場世紀之瘟存活下來的重要武器。

但科技是把雙面刃。文初我提及美國在科技強行介入社交生活所衍生的問題。即便日常如昔的台灣，防疫科技的運用也已經產生不少疑慮。不少專家學者指出數位監控系統恐有違害人權的問題，像是「電子圍籬」的隱私與法律授權不明；邊境系統和健保的勾連是否會有侵害隱私的疑慮；實名制、實聯制廣泛收集個人資料，卻沒有好的保護與監管系統等等。這些因為防疫而推出的數位監控系統是否有監督機制和「有效期限」？因為疫情而讓渡於國家的公民權利，在危機度過之後，要得回來嗎？

這些都是重要的發問。但一路從美國返台，親身體驗台灣科技防疫的做法，我卻備感安心。安心的是，我感受到，在科技背後滿滿的人以及關懷。那些藏身在一九二二專線或是LINE對話框後的服務人員、在機場內引導我們如何使用系統的邊境人員、在海關第一線接觸潛在染疫者卻仍保有溫暖微笑的海關人員、協助我們消毒搬運行李的運將大哥、每天打電話關懷我們健康狀況的里幹事、在風雨中幫我們取餐送餐的外送員。是這些人，撐起了「台灣模式的科技防疫」。是這些人的關懷與照護，讓我願意暫時讓渡自由與權利，去換取社區的安全。返回社區後，我因此更有責任繼續發問。

研究照護（care）著名的人類學家安瑪莉・摩爾（Annemarie Mol）說，「照護是去領會、去尊重、去滋養，甚至去享受會老朽的身體。」(a matter of attuning to, respecting, nourishing and even enjoying mortal bodies.) 照護強調持續的行動與實踐，以及做選擇的過程中，那些彈性的、關係式的、來來回回的互動、協商，與情感交流。有些人將照護與科技對立，彷彿前者是情感的實踐，而後者是理性的計算。但事實上，科技也需要照護，如此科技的操作才得以更符合每個個體獨特的生命，每個當下變動的情境。

亞特斯多爾更是以自身「失敗的田野」，指出光彩奪目的成功敘事過度強調英雄式的個人成就，是父權與殖民式的知識產製。亞特斯多爾描繪她帶著兩名幼兒前往田野地，卻因為田野之初，一名孩子意外受傷，讓這趟旅程結束在醫院，沒有帶回原本設想的任何資料。她從這個故事出發，指出人類學家的田野（正如我們的跨境大冒險），往往並不「成功」，也難以「完成」。她提出「反英雄式照護」一詞，提醒我們不需要一肩扛起，應該張手擁抱照護帶來的新關係。因為照護是行動、是實踐、是連結彼此的不完美，並且為失敗打開空間。

從科技談起，以照護作結，我在這趟返家之途體驗到台灣模式的科技防疫，並不是鎂光燈下英雄式的神話故事。在數位系統背後的往往不是英雄，也不追求成功。這些行政體系、醫護人員、邊境守衛、科學家、社區服務者等等，他們成就的並不單純是「成功抗疫的台灣」，而是在世紀之疫下，我們這些渺小脆弱的人類，如何在照護中互相鼓勵、支持、陪伴，學習理解、尊重、滋養，並且享受因彼此照護而發光生命。所謂的台灣模式，只有反英雄式照護與防疫科技兩者相加時，才能發揮完整的效果。

二〇二一年五月中，成功防守COVID-19病毒一整年的台灣，突然連續爆發數波大規模的社區感染。短短一個週末內，每日確診數從數十人攀升到上百人，疫情指揮中心宣布雙北開始第三級警戒。從我們剛安頓好不久的台北住處往外望，往昔總是車水馬龍的建國高架橋，顯得特別空盪冷清。但這個景象我並不陌生。一年之前，波士頓最繁忙的鬧區也是一樣的景致。倒是手機LINE群組響個不停，家人的關懷訊息、朋友的疫情資訊，似乎大家都從各自忙碌的生活裡暫停，在蔓延開來的不確定感中，即興地編織起互相支持的網絡。到了八月，在多數公民自律的情況下，台灣又再度成功地阻擋疫情，確診只剩下個位數。相較一年前我和家人困在異鄉看不見疫情盡頭的絕望感，如今回到台灣，我感覺到溫暖和希望。

STS學者瑪麗亞·貝拉卡薩（María Puig de la Bellacasa）說，「照護可以在『與憂患共存的當下』（troubled presents），打開『這樣也很好』的可能性（as well as possible）。」

這樣也很好。在疫情肆虐一年多，對人們的身體與心靈已造成不可抹滅的傷害後，能夠一家人平安返台，感受到防疫科技還是可以有人情味的。我想，這樣也很好。

忽然我想起你的臉*

黃郁茜

宅，喜歡文字，也喜歡經年累月地思索字詞與字詞之間的空缺。積極蒐集曾受人類學訓練的作家清單。在蘭嶼和密克羅尼西亞做過田野。現棲身於台灣大學人類學系。

今天想談的東西很短，很小，是關於「臉」。題目借自黃碧雲的小說。但並不是談小說，也不是談列維納斯（Emmanuel Levinas）所說的「他人之臉」，或者德勒茲（Gilles Deleuze）和瓜達里（Félix Guattari）所說的「臉性」。是關於口罩底下的臉。

口罩的符號指涉

二〇二〇年三月中，COVID-19疫情開始在美國蔓延，大學從北到南從東到西紛紛停課，教學改為遠距，學生在短短一、兩天內離開校園。彼時，台灣剛開放非醫療用口罩郵寄海外，我也寄了布質口罩給美國的朋友。其中一位朋友回信道：在這裡，實在很少人戴口罩。部分原因，也是因為當時衛生紙、醫療口罩、酒精、乾洗手早已都被一掃而空。一般美國人，至少在那個時候，認為口罩是給醫護人員戴的，或者只有病人才戴。另一位友人則說：儘管很少人戴，但愈看報導，愈覺得戴口罩有其必要。第三位朋友的回信就更妙了。他說：他在倉庫裡找到了「工業用面罩」，必要的時候就會戴上。我心想：這不會是某年的萬聖節道具吧？由於對「工業用面罩」毫無概念，還去搜尋了一下圖片——從簡單的安全帽式面罩，到蝙蝠俠電影中班恩所戴的面罩，包羅萬象不一而足。我總覺得友人還是會用上的，依然寄了一些布口罩過去——幸好，當時在台灣的市面上也已經可以買得到布製口罩了。

友人說得沒錯，二〇二〇年初春，美國疫情還不嚴重之時，美國公共衛生服務軍官團醫務總監（Surgeon General of the U.S. Public Health Service Commissioned Corps）傑羅姆．亞當斯（Jerome Adams）的確呼籲大家不要搶購口罩：口罩的防護作用不大，口罩該留給更需要的醫護人員。美國疾管局強調的是勤洗手與保持社交距離，避免大型群聚，而非配戴口罩。報章雜誌報導指出：「在西方，需要克服的是關於口罩的污名，而不是對口罩的恐懼。有人提到自己帶著口罩上飛機，但覺得太羞恥不敢戴上。這種羞恥感來自何處？是因為別人會認為你是個膽小鬼嗎？因為別人會以為你生病了嗎？」「在英國超市戴口罩，人們的反應會很奇怪，原因很多：認為你和東亞國家有關；懷疑你占用別人更需要的物資；猜測你生病了（不應該出現在這裡）；或者，認為你在散播恐懼。」在美國的亞裔居民擔心戴上口罩反而引來攻擊，或者一面配戴一面抵禦路人的側目而視。甚至「SARS以來，西方人把戴口罩與中國和東亞連結起來；可能是出於排外心理，以及這種想法：『中國是傳染病的起源，中國人正在散播病毒。』」[1] 直至二〇二〇年四月中，川普對口罩的態度才從拒絕配戴轉變為表示

＊ 感謝Zoe（陳雅馨）耐心與我討論，並慷慨分享她對於「瘟疫共同體」的精闢觀察。

1 以上引自《大西洋》（*The Atlantic*）二〇二〇年四月二日報導。

願意視狀況配合；關於配戴口罩是否有效，世衛與歐美開始鬆口。但是口罩的文化意涵還是沒有改變。口罩代表著他者性、集體性、共同體、休戚與共，甚至曾經是「中國」醫療現代性的象徵。[2]

當然，更不要忘記不少國家訂有《禁蒙面法》——禁止人民在示威、公眾集會、公共場合「刻意遮蓋臉部防止身分被識別」。配備《禁蒙面法》的國家，遠比我們想像的多。《大西洋》的報導這樣說：「今天在香港，如果你在公眾空間沒有戴口罩，你會被污名化與遭受歧視，不只是因為人們會害怕你是潛在的病毒散播者，也因為代表著你並沒有肩負公民的道德責任。」是的，但西方媒體顯然沒有留意到二〇一九年下半葉港府《禁蒙面法》所引起的巨大政治風暴。儘管當前關於配戴口罩的政治情勢，與二〇一九年十月初《禁蒙面法》頒布時已大相逕庭——但是《禁蒙面法》違憲爭議目前（按：二〇二〇年四月）還在進行中。我們也不要忘記，二〇二〇年一月上旬COVID-19初見端倪之時，港府的口罩配戴政策仍多所限制——當時的香港衛生署長表明「除非有病徵，否則市民在一般社交場合不用戴口罩」。

口罩是一個符號，與「臉」高度相關——臉也是一個符號，指涉著身分、可辨識性、表達、個別、他人。臉的背後是一個世界，是「一整部歷史」。趙恩潔有一篇很不錯的原刊登於一英國科普部落格的文章，〈非死於瘟疫〉（Deaths without the virus），其中就提到了口罩與「臉」的主體象徵性。她說：

曾經有那麼一段時間，每隔幾天，就有歐美作者對世界發言，他們聲稱亞洲人詭異的戴口罩習慣是一種文化規範或社會團結的顯現。言下之意，就是戴口罩不可能是科學的，因此它必然是文化性的。標準的「科學的西方，文化的非西方」場景。直到最近美國轉向口罩政策以前，某些西方媒體一而再、再而三的將口罩呈現為一種不科學的、錯誤的，但是有「象徵意義」的「迷思」，是可憐的亞洲人用來心理安慰的東西。

真相是，西方人就跟非西方人一樣的具有文化性。現代人的自我構成幾乎無法脫離以臉的辨識為中心的著迷（國家必須要看見「你」），臉是自由主體的終極自然象徵。一種根深蒂固的戀臉主義，一種讚頌臉部的裸露並厭惡遮臉，將遮臉等同於主體被壓迫的符號意識形態。戴上口罩或眼罩以後你就不是完整的你了，是被刪減的你（或是被擴增的你，如果你是蝙蝠俠的話）。不管是哪一種方式，臉罩如魔法般具備著改變一個人身分的能力。[3]

2 見《紐約時報》二〇二〇年二月十八日、二〇二〇年四月十日報導。
3 英文原文：https://archive.discoversociety.org/2020/04/06/deaths-without-the-virus/ 作者（趙恩潔）中譯：https://zolachao.wordpress.com/2020/04/08/非死於瘟疫deaths-without-the-virus/

更不用提到口罩外交、口罩的政治經濟學、全球口罩供應與商品鏈。

瘟疫共同體

病毒進逼每個社會最脆弱的區塊，宛如攻擊人體抵抗力最弱的部分，令每個政治體收緊主權可及的邊界。以印度作家阿蘭達蒂．洛伊（Arundhati Roy）的說法，是「以任何其他力量不可能做到的方式，暫停了整個世界」。病毒攻擊醫療體系、老年照護、人的聚集、移動與往來、全球經濟體系，以人的生命為代價。生命以主權政體為單位計量，透過每日滾動的數字呈現。病毒既遙遠化為抽象的統計數字，卻又臨在，因為無形的威脅就在身邊。無論是生命政治或者死亡政治的概念，都難以圈限病毒以及隨之而來的「日常之中斷」。位處於帝國的邊緣，我們看到病毒所到之處，所凸顯的癥狀因地而異——在義大利、西班牙、美國、英國、法國、新加坡、香港、日本、台灣、土耳其、伊朗、印度……。病毒改變著我們的生存狀態——是法國哲學家尚–路克．南希（Jean-Luc Nancy）所說的，病毒「共有化」（communize）了我們；也是阿蘭達蒂．洛伊所說的：「從歷史上看，大瘟疫迫使人類與過去決裂，想像一個重新開始的世界……它是一個傳送門（portal），一個連接這個世界和下一個世界的門戶（gateway）。」

儘管，置身於擴張中的帝國邊緣，我總覺得此種想像過於樂觀。但我也沒有悲觀的權利。

其實口罩是種安全、保護、抵抗。它是罩在個人獨特性上的象徵，削減了個別的可辨識性——即使也有走向獨特性的風格化口罩。在愈來愈高壓的治理性面前，它匿名化了不服從的行動者，在同一性下撐出了反抗與自由的空間——尤其是在有人臉辨識監控系統的國家。我寧願有戴口罩與隱匿身分的自由——對治理者而言，它象徵著阻隔，障蔽了治理性的穿透。對反抗者而言，它正因為阻隔而象徵著安全——儘管只是相對程度上的。

我自己沒排過口罩隊伍——身為口罩愛好者鼻過敏患者，家中常備一、兩盒口罩，因此在前一陣子的口罩荒之中如如不動。或許因此而錯失了什麼。一位曾經排隊買口罩的朋友跟我提過「瘟疫共同體」的經驗如下：

我家附近藥局發的口罩，最近都是豹紋的，結果現在上菜市場買菜或在路邊攤買麵，隨時都會跟戴著時尚豹紋口罩的歐巴桑或中年人擦肩而過，一個瘟疫搞到我們這個以退休人士居多的小城也時尚了起來，大概也是所有人始料未及。因為都戴著豹紋口罩，原本彼此不相干的陌生人也親近了起來，我想這就是瘟疫與共同體的關係——它使人相殺，也使人相愛；使人彼此隔離，也使人彼此親近；使人們發現彼此的相似，也發現彼此的相異。[4]

這位就讀社會所博士班的譯者朋友形容此種親近感：「知道彼此是戰友的感覺。」（其實應該說是難友吧！）更提醒我：「這個疫情，在將人們隔離開來的時候，其實也讓人們重新連結了，或者是說重新肯認了：原來我們不僅跟住在這個小城的彼此是相連的，我們跟世界的相連，也比我們自己想像的還要多。你自己不就是寄了布口罩給美國的友人嗎？如果沒有這個瘟疫，你可能都不會想起他們。」

我大笑：「我常常想起他們，是他們很少想起我。」

4 全文參見：〈瘟疫日記：政府發的口罩一定要這麼花俏嗎？〉，網址：https://bit.ly/3zpRPm6

在聲音裡相遇

飛速教室裡的人類學

陳如珍

任教於香港中文大學人類學系。喜歡從性別角色入手，探索中國民工和香港菲律賓籍移工的人生夢想，也著迷於港台獨立音樂圈的經濟結構與人生故事。除了在大學教書外，願望是能和更多人分享人類學的包容與透徹，一起改變社會。

二〇二〇年的春天，隨著歐美各國COVID-19疫情迅速惡化，世界各地的老師和學生們不得不儘速學會善用各種視訊會議平台，改採遠距的方式教學。我生活的香港也不例外。其中一個最早被學界大量採用的視訊會議平台是總部位在加州的Zoom。三月份時，美國的人類學友人Paige在社群媒體上轉發了一段美國七〇年代兒童節目ZOOM的開場片段，[1]她戲謔地說：「每一次有人提到或是我在電子郵件中讀到Zoom這個視訊會議平台時，我就沒辦法不想到這個節目。這真的是一種特殊的腦傷。」

出於好奇，我點進去看了那段七〇年代的影片，然後就此無法自拔。每次打開視訊會議平台，準備上課時，總是不自覺地哼著影片中幾個不同族裔背景的小孩，一邊開心地奔跑舞動，一邊大聲合唱著的主題曲：We are gonna zoom, zoom, zoom-a, zoom!

漸漸地，我開始覺得Paige說的「腦傷」可能是真有其事。

不論是那個兒童節目，或是忽然從天而降的線上課程，我們的腦部運作似乎被牢牢地攻占。我對於線上教學既害怕也迷戀，日以繼夜不停地鑽研。我希望能徹底了解視訊會議平台的功能、探索不同程式互補的可能；繼而又不停地聽Podcast，希望能更好地掌握自己對聲音的演繹。日思夜想、不停地對著電腦螢幕練習，有時候會覺得自己似乎經歷了某種認知或是感官的演化。這些模模糊糊又迅速轉變的體驗，好像顛覆了我對自己和對世界的認識。這讓我想要好好地思考、整理一下：因為疫情而忽然籠罩在日常中的同步視訊會議需求，對我到底有沒有造成了什麼永久性的「改造」？人類學田野對細節、日常與感官的認真，以及對異文化還有對自我的好奇，能幫助我去理解這些忽然扭轉了的日常嗎？

愛上飛速教室

我所任教的香港中文大學在武漢封城六天之後，斷然決定為全校教職員工師生添購視訊會議平台Zoom的帳號，同時延長春節假期兩週。當時已知兩週之後暫時不會回到教室上課了，但這到底意味著什麼？第一時間的感覺是很模糊的，只是擔心著香港市面上口罩迅速斷貨，而病毒正從四面八方襲來。在電子郵件裡，多數的同事表達了對同步視訊課程的懷疑，討論是不是以預錄影片或臉書直播方式上課。大家相約各自去參加學校資訊科技服務中心的訓練課程，一個星期之後再回來召開第一次人類學系Zoom測試會議。

出人意料之外的，資訊科技服務中心的視訊教學老師J，簡直就是本世紀最厲害的媒人。在她的介紹之下，大家紛紛對Zoom的同步視訊會議一見鍾情。感受到這種溝通方式帶來的新的可能性，也體會到上手其實不難。於我而言，只能以愛不釋手來形容。整天都

1 「Zoom Episode one - intro」，網址：https://www.youtube.com/watch?v=F7gzHLKT5g4

想偷偷地打開Zoom研究一下各種功能，不停地想著上課可以怎麼好玩、如何大顯神通。那一整週的時間，我一再地央求兩個小孩來當我的Zoom同伴，三個人從家中不同的房間嘰嘰喳喳地zoom-a, zoom-a, zoom！歡樂的氣氛與那個兒童節目一無二致。我自己幻想著：這不就是星際大戰電影中常有的全像投影立體視訊（hologram）嗎？看絕地武士和反抗軍基地講電話不是很自然嗎？

在開課之前，我喜孜孜地準備好了「即時投票選項」，想好了如何使用「共寫白板」，練好了能流暢地在教學的投影片與大家的頭像間切換，然後也華麗地準備了「分組討論室」，讓學生可以有些充分討論的時間。

滑鐵盧

自信滿滿的開課之後，馬上就慘遭滑鐵盧。

我記得很清楚，那天下午五點十五分下課之後，五點二十分立刻收到兩封學生寄來的電子郵件：「老師你真的很熱情。但我有些建議想跟你說。是不是可以不要一直不停地切換畫面、跟我們互動、問我們問題？坦白說，過了一陣子就開始眼花撩亂，然後慢慢沉不住氣。很想知道這一堂課到底最、最、最重要，要說什麼？」大約是像這樣，兩封內容高度相似的信。

當下確實有被當頭淋了一桶冰水的感覺。

在兩個星期的興奮與激情之後（「原來是這麼友善的平台、原來是這麼好玩的新玩意！」），那一刻的挫敗難以言喻。一下課立刻提筆寫信，客氣的語氣裡掩藏不住的焦慮，一定是非常的煩惱吧。從學生的觀點來看，顯然我對形式的沉醉壓過了與學生溝通的真誠。

那一天晚上，我一個人反覆地想著學生說的話：「眼花撩亂」、「沉不住氣」和「想知道到底要說什麼」。咦！這些形容詞不是很像人類學者初進田野時常有的心情嗎？我們是怎麼處理的呢？逃回自己的小屋或是走到沒有人的山頂冷靜一下？不停地寫筆記來反思？提醒自己要等時間來讓一切塵埃落定？但沒有時間呢？怎麼去處理時間才能做到的事？

一邊想，一邊在網路上和有多年視訊上課經驗的年輕地理老師L，一來一往地交換心得。他提醒我兩件事。首先，視訊上課時必須要想像自己和這個科技是一體的。換言之，說話和互動時要考慮到視訊兩端頻寬的影響。一段訊息傳出去之後，接收方是不是能夠不失真地收到？其次，因為失去其他的訊息輔助，上課安排清楚的段落、幫助學生專注，就變得更為重要。接著，我也想到同事H提起，他為了視訊上課特別買了專用的麥克風。他說自己很注重音質，希望同學能在一個舒服的聲音環境裡上課。（他為此還特別預錄了一段聲音，讓學生適應。）

我在漆黑的客廳，無意識地看著落地窗外香港美麗的海景，和周遭始終閃爍的燈火。忽然想到自己幾次練習上課的觀察：Zoom的課堂真的是倏忽（zoom）而過，時間的流逝特別飛快（所以我把Zoom課堂暱稱為「飛速教室」）。但是對於學生而言，感受到的也許是坐立難安，而不是時光的流逝。當你不確定講者的計畫與時間安排時，應該會很容易受到電腦螢幕後方走來走去的家人、房間裡洗好未收的衣物、檯面上散落待處理的文件，或是電腦桌面上各種閃爍的訊息影響，而感到特別地焦躁吧。飛速是因為忘我，焦躁是因為隔閡。

我覺得自己想通了，沒有時間等塵埃落定，只能讓遭逢變得單純。用一種慢活的態度，在飛速的世界裡忘我，安身立命。

在聲音裡忘我

想通了這些之後，我回信給那兩位學生。我答應他們，在接下來的課堂中會減少在不同的畫面中切換；除非必要，不然不會開啟白板、小組討論和投票功能，儘量維持情境的單一和連貫。另外，我也會特別注意上課的段落，在上課開始和上課的過程中，會記得像飛行員報飛機的飛航資訊般，提醒大家今日的行程規畫，目前已經走到哪裡，以及接下來會往哪裡去。

再回到飛速教室裡時，我花了一點時間和大家溝通Zoom這一回事。每次有新的想法，就不厭其煩地和學生再說一說。總之，是希望和大家一起進入「忘我」的境界。

首先是聽覺。雖然說是「視訊」會議，但對在乎細節和思辨的（人類學）課堂而言，其實我們可以試著讓自己儘量沉浸在聽覺裡。大家可以像是人類學家訓練自己在田野中的感官敏感度一樣，在課堂一開始就提醒自己把注意力放在聽覺上。閉上眼睛也可以，看著天花板也可以，試著刻意地練習一下聽覺的專注。請大家就當作是聽廣播或是聽Podcast吧。我會更改我講課的敘說方式，摒棄理論性的或摘要性的條列，而更強調「說故事」。像是寫民族誌一樣，在細節裡帶出想要論述的重點。（雖然這超級依賴備課的功夫，但細節本來就應該是人類學者的手藝啊，剛好可以苦練一番。）我也會在飛速教室裡努力調整自己說話的速度：一方面要慢，一方面要有節奏。認真聆聽，也認真靜默。

紐約時報的報導〈為什麼說Zoom很糟糕〉（Why Zoom Is Terrible），也提到了聽覺的優勢。文章解釋了視訊會議其實在視覺訊號的處理上會有延宕或失去細節的問題。而這些有缺失的視覺反饋，會造成理解的混亂：「看不到面部表情比看到有缺陷的面部表情更好。視覺輸入的缺失甚至可能會提高人們對所說內容的敏感度。」

其次，我鼓勵他們找一個讓自己舒適放鬆的狀態。飛速課堂總之不是在教室裡的面對面相聚，大家大可以不必堅持要在鏡頭前正襟危坐（反正學生也常常沒開鏡頭）。我鼓勵他們躺在床上也可以（只是不要睡著啦）、走來走去也可以、穿著睡衣沒問題、一邊吃飯喝咖啡也不錯。總之讓自己舒服自在，大家一起忘了在教室上課時的身體規訓吧！我雖然知道自己面對的是七十幾個學生，但同時我也會努力想像，我只是在和一個學生對話，並鼓勵學生也去想像這樣的親密感：在飛速課堂裡的溝通，其實更像是不停轉換對象，但任何一刻都是一對一的切磋。如果有些原因讓你從專注的狀態掉出去（比如：媽媽忽然打斷你、手機不停出現提示訊息、咖啡館的冷氣越來越冷，或是麥當勞的雜音一下多了起來），那就站起來走一走，拿下耳機安靜一會兒，去上個廁所或是伸展一下，讓自己重新再進入「忘我」的狀態。

魔幻時刻

在往後的飛速教室教學中，這些安排似乎發揮了一定的效果。我收到了一些感謝信，然後不再有焦慮的來函了。

如果把這些安排看作是一種「進入田野」，我似乎是找到了安身立命的方式。但是還沒有回答我最初問的問題：這一趟遭逢，最終會給自己在生活上、人際的理解上、教學上帶來什麼樣的新的領悟？有時候我覺得，對於一直對更快、更即時、更具穿越性的移動感興趣的現代人而言，即使19病毒離我們遠去，曾經見識過視訊會議的即時性和方便性的我們，可能也已經很難完全回到清純的面對面課程了。那麼就教學和人的日常而言，我們在飛速教室裡忽然的「超現實」經驗能帶給我們什麼領悟呢？

雖然說了「請大家放棄在教室上課的身體規訓」這種聽起來有點天方夜譚的大話，但如果學生問我：「那我們應該期待在飛速教室裡經驗些什麼？聽覺的世界究竟是什麼樣子？」我不確定能給出一個清楚的答案。但老師和人類學家都應該勇於給出暫時的答案，給學生和自己繼續往前路摸索的興趣。我想我會說：因為不是面對面，少了一些確定性，就多了一些「魔幻」的可能。而視訊會議教室以及透過聽覺溝通的新的可能性，就在那些魔幻的片刻。

在人類學的田野裡，很常聽到「魔幻」這種說法，通常指的是某一個靈光乍現的片刻。人類學家項飆在他的民族誌《全球獵身》裡提過這個魔幻的光束。方怡潔也在她的文章〈從村莊到工廠：田野中的魔幻與隙縫〉裡演繹過何謂魔幻時刻。對我來說，所謂魔幻的片刻，是一些透過不同的感官經驗累積而得來的、難以透過文字解釋、難以理性分析的頓悟。

在我剛開始主持飛速教室時，就有一些讓我印象深刻的魔幻片刻。

二〇二〇年的二月底，我的飛速教室進行了第一堂的客座演講，演講者講解中國的黨國制度與媒體扮演的角色。演講結束，進入問答的階段。有學生問了關於愛國的問題：「在現在的環境下，個人可以怎麼愛國呢？」另一個學生補充：「愛國不是很自然的事嗎？就像你總是希望你的小孩好一樣，你也會希望國家好。怎麼樣為他好呢？」演講者在一段分析愛國和剖析觀點與價值差異的解說之後，忽然頓了一下：「個人可以怎麼辨？我想可以在日常生活中拒絕謊言、可以堅持底線。也許不是我可以做什麼，而是我可以不做什麼。這樣。」

在他頓了一下的片刻，整間「教室」（或者應該說站在電腦前面的我感受到面前那些寫著白色英文名字的黑色方格間）忽然出現了一種非常微妙的張力。而當講者提到「在日常生活中拒絕謊言」、「我可以不做什麼」時，那每一個字的吞吐呼吸都清晰到一種極致。他的話音落下，電腦螢幕兩端再次回到那個微妙的、靜默的張力。一、兩秒之後，會議聊天室裡快速出現了許許多多「謝謝」、「說得真好」、「感謝你」的留言。一行又一行。看著螢幕快速跳動的我不自覺地屏氣，清楚感覺到有什麼超越了視訊課堂的隔閡。

是不是可以這樣解釋：在田野裡，人類學家因為不停地要求自己五感全開地去聽，去看，去聞，去品嚐，去感受，因而會有透過不同感官體驗而收穫的頓悟。而視訊會議裡的我們，因為某些感官經驗被屏蔽或放棄，只能（或選擇）透過聽覺去溝通時，反而更敏感地感受了在一呼一吸，屏氣和凝神間細微的變化。講者沒有透過言語說出來的情緒與感受，聽者清清楚楚，心領神會。

這一種心神交融的學習與理解的方式，在面對面的課堂中，反而是比較難感受到的。也許透過視訊會議，我們很難得地得到一個機會，去跳脫和反思文字、理性、分析對我們的意識的主宰。

回到人間

雖然有類似這樣讓人感動的美好片刻，被逼上梁山進入飛速教室教學模式的時間過得愈久，我似乎就愈渴望回到實體的、面對面的課堂。

英國國家廣播公司的文章〈飛速會議如何榨乾你的精力〉（The reason Zoom calls drain your energy）很心理學也很科學地分析了視訊會議造成的各種累死人現象：包括被搞亂的生活場域，心在人不在的落差，以及對於視覺訊號細緻解讀的需要等等。我一方面恍然大悟，一方面又覺得這些解釋意猶未盡。

當我第一次從系主任的來信裡知道Zoom這個視訊會議平台時，我首先聯想到的其實是之前讀過的一本繪本——簡．考恩–佛萊徹（Jane Cowen-Fletcher）的《飛速媽媽》（*Mama Zooms*）。

這個充滿想像力的故事的主角是一位靠輪椅行動的媽媽和她幼年的孩子。故事的起頭說：「媽媽有一台飛轉的機器，她總是帶著我馳騁各處。」然後每翻過一頁，我們就看到不停讓人驚豔的想像：當他們飛馳過草原，媽媽是孩子的賽馬；當他們滑過水窪，媽媽是海上的大船；當他們一起穿越黑暗中的走廊，媽媽是行過山洞的火車。

有時我會想，主持著Zoom教室的老師，也像是手臂強壯有力，滑動輪椅的媽媽。在充滿限制的情形下，繼續帶著孩子往未知的領域探索，開啟一個又一個新世界。

故事的最後一頁，兩人風馳電掣玩到上床時間。放下輪椅，作者以孩子的語氣說：

然後媽媽就只是我的媽媽，這也是我最喜歡她的樣子。

我和孩子一樣，也想念一個能夠不再飛速的，有人和人的溫度和氣味的時刻。

疫情下的機智小村生活*

蔡晏霖

半農半人類學的多棲混種物，任教於陽明交大人文社會學系，也在宜蘭土拉客實驗農家園擔任2.7分水稻田管理員。關注人與非人物種共同打造的不完美世界。

二〇二一年五月十一日一早，我從宜蘭羅東出發到東華大學演講會友。下午兩點，疫情指揮中心宣布羅東遊藝場發生五人確診的群聚感染事件，台灣的COVID-19疫情正式進入社區感染期。當天傍晚我搭火車回家時，整個羅東車站已經陷入異常的沉默，旅人們行色匆匆地出站過站，沒有任何人停留或交談。才短短半日，我所離開與回去的已經不是同一個羅東。那個聽了一年多的「社區感染」終於還是來了；而車站內所有的羅東人都知道，爆發感染的遊藝場就在離我們不到五百公尺外。

隔天我照常早起去新竹上課，下午陽明交大即宣布全校課程一律改由線上舉行。被校方明快立場撼動的我，才突然意識到日常生活已經中斷，於是決定在回宜蘭途中先經過主婦聯盟站所採買。主婦聯盟是台灣最具有代表性的消費合作社，從一九九三年起集結社員「共同購買」的力量，支持友善環境的農漁畜產與加工品，是台灣近年永續農食運動的重要力量（以下簡稱主聯）。加入主聯十幾年，我的廚房早已少不了各色主聯冷凍食品、乾貨與日用品。只是五月十二日採買當下的我還沒想到，那天將會是我在未來好一段日子中、最後一次有機會購買我與家人愛吃的主聯食品。

接下來便是疫情與暑熱同步升溫的兩週。五月十三日起，全台供電系統在五日內兩次故障造成全台輪流大停電，為許多剛啟動在家工作模式的人平添恐慌與不適。五月十五日，雙北進入三級警戒，全台於五月十九日跟進。五月二十二日，指揮中心開始公布「校正回歸」

數字。每天下午兩點收看指揮中心記者會，除了成為一種集體儀式，更為我帶來矇著眼睛看恐怖片、想知道最新確診數字卻又不敢面對疫情蔓延現實的焦灼感。

然而也就從這個時候起，幾個在地生活支持系統，成為我混亂疫情生活中的穩定力量。

人與菜的連結

疫情期間，人與人的連結皆可暫緩，唯獨人與菜的連結無法中斷。於是，生鮮超市很快出現搶購人潮與四壁皆空照。許多商家開始用產地直配的「蔬菜箱」，跳過實體通路讓消費者直接網路下單，但爆量的需求往往讓想訂的人落空，而有些不熟悉蔬菜箱的新手消費者又會因內容物不符預期頻頻客訴。物流塞車現象，更使得需要冷鏈保鮮的蔬菜運送過程出包連連。[1]

然而，就在許多親友為了買菜而煩惱時，我和家人平日所需的菜蔬魚蝦、雞蛋豆腐，

＊ 謹感謝蔡佳珊、陳彥仲、陳幸延、夏靜漪、彭秀枝、謝一誼、梁莉芳、郭俊麟於本文寫作過程提供寶貴的意見或協助，唯文中觀點與疏失責任由作者自負。

1 關於疫情期間的蔬菜箱現象，請詳見《上下游新聞網》的〈疫情中的蔬菜之亂〉與〈蔬菜箱的前世今生〉兩個專題的精彩報導。

在整段三級警戒期間以持平的價格穩定供貨無虞。就連疫情最緊張的五、六月期間都不曾延遲到貨。最棒的是，這些食材有一部分，是由我每週開車到離家七分鐘的地方自取，另一部分則固定在每週五下午直接來到我家門口。這款的好代誌，按怎會來發生？

我家的菜蔬魚蝦，主要來自宜蘭在地的「無過社區生活合作社」（以下簡稱無過合作社）。這是一群從二〇一四年即開始自立集結的宜蘭消費者，多數成員都是主婦聯盟生活消費合作社的社員。無過創始社員們發現，主聯的生鮮蔬菜來自全台灣，從集貨到配送過程無可避免產生大量的包裝耗材與碳里程；但若直接向宜蘭在地的友善生產者購買，不但可有效節省集貨時間與運送成本，並且可藉由社員自發性的回收，充分再利用包裝耗材。二〇一九年，無過合作社正式開始運作，固定於每週末發出下週訂菜週報，社員限期回報當週訂單，再由合作社對生產者統一下單。每週二早上，預定的菜蔬陸續到貨，再由「理菜志工」分裝到標註有社員名字的袋子中。週二傍晚，不同路線的送菜車從合作社出發，將每個取菜點的菜陸續送往遍布宜蘭各鄉鎮、由熱心社員提供的十幾個取菜點，再由訂菜者就近到點取菜。

我家的雞蛋與豆腐，則主要來自宜蘭農友經營的在地友善農產平台「嘟嘟配」。這是由深溝農友陳幸延於二〇二〇年春天發起的微通路，以幸延與朋友共耕的菜園為生產主力，也與其他鄰近農友合作提供當季菜蔬、雞蛋、豆腐、農產加工品與辛香調味料。採買過程同樣由消費者根據當週菜色先下單、再透過平台請農友採收運送，但配送頻率極為彈性：週一到週四採前日下單、隔日送貨的方式配送，週五到週日則以位居深溝村要道的「深溝共同店」為據點，由消費者到店取貨，同時可於現場選購到貨量多於訂購量的菜蔬。相較於由一群消費者發起的無過合作社，由農友主動發起的嘟嘟配希望透過更為彈性化的配菜方式，讓在地友善耕作菜蔬都有機會被即時送到消費者手中，從而鼓勵友善耕作農友從事更多元的種植配置。例如小黃瓜、絲瓜、菜豆等一旦成熟就須摘採而且保鮮期非常短的作物，唯有透過嘟嘟配的在地彈性配送鏈即時銷售，才能省下冷鏈倉儲與物流的大量金錢與碳排放成本。

以台灣友善農食供應鏈的發展現況而言，在地配菜網絡或農民市集比較容易做到的是菜蔬瓜果類的地產地消，魚蝦奶蛋肉的供給來源則相對有限。也因此，二〇二〇年以前的我，儘管已經習慣跟宜蘭農友買菜，但還是得仰賴大型的、如主婦聯盟合作社般的全島性供食體系，才能方便而穩定地取得健康無毒的魚蝦蛋肉。近兩年，無過合作社與嘟嘟配陸續出現，則大步推進了我家日常生鮮來源的在地性。無過合作社幫我把日常的菜蔬魚蝦來源限縮在宜蘭與台東（魚來自宜蘭員山深溝村的三隻魚養殖場，離我的水稻田走路只要十分鐘，蝦子則來自台東的明達海水養殖蝦）。農友幸延的嘟嘟配，則進一步幫我將部分菜蔬與豆腐來源限縮到鄰村（豆腐來自宜蘭員山蓁巷村的合群農莊），最近的雞蛋來源則根本就在我家隔壁巷口。

這樣的地方微型供食系統，於平日具有節省運消過程的碳排放，同時還有支持友善農業生產、增益在地生態多樣性的多重好處。然而我從沒想過的是，二〇二一年五月台灣社區感染疫情爆發後，這兩個宜蘭的在地性供食系統除了運作如常，更為我帶來不少防疫期間更形可貴的便利。首先，當全台灣網路購物不便或不想用網路購物的家庭採買人，必須冒著群聚風險上賣場或菜市場，而且還不一定買得到自己想買的食材時，無過平台與嘟嘟配事先網路填單，再由平台集貨的選購方式，讓我無須花任何時間與風險停留、揀選與採購，每次取菜時，所有想買的東西都已經包裝得宜地等待著我。其次，無過平台每月一次的記帳與月結方式，讓消費者與供貨平台工作人員有效減少現金交易的染疫風險，也同時降低網路交易的資安風險。

同樣關鍵的是，這兩個供食系統規模有限且緊抓在地的特性，以及這種特性所賦予的相對獨立與自主性，使得它們比較不會被因為疫情而爆量的訂單、或者因為物流業者的量能超載癱瘓。一方面，在地而有限的知名度本身就等於先過濾掉部分的暫時性客源訂單。另一方面，這兩個通路既有的在地配消自主物流系統，也同樣會過濾原本配送網絡以外的訂單需求。簡言之，無過合作社與嘟嘟配以原有的地域型配菜與自主物流系統劃出了自身與外部市場的邊界：三級防疫期間，深溝共同店店面暫停營業，由主持人幸延開貨車或摩托車親自到府送貨。即便在疫情期間，有多筆來自頭城與礁溪的訂單，嘟嘟配依然維持只親自配送宜蘭、羅東、員山三個鄉鎮的訂單，並在供貨無虞的狀況下透過宅配業者寄蔬菜箱到台北；無過合作社則維持宜蘭地區既有的配送與取貨網絡，加上雙北地區每一訂單自付一百元送貨到家的服務，其餘縣市就不接單、也不透過宅配業者寄貨。這些劃界保障了原本即長期支持這些平台的消費者，讓消費者一定訂得到菜，也使生產者、通路與消費者三方的關係更為鞏固。

進一步比較主婦聯盟合作社在疫情高峰期的遭遇，可以幫助我們更清楚地看見無過合作社與嘟嘟配等在地小型供食平台「小而美」的韌性。同樣是以「地產地消」為營運理念與制度設計主軸，主聯的「在地」尺度設定在「全台灣」，社員也來自全台灣。尤其關鍵的是，前幾年主聯為了減少營運成本，取消合作社原本自有的送貨系統，轉而將配送業務外包給黑貓宅急便，並鼓勵個別社員繞過原本的「班配」（也就是以生活範圍鄰近的社員「成班」下單以降低運送成本的共同購買機制），直接改推個人網購模式。這樣的變革固然有撙節成本並積極與外部市場競爭時效和業績的意圖，卻不預期地在疫情期間放大了對主聯組織的衝擊。首先，來自全台的數萬名社員各自爆量下單，形成對主聯理貨系統工作人員的大量勞動需求。加上五月下旬全台物流系統大塞車、黑貓宅急便且率先於六月初緊急宣布停送北部四縣市的低溫包裹，更讓主聯超量的出貨工作雪上加霜。當初為了節省成本、爭取績效而將貨運業務外包的主聯，如今卻也正因此而在疫情期間受制於物流業者，失去了身為通路的自主性，這應是當初推動貨運外包時始料未及的副作用啊。[2]

此外，這些小規模、在地的供食系統，也提供了相關勞動者在疫情期間相對穩當的勞動環境與保障。六月底，當北農、環南市場等大規模集散市場紛紛爆出疫情時，據聞這些市場中以及各領域相關勞動者已在缺乏管理與保護的政策下，暴露於染疫風險中長達兩個月之久。這些勞動者之所以必須承擔染疫風險，不只是為了自己的收入與生計，更是由於如北農般大規模的拍賣與轉運市場，是台灣主流供食系統的關鍵環節，具有不能率言停市、也很難有效降載的結構性困境。然而我們是否可以想像，如果台灣的每個縣市都開始有更多像無過合作社與嘟嘟配這樣小規模、在地型的配菜平台，那麼當下一次疫情衝擊再來的時候，我們是不是就有機會讓多一點點的農牧生產者、集貨者、市場工作者、物流業者，以及第一線承擔家庭採買工作的家務勞動者，不用為了他人的飽足與健康，而讓自己與家人的健康涉險？也同時可以讓更多友善生產的菜蔬，能以相對少的冷鏈與碳排放成本，在地且即時地被很需要他們的消費者享用，以避免大量產地菜蔬在疫情期間因為通路受阻而銷售無門的困境？[3]

防疫中的社交日常

除了持續享有穩定、便利、且安全的食物來源，疫情期間另一個讓我驚豔的小村防疫生活日常，來自於我所定居的宜蘭縣員山鄉內城村鄰近的幾位好鄰居。這些鄰居們陸續在不同時間點搬來這個社區，多數都有友善耕作的經驗，也共享類似的友善環境理念，因此在日常生活中有更多合作可能。

比方說，五月起是台灣水果盛產的季節，以往我們可能各自網購或藉由實體通路購買心儀的水果，再分送各自家人。但疫情期間，不同住的家人減少了實體往來，能夠一起欣賞友善生產水果的鄰居們反而成了最好的揪團咖。於是，我們從五月開始在臉書社團互揪團購，疫情期間陸續團購過大蒜、洋蔥、荔枝、酪梨、芒果、葡萄、水蜜桃與檸檬。由主揪者決定成單、下訂並轉帳，到貨後在社團中發布取貨消息，由訂購者自備袋子、自秤自取，最後再透過轉帳支付主揪者水果金額與分擔的運費，完全不用見面也可以共同消費。這個

2 關於主聯在疫情間的衝擊與應變，可參見主聯社刊《綠主張》，二〇二一年七月號裡的〈疫起，合作社全員抗疫記〉，網址：https://www.hucc-coop.tw/article/newsroom/22215。

3 關於疫情期間批發市場與女性家務勞動者的難處，請詳見《報導者》的〈被冷藏的疫情熱區〉、〈疫情下的家事勞動與女性蒼白〉的精彩分析。

菜園共耕。2021年6月14日，蔡晏霖攝。

戴口罩乘涼。2021年6月14日，蔡晏霖攝。

機制已成為疫情期間我家最有效的水果來源，完全不用進市區跑水果攤，也可以同一時間在家裡享受多樣、當季又友善環境的台灣水果。

另一項意料之外的鄰里互助機制，則是每週一次的菜園共耕。這原本是我在二〇二一年春天發起的計畫，邀請幾位善耕的鄰居一起用懶人農法種樹豆、樹薯等多年生作物。當疫情升溫，我在臉書上問鄰居們是否覺得應該保護彼此，暫停共耕？沒想到大家的回應是：遵守防疫規定，繼續共耕！於是我們就在口罩戴好戴滿、一人分配一個工作區域的狀況下舉辦了幾次共耕，雖然必須隔著口罩也隔空交談，還是能更新近況並關心彼此家中大小事。尤其太陽西下後，坐在草地上隔著距離一起乘涼，無論身心都有種久違的充實與暢快感。看來，人與人的實體連結、人與草木的實體連結、人與風土大地的實體連結，終究是在家聽了多少場精彩線上演講、或讀了多少本好書，都難以取代的啊。

當然，在家就能免費參加來自世界各地的精彩演講還是很棒。發現同一場演講有多位朋友分別在家聽、還能透過內部群組即時討論更是有趣，充滿了「半夜一起看世界盃」（友人語）的集體共振感。而當讀書、聽演講，或者追劇累了，每晚還有一群山友相約定時線上運動，共同期待可以再一起上山的日子快快到來。伴侶也轉為在家工作形態後，兩人在家共處時間變多而有更多餘裕演練家務分擔默契與機制。也因為有更多時間練習自煮，並且總是有另一半或者下一餐來把失敗的作品給吃下去，從而清出許多陳年冰箱舊料、優化廚房空間配置與工作流程，也提升對彼此和自己廚藝的耐受力與鑑賞力。以上，都是疫情爆發前，整天忙於在外工作的我們無法想像的「疫情紅利」。

其實，疫情下各國學界的知識邊界大解放早在二〇二〇年就已發生，二〇二一年年中以來，台灣總算是幸也不幸地加速跟上。某日，當我線上參加完某個例行讀書會，發現過程意外地流暢，再也沒有以前線上參與時常發生的電腦收音不良、軟體不對、網路斷斷續續、發言的人沒等到麥克風就開始講話等等適應不良症時，剎那間我終於明白：「疫情或許沒有讓你我成為更好的人，但絕對讓你我都成為更好的線上溝通者。」或許其中關鍵正在於，當COVID-19強迫我們都必須在家工作，我們再也不能把這些煩人的「技術問題」丟給他人，而必須強迫自己學習新把戲，老老實實地以肉身參與這場台灣乃至世界的集體數位演化。確實，疫情既是危機也是轉機。喜聞主婦聯盟合作社在疫情平穩後已重啟內部討論，希望朝向重建自有物流系統、提升組織運作韌性的方向再做改革。在這個人類不得不學習與疫病共生的近未來，期待我們也都能從防疫生活中反思學習，演練出更多與疫病共同演化的集體機制／智。

許多奮鬥
持續進行

離岸風電
啟示錄

呂欣怡

在一個受海風吹拂、空氣裡曾經瀰漫魚鮮味的河口小鎮長大。近幾年關注再生能源的推展，以及海洋與海岸環境的變化，現任教於國立台灣大學人類學系。

曾經的夢想之地，新的資本前沿

站在這片俯瞰海岸線的岬角上，世代於苗栗後龍鎮好望角務農的王大哥[1]笑著跟我說：「海邊老人家常講，台灣海峽是一塊『大窟田』，沒東西吃或缺錢的人，去海裡挖一點就有了。」這句俗話反映了昔日海洋資源的豐饒，不但造福討海漁民，也兼顧了像王大哥這樣的海線農戶，他們利用一天兩次的退潮期間，在潮間帶的礁石淺灘撿拾貝類魚蝦，帶回家加菜加餐、貼補家計。而海潮除了帶來漁貨，據說也能捎來金銀財寶，讓人一夕致富。白沙屯一帶相傳，當地某大戶家族的發跡起自一箱漂至海邊石滬的黃金；事實上，海邊多的是類似的傳說，這些故事內容真假暫且不論，都透露了說故事的人對海的想像：海洋不僅是沿岸居民維生所繫的共有資產，也是夢想與野心的投射之所，看著海洋彷彿就看到無限可能。或許，這正是許多退休漁民在家裡坐不住，每天總往漁港報到的原因吧。

然而，人與海洋過往在海岸地帶曾經有過的依存關係，受到歷年累積的污染與過度捕撈影響，已然相當薄弱。即使海岸風光依舊，台灣西部大部分漁港的漁獲量都較往年減少許多，漁民必須多工並行，以各種勞動收入交叉互補，才足以養家。而就在專業漁民淡出海域之際，海洋成為另外一群夢想家的投資前線，正如娜歐蜜·克萊恩（Naomi Klein）在《震撼主義》書中所述，危機就是資本轉型與擴張的契機。廿一世紀全球面臨的氣候變遷危機，促生了低碳產業技術與投資的新戰場；自然界中的陽光、空氣與水不再只是生命三要素，它們被價值化為「太陽能、風能與水力」，成為迅速擴張的綠能市場重要商品。

台灣的風能發展先以陸上風機為主，二〇〇四年至今十數年之間，雲林至桃園的西海岸沿線已是風車林立。陸域風場的新增空間有限，而且引發之民間抗爭與紛擾不斷，再生能源產業欲開拓的下一個疆域，便轉移到廣大無涯的海洋。二〇一二年七月，經濟部能源局頒布《風力發電離岸系統示範獎勵辦法》，以經費補助方式鼓勵民間企業規畫與設置離岸示範風場，並且訂定了高價的躉購費率來收購離岸風電。從純技術觀點，離岸風機不受地形氣流干擾，不需占用海邊的保安林地，也沒有鄰近民居受低頻噪音干擾，或是葉片掉落傷人的疑慮，因此各國的離岸風場發展趨勢都是儘量規模化，個別機體與扇葉的製造也愈趨巨大，以充分利用海上穩定風量。在官方的規畫藍圖中，如果一切順利，到了二〇二五年，台灣的離岸風電裝置容量將可達到五百七十萬瓩（5.7GW），此數字超過目前仍在運轉的所有核能發電機組，也超越二〇一四年封存的核四廠的裝置容量。由是，二〇一六年政黨輪替之際，甫上台的民進黨政府在宣示非核家園政策同時，也許下了「未來海上將有一座綠色核四」的豪氣承諾。

1 除了引用新聞報導之外，本文人名皆為化名。

海域爭奪戰

如果一切順利的話。但上述藍圖忽略了一件「不方便的事實」(inconvenient truth)：海洋並不是無人之境，海域是許多勞動者的維生所繫與逐夢之所，海中還有眾多與人類生活糾纏的非人物種。對這些原有的使用者而言，離岸風電開發案猶如侵門踏戶的新來者，迅速在各個接近風場的漁港與社區中，引燃熱烈爭議。二〇一五年五月苗栗竹南鎮龍鳳漁港有三十艘漁民自救會漁船出海抗議上緯公司規畫的海洋風電示範風場、二〇一五年七月彰化區漁會帶頭組織八十餘艘漁船圍堵永傳公司投資的福海風場之觀測平台施工，到了二〇二〇年中旬，雲林縣的四湖與口湖鄉沿海也開始醞釀抗爭行動，以流刺網漁民為主體，對抗達德公司投資的允能離岸風場。歸根究柢，這幾年來發生於海上的抗爭，與國家缺少全盤性的海域空間規畫脫不了關係。治理海域空間與海洋資源的權責，由政府以「漁業權」名義分租給漁會自行管理，在漁業權範圍內的開發行為，不論其公益性為何，都必須先與漁會商議補償價格，以取得漁會同意函。於是，原本應當由公部門審慎評估的海域開發方式，以及相對應的生態與漁業補償機制，淪為事業團體與漁會之間的私人議價；而漁會能否充分代表全體漁民的意見，受到許多實際從事近沿海漁撈的漁民強烈質疑。

最近一場抗爭，引發風波的允能風場位於四湖鄉與口湖鄉外海八至十七公里處，總面積八十二平方公里。允能是第一批通過經濟部遴選程序的離岸風場，原規畫在二〇二〇年年底之前安裝四十座風機，因COVID-19疫情延誤施工日程，延至二〇二一年年底前完成風場工程，次年併網商轉。台灣海峽的海象與氣候條件讓海上施工期侷限在五月到九月，允能工程船於二〇二〇年六月開始進入海域，在六月到七月間就造成了幾次與漁船的海上對峙，驚動能源局南下協調。七月十九日漁民在口湖鄉台子村天台宮成立自救會，七月二十六到二十七日再次出海阻擋風場布纜工程船的行動。八月十三日上午漁民自救會北上至立法院召開記者會，漁民在會中以近日捕獲有明顯傷痕的魚類為證據，指控風場打樁前的預備工程擾動海床，不但損壞漁具，更把過去沉積於海底的有毒物質翻動上來。

雲林海線素有「風頭水尾」之稱，以示其地理位置之偏遠、自然環境之嚴酷。官方數據顯示南端的四湖、口湖兩鄉人口結構老化、家戶收入偏低，而且相當比例的土地被歸類為地層嚴重下陷的不利耕作區。然而，「偏鄉」的表象之下是漁村特有的旺盛活力，以及面對環境變化的韌性。雲林沿海地帶曾歷經多次環境災難，上個世紀最嚴重的天然災害是一九八六年的韋恩颱風，除了摧毀原有的屋舍、道路，與魚塭，更造成了至今尚未回復原貌的幾處沼池（其中的成龍溼地在觀樹教育基金會與成龍村民合作協力下，轉化為國際級的公共藝術場所）。人為災害最著名的是離島工業區（六輕場址）填海造陸工程，不但消滅了當時濁水溪出海口很重要的漁場，也永遠地改變了洋流方向而讓其南邊的主要漁港因為淤沙而大幅蕭條。但是沿海地帶的人們運用他們的韌性與生態智慧，自一次次環境破壞中重生，其中的關鍵就是他們能夠靈活運用海洋帶來的資源。

海水養殖技術的引入與精進，解決了地層下陷禁抽地下水的窘境；最南端的台子港因為淤沙還不算嚴重，足以容納三百多艘漁船筏停泊，不但維持了村內的傳統捕撈漁業，更讓年輕人可以返鄉以討海為生、為榮，而且村民絕大多數從事水產相關的工作，可說是台灣西海岸村落中，少數仍保有「漁村」經濟基礎的村落。八月十四日記者會中，發言相當令人動容的許秦源，就是村內二十到三十歲這一代的年輕漁民之一。許秦源的家族三代漁民，自己從大學時代就很愛捕魚，「我很喜歡海上的生活，海上很快樂而且收入豐厚。」但這位年輕漁民願意用高風險勞動來交換的海上自由，卻是脆弱不穩、總是率先犧牲於工業建設之下：「我們雲林北有六輕，台子村又有一六一ＫＶ電纜，現在外面又有風機，整個西海岸，從苗栗、新竹到雲林都在施工，那我要去哪裡捕魚？」在一篇刊於《上下游》的深度專訪中，中年漁民林龍珍更說，「留下一片海，至少就是留給年輕人一個未來，留下一個進可攻、退可守的活路，『請風力發電離開傳統作業區』。」

紛爭之源：新興能源仍未脫傳統能源開發邏輯

從二〇一五年的苗栗到二〇二〇年的雲林，西海岸有離岸風場的各縣，幾乎都出現了漁民抗爭。這讓我們必須探究：台灣發展離岸風電的方式，出了什麼問題？為何在不同地方都引發了類似的民眾反彈？最近幾年新出版的能源人類學作品，或許能帶給我們一些提示。能源人類學一向的核心關懷，是探索能源科學著重的技術面向之外，更複雜的社會、文化和政治條件，與能源技術及產業之間的交纏。這裡所指的「能源」，當然包括了傳統化石能源與新的綠色能源。二〇一八年與二〇一九年出版的三本重要作品，都批判性地檢視了大型風力發電場造成的社會、政治或生態衝擊。荷姆．法蘭克薩（Jaume Franquesa）的《權力爭鬥：尊嚴、價值，與西班牙的再生能源前線》[2]探討加泰隆尼亞一個偏遠農村如何與掌控能源設施的企業財團交涉。選址於此村落的大型能源設施包括上個世紀的核能電廠，以及本世紀的大型風力發電場。能源技術在每個時代都以進步與創新的形象現身，但也都以「進步敘事」來遮掩剝削貧窮鄉村地區的事實。對不斷抗爭的村民而言，風電只是另一個受政經菁英壟斷的資本積累工具。

2 *Power Struggles: Dignity, Value, and the Renewable Energy Frontier in Spain*

二〇一九年杜克大學出版社以頗富新意的「雙民族誌」(duographs)形式，出版了多明尼克．波耶爾(Dominic Boyer)與西蒙．豪伊(Cymene Howe)各自著述但共享副標題、前言，與結論的《能源政治》與《生態邏輯》(兩書副標題為「人類世中的風與權力」)[3]。這套雙民族誌以墨西哥陸域風機密度最高的省分瓦哈卡(Oaxaca)為田野場域，探討墨西哥於後石油時代開展的能源轉型如何同時受制與開啟了不同尺度的權力關係。他們發現，傳統能源時代的價值積累模式，頑存於新世紀的風電生產體制，因而激發了瓦哈卡原住民大規模的反風場運動，並造成基層民眾對綠電無感、也不支持電廠民主化的社會後果。

上述三本作品代表了晚近關注能源轉型的人文社會學者的共同觀察：大型再生能源設施再製了傳統能源產業與採礦業的「搾取邏輯」(extractive logic)。台灣目前已經沒有煤礦或石油等化石能源生產事業，但近年來爭議極大的石礦業，或可作為說明「搾取邏輯」的實例。搾取邏輯的首要特徵是它對低成本取得的公有地與礦物資源的獨占性，一塊劃為礦場的土地，在礦業許可期間可以合法排除妨礙採礦的其他土地用途，就如同離岸風場劃設於國有海域之後，即使沒有實體畫限，但風場範圍內可能干擾風機運轉的人、物，與行為，都可被取締。同時，如同礦場需要以貶抑場域內原有用途之價值的方式來合理化其空間獨占性，離岸風場計畫在闡述開發合理性時，也必須證明該海域既有用途——漁業——的低經濟價值，而這正是漁民在各個陳抗場合都必須特別強調現有漁場的魚源豐富與高價值，以駁斥風電業者爭取獨占權利的理由。

搾取邏輯第二項特徵，是它將欲開採的礦物從其鑲嵌之環境剝除。在礦業資本家眼中，除了這項可轉化為財富的開採目標之外，其他周邊存有——如土石、森林、水源，以及各種動物等等——都是需要清除的雜質，而當礦業在意的開採目標無法再生產，整個礦場就被棄置了。離岸風場所開採的資源是源源不絕的風，似乎沒有採礦行為終將耗盡礦場之礦物資源的問題，但風能開採需要人為設施——包括馬達、扇葉、機架、機座、海纜等等，這些技術物的設計規畫，都是以極大化風能開採效率為目標，而不把風視為與海域萬物交纏的力量。因此，我們看到風力發電機組的高度、尺寸與裝置容量，都一直往大型化的方向演進，至於巨型風機可能增加的環境擾動，如對鳥類、對海洋生物，甚至對人類的視覺與行動干擾，則都視為可以控制與緩解的技術問題。簡言之，資本密集、規模生產的離岸風電，再製了單一化的生產思維，與漁民呼籲「留下一片海，留下一個讓年輕人進可攻、退可守的活路」等保留未來使用多樣性的開放思維，呈現強烈對比。

3 *Energopolitics. Ecologics: Wind and Power in the Anthropocene*

打造一個共存共生的海域

在一個晴朗的秋季上午，漁民詹大哥載我們出海，短暫體驗漁民的工作情境。船未駛離內港之前，水面平靜無波，我很高興地說，今天浪很小，應該不會暈船，詹大哥輕笑了一聲，「出港之後你就知道了。」果然，船一繞過圍港堤岸就開始劇烈顛簸，在上上下下搖晃不定的視野之中，我勉強可以辨認出海面上的幾個小浮標，詹大哥詳細解說，這是某某的流刺網、那是某某的定置網，詹大哥的漁船必須繞過這些網具範圍，到更遠之處垂釣。換言之，我們看來一望無際的大藍海洋，其實是各有所屬與用途的海田組合。此時遠處停泊一艘詹大哥覺得陌生的漁船，他說，如果是外地來的拖網船，他就會立即通報海巡署，「漁民最討厭被管被約束，但我們這些漁民還會主動聯絡海防巡警，就是希望官民能夠合作，聯手趕走破壞漁業生態的外來漁船。」

在暈船造成的混沌之中，我卻似乎從詹大哥這樣的漁民身上，看到了一絲海域振興的希望：離岸風機是大型資本的開發案，乍看之下與能源民主的理想相去甚遠，但它的確是台灣面對艱鉅的能源轉型工程時，最能兼顧時間（緊迫）、空間（稀缺），與技術（成熟度）等三項條件綜合考量之後的（不完美）平衡方案；另方面，正因離岸風電開發需要大量跨國資本，涉及高度的政治經濟利害性，其所擾動的公眾爭議才有可能促使政府正視海域總體規畫的必要。但要讓海域真正成為國民共有且能夠生生不息的「大窟田」，首先必須結合具備海洋知識、保育意識與資源管理能力的漁民，共同創造「漁與魚共榮」的友善海域空間。在此目標下，尊重原有生計方式、保留土地與海域多元使用，以及不圍蔽（enclosed）的開放發展方式，不但是漁民合情合理的訴求，更能讓綠電可以貼近人民的日常感知，進而在地扎根、長遠發展。

慈母鱷魚淚，逆子手足情

香港抗爭運動中的類親屬想像

鄭肇祺

以吃喝玩樂為志業，在跨國異文化中尋找身分認同，既是台17線的蝦咪郎，又是愛自由的香港人。喜歡看見在水面下群聚吃飼料的虱目魚所反射出的波光，也熱愛在鹽田吹著海風看日落。正在東部學習部落美食學，同時繼續尋找更永續的農漁產業鏈。現於台東大學實踐共學共作。

「不能縱容孩子任性。」

時任特區行政長官林鄭月娥在接受香港無線電視（TVB）新聞部採訪時，回應因《二〇一九年逃犯及刑事事宜相互法律協助法例（修訂）條例草案》爆發的反送中示威運動，發表其「慈母論」，並在鏡頭前落淚，因而引起軒然大波。有人在林鄭臉書頁上留言「特首辛苦了」，街頭上的示威者批評她流下的是「鱷魚淚」，淚著、淚著，卻容許警察大量施放催淚煙驅散示威者。反送中運動的民意至今尚未逆轉，而「自由之夏」的怒火持續燃燒，直至《國家安全法》的到來，反對聲音才變得靜寂。

林鄭月娥當選香港特首那屆，是從一千兩百人的選舉委員會中獲得七百七十七票勝出。在七百多萬人口的香港，林鄭的支持者認為選舉制度可有效選出行政長官，反對者則批評，這種制度並非普選，不是香港人民一人一票選出的人，並不能代表自己。

在香港，公務人員的英文名稱為civil servant，但在中文世界中卻投射出百姓「父母官」想像。比如香港第一任行政長官是「董伯伯」，一開始的形象是大家的爺爺。又比如林鄭月娥在選舉前後多次和丈夫出席活動，競選期間兩位在外國生活兒子的合照，也更頻繁地出現於媒體上。香港大遊行後，林鄭發表「慈母論」，把示威者簡化成「年輕人」、「小孩」。當然不可能忘記的是，香港人把中國政府稱為「阿爺」，這種親屬稱謂帶有上與下、父與子的權力關係。

對於以上的親屬稱謂，有人喜愛，有人不悅。部分香港市民批評抗爭者行為愈趨激烈，導致政府不能順利施政，認為抗爭者要體諒並支持特首，支持父母官。這群人討厭抗爭者的不合作運動，譴責眼前的暴力，並急切要求社會需要回復安靜的日常。簡而言之，面對政府有形及無形的社會控制，有人積極抵抗，亦有人選擇服從，當個「慈母的乖寶寶」。

作為國際政治新聞上備受關注的事件，這次抗爭運動確實改變了香港的精神面貌，把銅臭稍微抹走。可是，當一場運動影響日常生活，其中的社會關係及衝突會變得更明顯；相對地，亦會形成各種新的「類親屬（fictive kinship）關係」。

慈母的暴力

「Be Water」，曾經是這場行軍如流水的抗爭活動的精神口號。策略上，示威者曾獲得巨大的成功，使以「制止暴亂」為目的的行政長官宣布將啟動正式程序，撤回「送中條例」，也一度把「逆權DNA」植入香港人體內。在社群媒體、街頭，甚至家族聚會上，敵我分明；現在，政治立場不同的親友都把過去隱藏在心中的話，隨時準備拿上桌，互相嗆聲。

這一場逆權運動持續超過一年，論述及需求也出現變化，由「反送中條例」，逐漸轉為以爭取雙普選、抵抗香港政府極權化為主軸的運動。抗爭者面對巨大的身體及精神傷害，仍然持續走上街頭，高舉右手，伸出五根手指，尤其要求成立獨立調查會，撤查一群被拍到以「記你老母」等言詞嗆聲記者、呼喊市民為「曱甴」（蟑螂），甚至過度使用暴力的警察。慈母的淚滴，並未讓運動成功，在一度如流水的示威浪潮中，畫面愈見悲壯，當中包括大學校園的大規模警察、學生衝突，當中的影像片段，成為往後讓觀眾無不雞皮疙瘩、淚流滿面的紀錄片《理大圍城》。

抗爭揭露了香港社會的各種不公義，並引發了數場悲劇。愈來愈多市民對政府施政的種種失誤有感，而各行各業，甚至是家庭主婦——這群不被GDP計算在內的勞動者——也進行連署。全城經歷了無數次催淚煙「放題」（吃到飽），無數街頭、商場、住宅區的衝突，數千人被捕，多人站出來控訴在街上及拘留期間遭到警察以殘忍的手法對待，更有人無法面對運動中的各種失落，選擇結束寶貴的生命。黑幫活動受到縱容，有些市民受到襲擊，淪為傷殘。在各場街頭示威、抗爭落幕後，監獄住滿了抗爭人士、政治領袖，法庭成了審判以公民抗命之名進行抗爭人士的舞台。

曾經被形容為金錢奴隸的香港人，一度全民論政（可簡單分為藍、黃政見，但光譜很廣），亦曾出現二百萬人上街表達、爭取五大訴求，警察多次以控制不了這麼多人的遊行為由，反對遊行申請。在一段網路上流傳的錄音中，行政長官聲稱她只剩下三萬警察團隊。警察因而多次反對遊行，並利用香港鐵路系統進行鎮壓示威、遊行及抗爭活動。在

COVID-19發生前，行政長官更一度運用緊急法，推出未經立法會審議的《禁蒙面法》，打擊他們口中的暴徒隱姓埋名的示威行為。但這反而逼使抗爭者再次戴上口罩、面罩上街，對抗民意調查中支持率極低的香港特區政府。

街頭上的「親屬」關係

我從媒體及個人觀察中整理出這場運動二種「親屬」關係的類型。所謂親屬，有真的，也有假的。但即使是所謂的「類親屬」，國難當前，有時更具溫情。

＊＊＊

A已經三十多歲了，但父母總認為他還是個孩子。A是逆權運動的支持者，父母聲稱中立，但在社群媒體上轉貼的多是「藍絲媒體」的貼文及影片，還會分享抗爭者的暴力行為。在父母眼中，A就是盲目地支持這場運動，雖然學歷很高，但「只看到自己想知道的東西」。在A眼中，父母有如鐵板一塊，怎樣解釋也說服不了對方。A的母親曾說過這樣的話：「我不認同你的看法。我自己天不怕地不怕，但如果你受到攻擊，我會替你擋。」

這種看似慈母、慈父的思考方式，固然是一種母性（motherhood）或父性（fatherhood），也是一種以親人間的愛為核心而建立的權力關係：不管你怎樣崩壞，我還是無償付出，所以你要想起我，你的行動是受到限制的。謝普–休斯（Nancy Scheper-Hughes）在巴西的研究告訴我們，母性是文化建構出來的，因此我們必須了解背後的文化邏輯。A的母親想表達的是「家庭比任何東西都重要，別被政治破壞了」的心態。而在A的眼中，父母是以此拒絕理性溝通，不欲以平等地位進行討論，放棄以「證據為基礎」作為在亂世中相處的方式。在香港社會中，「父母的話要聽」仍屬社會關係的主流。我記得在數年前的一場土地運動抗爭中，一位三十多歲的高學歷男士毅然選擇種田，過著半農半X的生活，新聞報導有個畫面就是他的母親在他身邊，邊流淚邊訴說著自己的擔心。這種望子成龍，又希望家庭生活平穩的心態，在亂世中成為「世代」問題，但在我看來，這是一個以家庭作為阻止公民社會進程的理由，甚至藉口，是一種運動中的不平等關係。

＊＊＊

這次的逆權運動中，每個參與者都在摸索自己的定位，包括部分父母。抗爭初期，單獨對著警察喊話的「港人之母」說：「我也是一個母親，你們也有小孩，你們為什麼要這樣打小孩，你會收隊吧……我不是要衝撞你們，我沒有武器。」這番話感動了許多年紀較大的人，甚至在之後組成了「守護孩子」小組，手牽手組成人鏈，阻止警方向抗爭者推進。在抗爭前線，長輩實質或精神力量的支持，使香港的抗爭共同體加添了一份（類）家庭的溫暖。

在香港，二十一歲以下、仍在就學的年輕人，經濟上極為依賴父母。而在逆權運動中，有不少年輕人其實投入了自己的積蓄參加抗爭。在銀彈短缺的情況下，父母若實行經濟封鎖，確實會影響年輕人的日常生活。B的情況就是如此。他是一個即將升大學的學生，在A的父母眼中，像B這種年輕人「一定是受到煽動」、「腦荀（囟）都未生埋」（思想幼稚）。我對這種典型的「我是做父母的，你這種小屁孩沒思考能力」的心態，感到十分困惑。A的父母不是研究者，也沒有進行參與觀察，連對方的聲音都沒聽過，單憑在社群媒體上看到B等前線分子的full gear裝束，何以知道這些年輕人思想幼稚？這種情況，在B的家庭中也正在發生，而且比A的經歷更糟。因為父母不給零用錢，B每天只能吃一個飯糰果腹，有時還得靠認同抗爭的長輩接濟。更可悲的是，中秋節那天，B在網路上透露出自己感覺不被家人諒解及接納，只能孤單過節。

B和其他前線抗爭者的遭遇在同溫層內廣泛流傳，由最初的家長集會、站台，表示心靈上的支持，到媽媽們、爸爸們陸續在抗爭補給線上供應點心、甜湯、涼茶。另外，在掌聲中，有人更給予年輕人們一個又一個的擁抱。原本這次的運動策略就是「兄弟爬山、各自修行」，以各種方式表達訴求。於是，在街頭上，「別人的孩子成為我的孩子」的想法應運而生，一眾人士高舉「Don't shoot our children」的標語，所給予的支持甚至比他們在家中取得的更溫暖、更直接。運動參與者用「香港人是一家人」的運動邏輯，在流動如水的抗爭場景中，一杯涼茶、一塊中秋月餅、一碗「發夢進來就可享用」的日式拉麵，盛載的是前線抗爭者們的眼淚。

把人推向地獄的慈母 vs. 一條通向獅子山頂的人鏈

自認為慈母的人，都可以用一雙手把香港的法治、人權、自由及民主制度，推進深淵。抗爭成為對極權的最後抵抗、對自身尊嚴的終極守護，也是一場對日常生活的重新審視。COVID-19出現時，世界失去了常態。但是，對香港人而言，早在半年前，他們就已經開始懷疑什麼是常態？什麼是穩定？「共心抗疫」更像是空頭支票。在公共衛生議題中，每個日常行為都變得更政治化。什麼是一家人？是不是一個表面和諧、毫無爭論的家庭，就是理想？同樣地，一個怎樣的城市和政府，才合情又合理？

二〇二〇年秋天「消失了」的抗爭者，或是被囚禁的路人甲乙丙丁，也許在中秋夜隱約聽到外面人群聚集的吵雜聲，也許看到從獅子山頂人鏈中射出的雷射光束，甚至聽到振奮士氣的「願榮光歸香港」。請不要為了特首、為了無法諒解的父母，還有那些奚落他們的人而感到孤單。香港，正在邁向地獄的路上，但同行者仍希望把彼此的手牽好，組成一條通往獅子山頂的人鏈。牽成手，抗爭者再次隱身於日常生活中，但化為一個上善若水的流動共同體。

二〇二〇年的母親節當天，協助在囚人士的組織義工們，把一朵朵鮮花送到被一些囚禁人士的母親手上，拍拍「伯母」的肩膀，替手足們向媽媽們說聲，母親節快樂。

黑人的命與種族資本主義

半世紀以來的美國黑人抗爭

劉文

社會心理學者，關注全球性別與種族正義運動、亞裔美國人認同，以及跨太平洋區的地緣政治。學術工作之外，也撰寫文學、電影與藝術作品的評論。現任職於中央研究院民族學研究所。

二〇二〇年，疫情中的夏天，明尼蘇達州一名非裔男性，喬治・佛洛伊德（George Floyd），因涉嫌使用假鈔而死於警察不當執法的暴力。事件在疫情中引起全國關注，引發大規模的抗爭，重新將美國長年以來的種族矛盾推至最前線。「黑命運動」（Black Lives Matter）不僅僅源自於黑人在美國社會的壓迫處境，尤其是刑事司法制度對黑人社群的不公，更是二十世紀六〇年代黑人民權運動以來積蓄的、無法被解決的種族資本主義（racial capitalism）矛盾。簡言之，種族問題不能只看種族的階層化，也必須看資本主義的影響。因此，黑人遭受的警察暴力問題，不只是單純的種族歧視問題，也不是少數「惡警」的責任，而是深植於美國資本主義發展下的大規模監獄化，與其監獄外包制度。

半個世紀來，六〇年代爆發的民權運動能量，已逐漸被新自由主義菁英階層倡導的「多元文化主義」侵蝕。多元文化主義的策略容許少數的有色人種進入中產社會與象徵性的決策位置，削弱了激進種族運動翻轉階級的能量。整體而言，即使黑人菁英近年來在美國政壇上取得更多的發言權，多數黑人的生活卻沒有得到太大改善。尤其在二〇〇八年金融危機之後，黑人家庭與白人家庭的資產累積差異，比六〇年代更為巨大。本來該是象徵進步的多元文化主義，反而成為有色人種菁英與白人領導階層合作，以維持種族階層化秩序的論述。這樣表面的「種族平等」現象與民權運動的虛實，一直到二〇一二年後因為一連串警察暴力而催生的黑命運動爆發，開始被系統性地反思與檢討。

二戰後美國夢的崛起和殞落

一九六四年的《民權法案》（Civil Rights Act）是黑人民權運動的重要轉折，從奴隸制度年代至南北戰爭時期的種族隔離政策，終於被判決違憲。初期的黑人民權運動強調非裔融入美國社會的重要性，像是馬丁．路德．金恩（Martin Luther King）在一九六三年所發表的著名演說「我有一個夢」，指出「美國夢」其實只有白人享有，即使在奴隸制度結束的一百年後，黑人仍無法得到真正的解放。二戰後的美國社會因為戰時的工業生產致富，也從早期的隔離主義轉向與蘇聯對抗的「世界領導者」。扮演「美利堅和平」（Pax Americana）、打著多元文化旗幟掌控國際領導形象的美國，面對越來越檯面化的黑人民權運動，以及震動全美的反越戰運動，共同促成一個時代改革的契機。

然而，戰後《民權法案》的通過，並不表示種族階級有所翻轉。美國於二戰時期宣示反納粹並晉升為世界領導者，但美國內部的種族矛盾，成為冷戰時期蘇聯的文宣攻擊要點。美國政府必須透過平權法案來展演國內已經解決了種族問題，以維護美國的全球道德領導秩序。《民權法案》的通過，雖然揭示黑人對於賦權運動的覺醒，但同時也是白人與黑人菁英二戰後的「利益趨同」，且絕非種族階級的逆轉。

戰後美國中產階級繁生，多數的黑人仍處於貧困階層。即使國家針對返國軍人的社會福利政策，以及起飛的北方工業化，讓一千兩百多萬的返國軍人得以累積房產與謀生，但許多曾在戰時參與國防工業的黑人與女性卻因此被逐出勞動市場。另一方面，即使《布朗訴托彼卡教育局案》（Brown v. Board of Education）的判決已將任何形式的種族隔離定義為違反美國憲法第十四條修正案的平等權，隔離制度在南方仍舊持續進行。白人法西斯團體「三K黨」（Klu Klux Klan）拒絕承認黑人的民權，以組織化的暴力行動，致力於「維持」種族隔離與階層關係。而在普遍被視為「自由」的北方，則藉由在住房市場實施「紅線政策」（redlining），即禁止黑人在特定區域申請貸款，依附著資本市場邏輯的經濟制裁，持續悄悄地執行種族隔離。

六〇年代後，金恩博士一九八六年的謀殺事件，以及國家對社會運動越來越嚴峻的壓制，使得黑人激進主義轉變為一條更清晰的運動路線。比如認同黑人民族主義的麥爾坎·X（Malcolm X），以及支持社會主義革命的黑豹黨（Black Panther Party），均認為黑人必須建立「非裔中心」（Afrocentrism）的論述，推翻白人社會的知識體系，甚至脫離白人社會的社會與經濟體，建立以黑人思想與視角為出發點的制度，進而取得資本生產工具，才能真正達到黑人的解放。

這樣的思想，不僅僅是因為美國國內的政治氛圍，也受到戰後全球第三世界反殖民熱潮與運動（Third Worldism）的影響。黑豹黨崇尚毛主義，強調種族主義與美帝國建構的關聯性，以及白人左翼（俗稱「白左」〔white left〕）對於階級批判缺乏種族關懷的極限。激進的黑人運動家甚至認為，黑人社群必須建立超越「非暴力示威」的革命策略，包含取得自衛的槍械，才能對抗白人社會壓迫黑人的軍警制度。總而言之，六〇年代的美國為黑人的賦權帶來巨大的變革，卻也加深了美國種族運動路線上的分歧：和主流政黨合作共生的平權改革，以及將黑人賦權（Black Power）連接至激進顛覆資本階級之必要。

大規模監獄化與資本剩餘危機

六〇年代的大規模社會運動以及北方工業化促成的南方黑人「北上大遷徙」（Second Great Migration），相繼加速推動了聯邦政府「罪刑化結構」（architecture of criminalization）的政策走向，目的在於維持國家秩序與監控非裔社群。一九八六年，聯邦調查局局長約翰・埃德加・胡佛（J. Edgar Hoover）宣判黑豹黨為美國「國家安全的最高威脅」，兩年內逮捕了七百多人，包含現在知名的黑人女權運動者和思想家安吉拉・戴維斯（Angela Davis）。戴維斯至今仍致力於從事廢除監獄運動，她認為監獄系統無法被改革，因而需要建立一套新的超越國家管控與懲罰邏輯的制度，方得以解決美國社會根本的問題。

七〇年代隨著新自由主義的攀升，反對政府干預經濟與強調自由經濟的聲音高漲。聯邦政府對於社會福利預算的減縮，促使地方政府更加仰賴地方的私有經濟體以取得州政府收入來源。尼克森與雷根總統相繼宣布的「毒品戰爭」（War on Drugs）法令開啟了半個世紀的刑罰「輕罪化」，使得政府將曾經不被納入嚴重刑罰的小罪——開車超速、持有毒品、宵禁後遊蕩街頭、隨地大小便——等等，予以重罰。這樣的政策改變除了增加地方政府罰款來源，更大幅增加了入獄人數。在使用或持有毒品這項罪行上，黑人受到比白人更嚴厲的刑罰，也更容易因為毒品入獄。而和私有企業共享利益的地方政府透過大規模的「生活品質」（quality of life）執法，掃蕩開發區域的街友和有色人種，以吸引投資客和炒高房價。

批判地理學家露絲·威爾遜·吉爾莫爾（Ruth Wilson Gilmore）認為七〇年代後的監獄擴增，特別是在美國西南方的農工業地區，不只單純來自菁英階層針對黑人系統性的歧視和監控，更是傳統產業經歷全球化工業轉型失敗下的產物。她在《黃金古拉格：監獄、剩餘價值、危機與對立在全球化的加州》[1]一書中指出，七〇年代後加州郊區經歷傳統工業廠房大量外移，閒置的土地轉型賣給州政府作為監獄興建工程用地，一併解決了企業的債務危機，以及當地居民的失業問題。她將這樣的現象稱為「監獄修正」（The Prison Fix）——監獄興建解決的不是「資本累積的失敗」，而是資本循環中無法處理閒置剩餘價值（surplus values）的危機。換句話說，就是「系統性遞減累積的失敗」（systematic failure to disaccumulate）。在八〇到九〇年代間所新建的二十四座監獄中，就有十八座是建立在廢棄的農用土地之上。原是棉花工廠重鎮的加州考克蘭市，為了因應全球化工廠外遷的危機，在八〇年代末期開始大量興建腹地龐大的加州州政府監獄（California State Prison）。監獄的快速成長，伴隨著政客從「毒品戰爭」轉移至「打擊犯罪」（War on Crime）的論述，使得被監禁的人口也加速增加。如今，即使美國人口只占全世界的百分之四，美國的監獄人口卻占了全球的百分之二十二；其中，黑人的入獄機率是白人的六倍。美國的大規模監獄時代，也在這次的資本危機中迅速地擴張。

種族資本主義與未竟的黑人正義

二〇〇八年，歐巴馬乘載著多元文化美國夢的巔峰，隨著社群網路的熱潮，快速傳播競選標語「HOPE」，成為美國自由派渴望結束小布希時代的外戰與保守主義、重返自由民主與平權的美國價值。但在歐巴馬與其副手拜登的八年執政下，卻不見黑人的階級翻轉，反而出現經濟蕭條與更加嚴重的警察暴力。二〇一二年二月，佛羅里達州一名十七歲非裔青少年特雷沃恩・馬丁（Trayvon Martin）被白人警察不當執法射殺，這名警察卻沒有受到法

1 *Golden Gulag: Prisons, Surplus, Crisis and Opposition in Globalizing California*

律的制裁，爆發了大規模的抗爭。二〇一五年四月，又一名非裔男性佛雷迪．格雷（Freddie Gray）受到不當執法而身亡，這次是發生在非裔政治家占有重要決策位置的巴爾的摩市——當時的市長與警察局長皆為非裔，卻也始終沒有讓殺害格雷的警員得到刑法的處分。

即使平權運動使得一些黑人領導者打入了主流政治，但他們上位後更在意的是吸引中產居民進入其管轄區域，而非解決黑人的就業、住宅或司法問題。許多黑人甚至開始搬離北方城市，渴望在南方找到更好的住屋條件或工作，造成二戰後的「反向遷徙」（reverse migration）。二〇二〇年，佛洛伊德的死亡引爆新一波的黑命運動抗爭，華盛頓特區的非裔女性市長穆里爾．包瑟爾（Muriel Bowser）將黃色的「Black Lives Matter」字樣鮮明地漆在通往白宮的馬路上，但她同時也提出增加四千五百萬美金的警方預算，和提倡「縮減警察預算」（defund the police）的運動目標完全背道而馳。在此我們看見多數黑人菁英一旦握有政治權力，即走向必須拉攏中產階級選票與私人基金才能維繫選票的惡性循環，難以執行基礎改革；也因此，過度仰賴非裔政治明星（比如歐巴馬）的結果，反而讓勞工階層的非裔社群不斷地遭受背叛。

黑命運動可說是上述黑人菁英「代議政治」（representational politics）的終結。當越來越多黑人掌權重要政治位置，但帶來的改變卻不足以挽救大量被犧牲與殘害的黑人生命之時，新的運動誕生了。種族資本主義提供了「黑命運動」與其他族群的向外連結。不論是北美原住民的土地與居住權利的剝削、非裔與拉丁裔在疫情之下大量被迫暴露在充滿病毒危險的工作場域，或是國內警察軍事化與國際軍武銷售給殖民政權（以色列）的關聯，都密切地影響著「種族」和「資本」的全球交織。資本的贊助成為反抗核心。因而，在黑命運動初期被認為過於激進的「縮減警察預算」訴求，最後直接成為參與運動者群體中更具有共識的訴求。

隨著殺害佛洛伊德的警察德里克・肖萬（Derek Chauvin）在二〇二一年四月被正式宣判謀殺及過失殺人罪，黑命運動的社群流傳著一則發人省思的標語：「所有警察都是德里克・肖萬」（All Cops Are Derek Chauvin），表明了警察暴力的結構性問題。美國黑人未竟的正義，絕不會因為佛洛伊德的事件終結，而關於種族正義運動除了如何納入法律改革之外，更朝向黑人階級翻轉的可能，想必也會是未來黑命運動持續邁向的目標。

毋須再叩首

沖繩當代的政治文化展演

趙綺芳

自詡為「華身琉魂」，阿媽級人類學者（或可說人類學者級阿媽，只是阿孫們不懂其義）。以2018年10月為分水嶺，在那之前研究領域的關鍵字是儀式、舞蹈、竹富島；在那之後：？。或許已有答案，但還未停止追尋。目前打工於英倫，工廠叫Roehampton，部門：舞蹈系，主要生產線：舞蹈人類學。

沖繩，舊稱琉球王國，由於原有的傳統宗教體系以及「大和世」[1]以來受日本對於民俗祭禮重視的影響，各地一年之中大大小小的祭典為數不少，重要的儀式大抵源自傳統信仰體系或農業循環，其中可分為氏族、村落、町，與縣等不同層級，形成了繁忙的儀式年曆。再加上觀光熱潮的推波助瀾，各種以民俗、樂舞、物產等沖繩特色為核心的現代祭儀應運而生，使得祭典已然成為沖繩當代文化中最顯著的展演活動。

其中，「首里城祭」是我觀察到最獨特的一項，因它涉及了認同展演、政治，與文化觀光的多重視角。自二〇〇六年開始，「首里城祭實行委員會」[2]主辦了「首里城祭」，其後援包括沖繩縣與日本政府官方與非官方的經濟振興組織、首里當地的地域組織，以及媒體。這項祭典以沖繩縣首都那霸市內的世界遺產首里城為中心，「復原」一連串過去琉球王朝國王登基時的政治儀式，包括首日的「古式行列」：琉球國王為了國家的太平與豐穰，前往首里附近的三個寺廟參拜；次日的「冊封儀式」：重演源自一四〇四年，由中國來的冊封使頒賜新王詔書與禮物，正式認可新任琉球王國的冊封儀式；以及第三日的「琉球王朝繪卷行列」：被冊封後的琉球國王、王妃，連同中國冊封使臣和兩國官兵移駕首里和著名的觀光商業區的遊行。

「古式行列」的遊行由來已久，其前身為「首里教育祭」，最初是一九六〇年美軍託管時期，為了慶祝琉球大學建校十週年以及首里高校建校八十週年而開始籌辦。一九七八年正值「復歸」日本時期，「古式行列」改名為「首里文化祭」，並配合日本每年十一月三日的國定假日「文化日」的提倡，加入了琉球王朝的古代儀典。過去，首里是琉球王國國都，所以主辦團體是唯一可稱代表首里全域的民間組織——「首里振興會」。他們負責邀請在地的祭司、學校或團體，在遊行行列中表演像是祭歌吟唱、武術、古典與民俗舞蹈等傳統藝能，或是如管樂之類的現代藝能。

一直到二〇一八年，「首里城祭」可說是深化地域意識的新興祭典，而後來加上的冊封儀式「復原」，官方也以「復甦琉球王國的華美」加以宣傳。然而，這個復甦的過程，卻是一場不折不扣的文化展演，具有所有必備的條件：演員、服裝、舞台、觀眾，揉雜當代東亞國際政治中的複雜角力。

＊＊＊

為了炒熱祭典，「冊封儀式」中的必要角色：琉球國王、王妃，每年由「首里城祭實行

1 大和世狹義是指一八七九年日本政府廢藩置縣，將沖繩納入日本帝國；廣義則可上溯自一六〇九年，日本九州薩摩藩擄走琉球國尚寧王之後開始算起。

2 由沖繩的非官方組織「一般財團法人沖繩美之島財團」所組成。

委員會」公開向市民甄選。這不但是「首里城祭」文宣的前哨戰，往往成為熱門話題，參與甄選的人也大多對此表達了相當的期待。在我參加的這兩年，獲選的國王氣宇軒昂、王妃雍容美麗，相當符合觀眾或市民對這個角色的視覺想像。在這種視覺性的文化展演中起了關鍵作用的，還有考究的服裝、道具與舞台。當琉球國王、王妃身著傳統琉球式禮服，高坐在由轎夫抬著的轎子，緩行於龍潭通或國際通時，沖繩縣的民眾、媒體，或是為數甚多的觀光客，莫不熱切地注視或忙不迭地按下快門。

服裝也幫助觀眾辨識行列中的「琉球官兵」和「中國官兵」。扮演來自中國「天朝」的「天使」者，身著我所熟悉的清朝儀服，手上的武器、樂器也都明顯與琉球不同。事實上，「冊封儀式」與隨後的「繪卷行列」中，中國和琉球的政治與文化對話是一個重要的元素。以音樂的角度而言，在首里城廣場上舉行「冊封儀式」時，中國的「御座樂」以及琉球的「琉樂」截然不同，與展演進行中的中琉官員呼應；「繪卷行列」中，遊行的奏樂「路次樂」也會呈現中、琉樂器和音樂風格的差異，就算是門外漢也不難辨認。換句話說，若從音樂的表現看來，中、琉的關係好比是一來一往的應答。

真正顯示中琉位階差異的，是身體的動作。在以一八〇〇年的「冊封儀式」為藍本復原的儀式中，琉球國王在拜領中國冊封使帶來的皇帝「詔書」、「敕書」時，必須行最恭敬的叩首之禮。在我參與的兩屆「首里城祭」中，扮演國王的男士，不論在行進或敬禮時，都表現得相當莊重有節，顯示了演出前的訓練效果。這些儀式的指令是由中國的司儀官以古典漢語行之，只要能懂古典漢語的人都聽得懂，但是為了讓其他國家的觀光客也能了解整個「冊封儀式」的流程，現場備有日、英語的同步解說。因此，整個儀式過程可以感受到三種不同的觀眾反應：操日語的日本觀光客、廣義的華人（來自台灣、香港、中國、星馬等地），以及其他相當多元的歐美民眾。

觀眾微妙的反應差異，反映著「首里城祭」文化展演之政治複雜性。懂漢語的廣義華人圈中，中國觀光客和某些港澳星馬訪客自然是看得津津有味，也不免流露出某種優越感（有時候連來參觀的小孩子也會複誦那些聽起來相當嚴肅的命令）；在其他沖繩觀光區十分活躍的台灣觀光客要嘛興趣缺缺、要嘛興奮拍照。歐美的觀光客則被整個儀式的慎重和華麗所呈現的異文化風情吸引，相當期待並投入，早早就占好位子，準備仔細觀賞。

「冊封儀式」中最糾結的，可能是來自日本的觀光客，或者我該說，日本／沖繩右翼分子。日本民眾或甚至政府的尷尬可以理解，畢竟沖繩／琉球過去有個獨立的王國，而這個王國被日本併吞了。九〇年代後期興起的沖繩觀光熱，帶動琉球王國相關史蹟的活化（現有的首里城便是重建的），「首里城祭」正是結合歷史與觀光的延伸範例。然而，寫在教科書上的歷史和展演出來的歷史，有著相當不同的效應。儀式展演的強大感官性會造成的衝擊，對日本民眾或政府而言，或許遠遠超過當初所估量的安全界線。在二〇一六年的「首里城祭」，當「繪卷行列」行進於沖繩最熱鬧的觀光商業區——國際通時，日本右翼分子群情激憤地駕著插有旭日旗的吉普車，在沒有管制的路口，對著前進中的行列用大聲公斥責辱罵，並不時播放聽似愛國歌曲的樂音干擾。在二〇一七年的「首里城祭」，右翼分子們則是在國王等行列進入首里城前組隊抗議，甚至在冊封儀式進行到一半時，舉著日本國旗大聲辱罵。這些「雜音」都成了琉球王朝儀式展演中被迫注意的一部分。

其他的干擾，則來自日本網民對於扮演的琉球國王行叩首之禮的攻擊。YouTube頻道中，不乏有錄下「首里城祭」中「冊封儀式」的日本青年，針對琉球王國向中國冊封使叩首的行動，謾罵其為「可恥的行徑！」語言之強烈，相對於「首里城祭」中精心排練出來的、順從的身體，形成強烈的對比。不知是否因為這樣的言論效應，二〇一六年的首里城祭，琉球國王對中國冊封使的叩首之禮，仍然行禮如儀，到了二〇一七年，扮演琉球國王的演員依舊風度翩翩、氣宇軒昂，但行禮時已經不復叩首。

復原百年前的儀式盡畢，觀眾散去。大概不會有多少人注意到這些細微的身體表現差異，畢竟多采多姿的文化展演在今日的沖繩不勝枚舉。至於琉球（沖繩）人也一如過去歷史，謹慎地在中、日之間的權力較勁中尋求安全位置。這樣的權宜不是第一次，肯定也不會是最後一次。

＊＊＊

上文寫完後不久，我就從離沖繩很近的家鄉台灣，西漂到隔了好幾個大海的英倫打工。不曉得是不是冥冥中的安排，畢業於沖繩縣立藝術大學的琉球古典舞者「屋其納人」（*Uchi-naa*，沖繩人對島嶼的自稱）翔子，臨時起意來訪，選在二〇一九年十月底的這一天抵達倫敦。從機場接她回到住處後，我原本預計（飛）機車勞頓的她一定會很疲倦需要一夜好眠，然而不過幾小時，她驚慌地跑出臥房：「老師！首里城失火了！」

我們兩人四目相視遲遲說不出話，回想起來，我的第一時間反應是不相信：「首里城失火？」而且是由一個屋其納人親口告訴我這個消息？輸入關鍵字，果然電腦螢幕上已經出現幾則日本新聞媒體的英文快報，隨著時間演進，愈來愈多的新聞影片陸續傳來，現場令人觸目驚心：大自然毫不留情地搧風助燃，望著暗夜惡火，極度震驚的居民噙著淚水眺望燒盡崩塌的宮殿，即使隔著螢幕，我似乎都能感受到那股狂烈的熾熱以及無盡的悲涼：首里城啊！屋其納人文化鄉愁的寄託，難道烈焰焚身必須是你揮之不去的宿命？[3]

3 首里城自一四九二年建立，至一九四五年二次世界大戰沖繩暫作為日本軍事總部，而遭受美軍無情炸毀為止，已經四次遭受祝融之災。一九七八年日本政府開始重建，至一九九二年才完成並申請為世界遺產。

這個噩耗很快地將我全球的沖繩好朋友們串連起來。我的手機陸陸續續收到了震驚、傷痛的留言，包括一群熱愛故土的夏威夷沖繩後裔三、四世，尤其是堪稱「文化復振陣線」的「御冠船歌舞團」，這個組織的核心成員們各個都是「藝能人」，並且往往以一種幾近社運分子的姿態批判性地回望故鄉。他們按照往年慣例安排了一個返鄉的文化學習之旅，沒想到卻在故土遭逢了幾近國殤的浩劫，對他們而言，這場火等於是讓屋其納人再次經歷滅國之痛。核心領袖Eric旋即送出訊息：

我們王國的象徵毀了！我們必須重建！這是一個訊息：要重建我們的語言、認同、文化……與我們琉球的歷史。日本政府要我們忘記這些！原來我們現在在沖繩是有原因的！[4]

第二天一早，神情嚴肅而又落寞的翔子力圖振作，我可以想像她要費多大的力氣克制自己的不安與激動。她學藝的沖繩縣立藝術大學當藏校區，就座落於首里城山腳下，數不盡有幾個寒暑，她每天從教室窗戶望出去就可以看到的灰色石牆內的紅瓦屋頂，那個曾為她的古典舞蹈表演世界提供一個有形有體、可供想像憑依的存在，本以為在承平時期可以安穩地矗立，不料卻燬於一旦。

*　*　*

以前我很羨慕這群年輕的古典琉球藝能學習者，他們的歷史盡在眼中，若說都城和王國的歷史與表演藝術的關係，古典樂舞劇「組踊」(*Kumi Udui*)可說是其中最具代表者。歷史記載，組踊最早演出的場合，是琉球王國為了款待從「天朝」(清朝)專程(通常都是因爲舊王駕崩、必須冊封新王)而來的「天使」與隨行人員，由當時朝廷中的藝能專家玉城朝薰(漢名向受祐，一六八四～一七三四)編創，在此之前，他已經三度被派往九州的薩摩、兩度被派往時稱江戶的東京，擔任御前演出的藝師。特別的是，在薩摩或江戶幕府前的演出，反倒不是受能劇、歌舞伎影響而成形的組踊，而是琉球風格的古典舞踊(不少亦出自他的創作)，與帶有中國色彩的樂舞。換言之，在中、日向來緊張的關係中，琉球王國不但是兩國間貿易的中繼站，也在與兩國交涉的歷史過程中，扮演一種「藝能的他者」，分別向中國與日本展演「珍稀」的藝能。

組踊雖說在形式和內容受了能劇與歌舞伎影響，但是最關鍵的差異則是語言和音階。

4　原文如下：The symbol of our kingdom is gone! We have to rebuild! This is a message to rebuild our language, identity, culture....and our Loochoo history that the Japanese government wants us to forget! There's a reason we are here in OKINAWA!

琉球的三線音樂，至今仍是島民「心的聲音」，而傳統歌謠的音階，明顯與日本不同，反而更接近爪哇古典音樂。至於語言，自玉城朝薰以來的組踊創作者，都以「首里語」為標準創作語言。組踊中的音樂及語言有如文化的DNA，在日本幕府的武力掌控與政治監督下，蘊藏了琉球王國的認同。

不同於短期內無法再現、充滿政治臣屬符號的「首里城祭」，琉球的組踊中常見的「敵討」劇目，以復仇為主題，精粹地傳達了琉球王國時期內部的政治倫理。相較於冊封儀式那樣象徵外交階層關係的臣服，組踊的敵討戲把琉球王國的區域衝突與張力，以一種高度美學化的語調和形態呈現出來。就拿最早為了中國使節團而演的組踊，《二童敵討》、《執心鐘入》為例，《二童敵討》的故事取材自第一尚氏王朝時期、占據中部勝連城的地方封建領主「按司」（*Aji*）阿麻和利，為了遂其野心殺掉政敵護佐丸後，護佐丸的兩個兒子鶴松與龜千代復仇的過程，因其精彩程度，清朝使臣徐葆光擔任冊封史訪琉期間的重陽之宴的紀錄中亦可見其記載。5

專攻古典琉球藝能的翔子跟我分享一次她在勝連城遺址實境表演《二童敵討》的經歷：「那個夜晚，我印象最深的是工作人員特別布置的燈光還有點燃的火把，那晚的氣氛將古城襯托得彷彿重回歷史情境……」翔子神遊古城的回憶瞬時提醒了我：是啊，古城可能頹圮、都城或許焚燬，然而眼前這位融合古典音樂、舞蹈、母語與技藝於一身的年輕一代屋其納人，豈不比亟待重建的首里城來得更值得期待嗎？

幾天後我放心地送眼神堅定、歸心似箭的翔子搭機返沖，看著她離去的背影，我很有信心，只要沖繩人的音樂不歇、舞蹈不停，沖繩的組踊在母語聲中代代傳唱，沖繩的文化就會以自己的形體一再搬演並創新於世人眼前，縱使都城頹圮，毋須再叩首。

5 據《中山傳信錄》卷二所記：「第二，為鶴龜二兒復父仇古事。中城按司毛國鼎（護佐丸），忠勇為國。時勝連按司阿公（阿麻和利）少為郡馬，驕貴蓄異志；忌中城，讒之於王，誣以反。王令阿公率師族滅之，毛公自刺死。二子：一名鶴，年十三；次名龜，方十二。既俊秀，父居常以寶劍二，教之擊刺事。時隨母在外家山南查國吉所，聞變，泣請於母，欲以間殺阿公，復父仇；求寶劍，各佩之。步肆勝連，伺阿公春遊，即懷劍而前。阿公喜且醉，解衣帶分賜二童，攜一劍並賜鶴；鶴乘其醉，拔劍刺之，大呼曰：『我毛公子！今殺汝，為我父復仇！』阿公驚起，頭隨劍落矣。群從皆醉，盡為二童所殺云。」

到底選舉
有什麼好？

malaita

在學術機構工作，在芭樂人類學部落格寫「親愛的芭樂人類學家」專欄。
人類學家可以很搞笑，但堅持做人的形影。

親愛的芭樂人類學家：

我一九九六年三月出生，二〇一八年九合一選舉成為首投族，興匆匆去行使我的公民權利。結果排隊排好久，而且很多人根本亂投一通，不知道自己在投什麼公投。最後有些很爛的人居然還高票當選。我今年有點懶了。不過朋友都在說什麼積沙成塔、不要小看自己的一票、「如果不關心政治就會被糟糕的人統治」、青年投票率就是因為這樣才會低等等。這些我都知道，但我真的覺得選舉很煩，很好奇人類學家有什麼不一樣的看法嗎？到底選舉有什麼好？

不是憤青的青青

二〇二〇年總統大選前夕

親愛的青青：

每次選舉到了火熱階段，看到年輕人與父母吵架、配偶因為政治立場不同而失和、許多人（包括我自己）憤而退出LINE群組、臉書解友等等，都會讓人不由得感嘆，選舉真的有那麼重要嗎？值得嗎？

你問的那句「到底選舉有什麼好？」恰好是美國人類學家戴孟（Frederick Damon）教授二〇〇三年發表在《臺灣人類學刊》的文章標題！[1] 戴孟教授對美國選舉怨言很多，為了有點建設性，他試著以人類學跨文化比較的視野來檢視美國總統大選。在這篇有趣的文章中，有兩個別出心裁的分析，不妨用來對照台灣的總統大選。

美國的「自然vs.文化」，台灣的文憑主義

戴孟首先觀察到，美國總統選舉時，經常出現與「自然」連結的意象塑造，例如雷根在夕陽下騎馬、布希在德州打獵、高爾年輕時在田納西農場鏟馬糞等。他認為這與美國文化中的拓荒觀（frontier cosmology）有關，亦即國家是從大自然中建立起來的，而透過「自然」的象徵，將候選人與國家的個性連結起來。而此種想像有個隱然的對比他者——英國世襲階級社會，形成了「自然vs.文化」（Nature vs. Culture）。候選人設法將自己與「自然」的意象連結，把對手嫁接到「文化」的負面性——也就是沒感情、傲慢的菁英官僚（不論是否為真）。

戴孟認為這樣的選舉文化操作有些後遺症，例如當選民受到象徵情感召喚而選邊時，會難以在政策辯論上認真，甚至還漂白了無知。例如二〇〇〇年大選時，小布希在知識與智識上都明顯遜色，但他將對手高爾刻畫成一個「自以為是的萬事通」（know-it-all），將自己

1 What Good Are Elections: An Anthropological Analysis of American Elections.

的缺點合理化——對手太靠近「文化」了，令選民討厭。

戴孟的文章分析當然更為複雜，他並非只是單純將候選人二分為「自然vs.文化」，亦非主張美國文化純然是反「文化」的，候選人的意象操弄當然也未必成功。但他從「自然vs.文化」這人類學的經典概念分析來切入，的確抓住了美國文化的一部分特性，也有助於我們理解為何會有反智的現象。例如歐巴馬是哈佛法學博士、芝加哥大學教授與民權律師，演說用字遣詞高明，文化資本甚高，但他出身有靠近「自然」的部分（出生於夏威夷、父親為非洲人），避開了高爾落入的刻板形象。川普英文用詞淺陋甚至略嫌粗鄙，卻也因為站在「文化」形象的反面，而有另一種吸引力。戴孟發表於二〇〇三年的這篇文章一定程度解釋了川普在選戰上成功召喚的情感。

台灣文化異於美國，不太在乎「自然」，台灣主流價值的模範是科舉勝利者，因此重量級的歷任民選總統候選人——從李登輝、彭明敏、陳水扁、連戰、宋楚瑜、馬英九、謝長廷、朱立倫到蔡英文，都是博士教授，或是律師這些考場勝利者出身（順帶一提，最近也有幾位醫師很想問鼎大位）。然而，社會上絕大多數人並沒有那麼亮麗的文憑，於是整體社會雖然高度認可追求學歷，卻同時也存在著反挫的力量。芭樂人類學家李宜澤形容得很貼切：就好像家裡有個從小品學兼優的模範生，既羨慕，但也不免暗自希望她／他跌一跤的微妙心理。

蔡英文總統學歷事件就是一個很好的例證。由於學歷如此重要，撐起一個人的身分與特性，蔡總統受到的學歷問題攻擊，等於是對其整個人的根本質疑，雖然倫敦政經學院已公開證實其學位沒問題，還是影響到選戰。全世界大概很難找到另一個社會那麼在乎這個議題，甚至為其耗費如此多的精神與版面。

台灣說不定是全世界民選總統以及主要候選人平均學歷最高的國家。二〇二〇年總統候選人韓國瑜是唯一的例外，而且是很有趣的例外——他自述原本是放牛班，但細看即可發現後來也逐步累積學歷資本，甚至念了博士班。有意思的是，網傳他名列中國北京大學博士畢業生名單，但他自己否認，亦即保持在一個學歷相對弱勢的狀態。這跟他與蔡總統（甚至馬總統）拉出形象反差的選戰策略有關。不過韓國瑜在選擇副手時又複製了文憑主義，選擇了跟蔡總統一樣有名校博士學位、教授出身的張善政——或許文憑主義依舊是這次總統選舉價值選擇的關鍵。

除了文憑主義，台灣社會也頌揚白手起家，這或可追溯至羅漢腳的渡海墾殖歷史。在美國，篳路藍縷以啟山林的開墾者形象連結到「自然」，在台灣強調的則是「（底層）打拚」。這個面向有時會在選戰中冒出來，作為世家的反面而獲得另一種「加分」。唯一兼有文憑與打拚這兩者的是阿扁總統（從三級貧戶到第一名律師），也因此能在歷史的機運中，成為政黨輪替的關鍵人物。二〇二〇年選戰中韓國瑜試圖強力主打這個元素，形塑自己為「賣菜郎」的庶民階級——姑且不論是否真實，從粉絲反應也顯示此種人物設定有其吸引力。

不過別忘了，戴孟提醒我們，當選舉過度聚焦在操作符碼（反「文化」），往往會降低對政策的關切討論，出現反智現象。於是草包、低俗用語、背離事實，或政策缺乏可行性等，在鋼鐵粉絲的心目中被合理化了，反而別具反叛、反擊的魅力。另一方面，也有人認為「芒果乾」（亡國感）亦造成讓政策難以細緻討論的作用。望向異溫層之後，要回眸自身，警醒不要讓符碼或意象綁架。

選舉有如儀式

人類學研究另一個很強的傳統是儀式分析。戴孟借用葛內（van Gennep）的通過儀式（rites de passage）三階段論——分離、中介、整合，將總統選舉視為一場儀式，每四年舉行一次，也有一定的進行規則。

首先要宣布參選，此時通常伴隨了一定的活動，可說是「分離儀式」（rites of separation），將政治人物從普通公民變成候選人，正式進入了競選儀式。如同人類學家在世界各地觀察到的，一個人跨入成年禮時，舉止要與日常不同，往往格外謹慎。宣布參選後的候選人得設法當一個「有品德的人」，而不只是一般人，一些平日嗜好（如打麻將、飲酒、發言等）

都會被放大鏡檢視，需要特別留意。

競選期間則是中介階段（liminal rites，有時翻譯為閾限期），候選人脫離了原來的身分，但還沒達到完成儀式後的新身分（如總統當選人、或總統落選人），在此時期經常出現脫離常軌的逆反，跟儀式入神者很類似，候選人常有筋疲力盡、尷尬、哭泣等現象。的確，歷經台灣選舉的特色——站路口、掃街、造勢晚會等密集活動，沙啞疲憊熊貓眼都是必經的狀態（畢竟躺著選會讓選民覺得沒誠意）。選舉的句點落在總統宣示就職，這是「整合儀式」（rites of incorporation），回歸到施政的日常，新上任者經常會拜會對造，甚至任用對手陣營的人士入閣，營造大和解的感覺。

這套通過儀式理論頗能描繪候選人經歷的儀式階段與變身，另一個人類學象徵與儀式研究的大師透納（Victor Turner）的理論，更有助於我們分析台灣的選舉景觀。

選舉的確可以視為一種國家的儀式。台灣選舉的密度之高，簡直就是「歲時祭儀」；選舉過程彷彿行禮如儀——初選、領表、登記、民調、政見發表會、拜票、掃街、造勢、投票、開票，此類定時轟炸已經成為台灣生活的一部分。選舉中充滿了各種符號，尤其反映了台灣人對於「吉利」的執迷。例如去選委會登記參選是重要的事件，免不了敲鑼打鼓舞龍舞獅，博個好兆頭，贏在起跑點。抽號次又是另一個事件，無論拿到什麼數字，立刻來個順口溜，事事如意六六大順八八發發，像極了婚禮過程有人負責講吉祥話的傳統。競選總部成立大會也是重要事件，要送上菜頭鳳梨博個「好彩頭」又「好旺來」，一字排開，像極了拜拜供桌的水果。競選總部的風水和一些命理報導就更別提了，台灣漢人文化中對於事件和因果的幽微連結，文化的底蘊盡現在選舉活動中。

身為一個愛湊熱鬧的正港台灣人類學家，我還滿喜歡去造勢晚會「感受一下」，職業病地跟著搖旗子做點參與觀察。就像去廟會一般，鞭炮、沖天炮齊發，群眾引頸企盼，在主持人的高亢引導下、在燈光與煙霧中，主神／候選人終於穿越人群登場。支持者在這樣的氛圍中越來越嗨，「凍蒜」的祈願聲不斷，

台灣的選舉很嗨、很「有感」。malaita 攝。

透過身體的集體擺動與呼喊和精神上的共願，群眾在迎神的過程進入透納說的「融聚同感」（communitas）的狀態。

相較於其他社會，「熱鬧」是台灣的選舉文化特色，無論是魔音轟腦的宣傳車、塞爆信箱的傳單、搶占每一吋空間的街頭看板與旗幟，或造勢晚會的超大螢幕、專業音響配樂和小旗子，還有叭叭汽笛，以及掃街拜票的鞭炮和「拜託拜託」，無論是視覺、聽覺甚至嗅覺，選舉都讓人非常有感——當然，有時是反感。鞭炮喇叭和各類宣傳物資都很不環保，龐大開銷也可能對小黨或青年不利，然而熱鬧和湊熱鬧是台灣文化的特質，此種選舉文化也多少有助於人民在日常生活中感受並（主動或被動）關心政治以及參與實踐。如果少了街頭的繽紛與喧擾，把「熱鬧」拿掉，只能看政論節目、或在臉書按讚，冷清的選舉會不會更往掌握話語權的媒體／菁英和他們的利益傾斜？

選舉分裂了我們，也融合了我們

媽祖遶境進香儀式，排灣族的Maleveq（五年祭）、鄒族的Mayasvi（戰祭）、阿美族的Ilisin（豐年祭），盛大的儀式如同涂爾幹所言，具有重要功能——提昇與再鞏固群體團結。選舉儀式最重要的意義（或者借用戴孟文章的標題，也就是你的提問——「選舉有什麼好？」），其實是透過共同實踐，再度進行社會整合。

這在同陣營支持者之間毫無疑問。不過在藍綠對立的台灣，選舉難道不是撕裂社會、是對抗而非社會整合？

的確，激烈的選舉可能會讓台灣內部失和，無論是世代、意識形態、價值觀、認同的差異甚或對立，可能到選後仍傷痕累累。如果瀏覽「韓粉父母無助會」，以及對應的「韓黑父母不崩潰」粉絲頁，有許多焦慮與無奈的故事，看起來裂痕要癒合可能是項工程，甚至未必能達成。

然而透過選舉儀式，依舊有超克藍綠的功能——我們必須是台灣公民，才有投票的權利；我們必須在「法律上」與某個地區有幾個月以上的連結（戶口），才有投票的權利。亦即，在選舉過程中，再確認了「台灣」（或者稱為ROC）這個國家的實質存在，也確認了公民與其國家之間的契約關係。如果我們超越勝負來看選舉，其儀式本身已經是社會共識建立的一部分——選民們取得選舉權，確認了彼此都是同一個國家公民的身分；投票決定國家未來，也確認了公民與其國家之間的契約關係。

而選舉無論支持哪邊，都多少引導了選民思索對這塊土地的未來發展想像。即便敵對陣營的死忠支持者，也不知不覺透過選舉形塑了超越顏色的「想像的共同體」，並且透過實踐，形塑並深化了民主的共同價值觀。直接而自然地行使公民權的大小選舉，是台灣與中國（還有香港，從一九九七年以來跛腳的特首選舉到眼看名存實亡）最明顯的對比。透過一次次的選舉，台灣人共同形塑了傳統——民主已經是我們引以為傲且共同守護的傳統。透過頻繁的選舉，台灣成為台灣。

而總統選舉是各種選舉中最有重量的。原因當然很清楚：我們選的是總統、是代表台灣的隊長，總統大選本身就是台灣主權的證明。經由參與總統大選——無論是各陣營候選人、助選員，或選民，都共同肯認了「台灣」是我們的想像共同體。二〇一六大選時，國民黨的口號是「One Taiwan，台灣就是力量」，民進黨則是「點亮台灣」。二〇二〇大選國民黨的標誌是「Taiwan Up」，口號是「台灣安全、人民有錢」，民進黨則是「2020 台灣要贏 Let's Win!」。台灣台灣 Taiwan，我們有很大的共識，不是嗎？

可能有人不服氣說某黨口說台灣只是要騙票，其實骨子裡心向中國。姑不論是否為真，當他們也連年抬出台灣作為主軸，認為這樣才有票時，也就說明了台灣人的共識是台灣了。選舉時或許彼此看不順眼，但其實我們的共識比意識到的要多。數年前有幸就教於加拿大的一位原住民領袖梅喀迪（Ovide Mercredi），他同時也是一位詩人，其智慧我一直謹記在心：

「對立者，並非敵人。」

「對立者跟你站在同一塊土地之上，因此你們有共同的基礎。」

總統大選的首投族

親愛的青青，總統大選就快要結束了，很快我們就會脫離儀式，面對新的挑戰。你的生日引發我的好奇——一九九六年三月，那是台灣首次的總統大選！當時出生的人現在都二十四歲了。因為期程改變（總統立委合併投票），上次大選（二〇一六年一月）你還沒滿二十歲，今年你第一次可以選舉總統，大概也算是「總統票的首投族」吧。

一九九六年三月，台灣首度舉行總統大選，因此每個選民都是「總統票的首投族」。當時中國對台灣要舉行總統直選反應激烈，在台灣海峽軍事演習與飛彈試射，情勢頗為緊張。面對中國的恫嚇，世界各地的台灣人團結一致，當時我在美國念研究所，台灣留學生們發起串連，同步在各城市街頭舉行宣講抗議中國的軍事威脅。當時我弟弟正在金門當兵，進入戰備狀態，睡覺都要抱著鋼盔，家人不免提心吊膽。他寫信跟我說，一直覺得當兵浪費生命，但此時覺得很有意義！這是我每次想到都會眼眶泛紅的記憶。

我認為當時最重要的行動是——絕大多數的台灣人出門投票，台灣「總統票的首投族」有百分之七十六的投票率！台灣人以行動肯認這場選舉的劃時代意義：其一為再度確認「台灣（正式國號中華民國）是一個國家」，有自己的總統、政府、軍隊、土地與人民；其二則是「台灣是真正的民主國家」，總統不再由萬年國會推舉，而是人民直選，且多組候選人公平競爭。

這兩項都與中國的主張大相逕庭，在中國軍事威脅下，台灣人民選擇以「投下總統票」來肯認台灣是民主的國家。每四年一次，每四年再肯認一次。

今年的總統選舉首投族，從出生以來就有總統大選，那已經是台灣生活的一部分，理所當然。但其實這樣的權利得來不易，需要認真守護。

什麼人當選固然重要，然而台灣人去投票，選擇的不只是某個候選人，是民主的國家，是不畏恐嚇、有尊嚴的國家。我們有共識，我們站在同一塊土地上。

選舉有什麼好？

我覺得有選舉，真好。

熱愛選舉、珍惜投票的芭樂人類學家

有的戰場
開在身體上

歪的力量

泰國BL文化的跨境流布與政治動能

林育生

隨波逐流旅行與學習，懷著對泰國邊境南島語族的興趣踏上微笑國度，卻遇上台泰遷動跨國移工，因緣再入繽紛宗教世界，及邂逅多元性／別的虛實交織。期待在泰國和東南亞遇到下一個驚喜。現任職於中研院人社中心。

在跨地域的網路串連下，二〇二〇年台泰港網民間形成了名為「奶茶聯盟」（Milk Tea Alliance）的社群網絡連結。這個聯盟根基於三地網民們對於威權反抗的政治號召，並以珍珠奶茶、泰式奶茶、絲襪奶茶等三地知名飲品的共同性「奶茶」作為象徵。然細究這個聯盟的起源，卻是導因於亞洲跨國的BL文化交流，尤其是泰國BL作品的跨境流布。BL（Boy's Love）為描述男性之間戀愛與性關係的文類，此一稱呼在日本約可溯自七〇年代初，表現形式多為動漫與小說，後來漸傳至東亞、東南亞各個國家地域，開始有許多各地的不同面貌。大約在八〇年代末，BL也同樣在這種跨境流布中進到泰國。但其實過去BL文化與現實政治之間存在著鴻溝，不少人認為愛好社群與虛擬世界和真實生活及政治動態是無關的。這篇文章想要從這些討論出發，談談泰國的BL作品如何跨越這道鴻溝，傳播至亞洲各地，並形成實際的政治及社會影響。

BL作品及其形成的社群，過去實有許多矛盾處：雖然講述的是男性之間的戀愛與性，但在各地的閱聽者主要仍多以異性戀女性為主，其描繪的幻想故事常被論為與現實男同志生活有極大距離；看起來似乎是異性戀父權體制對女性性壓抑下的一種解放，但其中又常堅守「攻」、「受」等二元對立的關係模式，且女性角色常淪為次要，因而受到不少女性主義角度的批評；BL同好社群也發展出將其他作品角色甚或是異性戀的現實人物做同性配對，但又有不少人認為這只是個人想像與愛好，因而仍保持與實際政治和社會間的距離。

不過，近來這些看似固定的模式，在不同時空的跨境流變中也開始產生了變化，泰國尤其是個很好的例子。

有研究者把泰國稱為亞洲ＢＬ文化的中繼站，一方面吸收了來自東亞的文化要素，卻又形成自己的特色，再輸出到其他亞洲國家地域。ＢＬ大約在八〇年代末才開始從日本流入泰國，只不過當今在泰國的發展，反而是基於泰國的文化想像，而形成結合日本、韓國兩地特色的「日韓文化」（Koreapanese）綜合體：例如ＢＬ在泰國的名稱「Yaoi」即借自日文；其中受歡迎的男性，多是較為中性而被稱為「軟性陽剛氣質」（soft masculinity）的韓國男星風格。但是另一方面也可以看到，相較過去日本ＢＬ作品多是「２Ｄ」的動漫及小說，近年具有泰國特色的真人演出ＢＬ影視風潮，不只活躍於泰國，更進一步傳布到亞洲各國地域，並形成各地的ＢＬ影視風氣。

愛在暹羅：近年泰國的ＢＬ影視風潮

泰國過去影視作品中，不乏多元性別的角色出現，但最常見的應是被稱為*Kathoey*的陰柔氣質生理男性，且大多是配角，扮演搞笑角色。後來也有些作品開始討論「gay丈夫」這樣的角色，也就是女性懷疑自己結婚的先生可能是gay，然而這種角色仍不脫其配角的性質。如二〇〇六年的電影《鸞鳳和鳴》（*แก๊งชะนีกับอีแอบ, Metrosexual*），就講述了五位女性閨密，懷疑她們的朋友之一即將跟可能實際上是gay的男性結婚，繼而想要探究真相所發展出的趣味故事。

二〇〇七年的兩部泰國同志電影帶來了不同面貌。一部是由導演普安農（Poj Arnon）編劇兼執導的《曼谷愛情故事》（*เพื่อน...กูรักมึงว่ะ, Bangkok Love Story*），故事敘述男性警察與男性殺手間的愛情故事，警察、殺手這兩種具陽剛氣質男性間的戀愛故事，過去在泰國十分少見。另一部由楚克薩克瑞科（Chookiat Sakveerakul）編劇兼執導的《愛在暹羅》（*รักแห่งสยาม, Love of Siam*）則形成另類話題，故事中雖涉及同性情誼，但從海報到初期宣傳的預告片，都讓人有青春男女愛情片的錯覺，不少觀眾直到走進戲院才發現內容是男性同性情愫，因而引起話題討論。另外，相較於《曼谷愛情故事》，《愛在暹羅》除了同性情節的創舉，也是當時少有的討論青少年情欲之作品。這兩部先鋒作，為接下來泰國的多元性別相關電影打頭陣，帶出後續的作品風潮。

但泰國BL作品在亞洲他地真正廣為流傳的並非電影，而是連續劇。與電影類似，連續劇也存在一部先鋒作，是二〇一三到二〇一五年間由泰國GTH製作，分為三季播放的青春校園劇《荷爾蒙》（*ฮอร์โมนส์ วัยว้าวุ่น, Hormones*）。這部作品雖不是以同志情節為主軸，還包含了諸如男女性愛、未婚懷孕、毒品、暴力、家庭學校動盪等議題，但因為有別於過去泰劇陳舊的公式化情節（富有家族的生意競爭、男女主角虐戀、女配角對女主角的極力陷害），聚焦於青少年校園生活，再加上透過網路平台放映，因而受到青少年觀眾歡迎，也成為後續戲劇製作的榜樣。在此後，數部網路BL小說改編的戲劇作品，也都有類似的以校園生活為主的情節設定，例如《為愛所困》（*เลิฟซิค เดอะซีรีส์ รักวุ่น วัยรุ่นแสบ, Love Sick The Series*）、《一年生》（*พี่ว้ากตัวร้ายกับนายปีหนึ่ง, SOTUS The Series*）等，因而開發了相關的影視市場。

這些作品一方面因鎖定網路世代青少年，開展與過去泰國影視戲劇不一樣的內容，更有諸如多元性別議題等空間。另一方面，較之過去在他國以小說和動漫為主的虛擬角色作品，電影與戲劇的真人演出，模糊了想像與真實間的分野，並進一步透過網路傳播到亞洲其他地域。

虛幻與真實：歪女與頂女的文化實作

如同日本等地的BL作品，泰國BL小說、影視作品最基本的閱聽眾也是女性。日本或台灣稱這些女性為「腐女子」或「腐女」，在泰國，這群女性則被稱為「歪女」（*สาววาย, Sao Y*）。Y這個字來自日本BL作品的俗稱Yaoi（やおい）（女性同性愛作品在日本則稱為「百合」〔Yuri〕，亦是Y開頭）。也因此，BL戲劇作品在泰國被稱為Y Series（*ซีรีส์วาย, Series*

Wai）。這些歪女尤以年輕女性為主，*sao* 這個字在泰文中通常用來指未結婚的青少年女性，這樣的群體其實常和另一群被稱為「頂女」（*สาวติ่ง, Sao ting*）的年輕女性重疊。「頂女」指的是喜歡韓國男星的年輕女性，「頂」（*ting*）這個字來自「耳垂」（*tinghu*），一開始指的是因髮規而通常將頭髮剪到耳垂的國、高中女學生，她們剛好也正是瘋迷韓國男星的主要群體。這群重疊性極高的「歪女」和「頂女」，可說正是前述因應新興網路世代所生產出的ＢＬ影視作品的最重要發展原因。

這樣的重疊也形成了泰國特殊的ＢＬ文化——打破虛幻與真實的疆界。過去ＢＬ常有在ＢＬ幻想與現實男同志生活、現實政治社會間的矛盾，然而在泰國卻形成了特殊的發展，模糊了兩者間的界線。一如其他地區，歪女們除了被動地接受小說、影視等文化商品，也積極地創造不同現實人物的配對。就像日本稱為配對（カップリング，coupling）、台灣稱為ＣＰ，或英文稱為shipping的捉對方式，泰國也會將很多現實人物*ship*（*ชิป*）以作為配對。這樣的配對也常常被稱為「幻想配對」（*คู่จิ้น, khujin*。*khu* 指的是伴侶、配偶；*jin* 則意指想像imagine）。這種來自歪女和頂女們的想像，常會把韓星偶像、政治人物，或是校園及網紅等實際人物，甚或不一定是男同志的對象也抓來配對。例如受年輕人支持卻在二〇二〇年被解散的政黨「新未來黨」（*พรรคอนาคตใหม่*, Future Forward Party），在成立之初，兩位都已婚的靈魂人物塔納通（*ธนาธร จึงรุ่งเรืองกิจ, Thanathon Chuengrungrueangkit*）與比亞布（*ปิยบุตร แสงกนกกุล, Piyabut*

Saengkanokkun）也被歪女*ship*成為「幻想配對」。

但有趣的是，對泰國的歪女和頂女們來說，這樣的配對不止於「想像」，她們也會期待這些「幻想配對」在現實生活中有真實的、男性間的親密互動，有些甚至會透過網路等媒介要求這些配對不應該與其他的女性交往。有些男性網紅或演員的配對也的確會遵守這樣的要求，在戲外扮演好「幻想配對」的角色。但近來，有些歪女會更進一步，直接找真實的男同志成為她們幻想的對象，這樣的配對被稱為「男同志愛侶」（*คู่รักเกย์, khurak gay*），也使得這些男同志配對變成了如明星般受關注的對象，模糊了過去BL文化中，介於想像與男同志、實際人物間的界線。

另一方面，過去常被批評的BL角色與真實男同志主流風格的差距，在泰國也非常曖昧不清。歪女和頂女們熱衷的Y Series與韓國男星，其風格多為外表清秀的「軟性陽剛氣質」美男子風格，雖然過去認為這和男同志對於主流陽剛身材的偏好十分不同，但由於Y Series與韓國男星的流行，使得泰國一般生活中也反而更為接受此類美男子風格。就像前述二〇〇七年上映的兩部電影，比起《曼谷愛情故事》的陽剛氣質，《愛在暹羅》的清秀學生風格就更受到歡迎。而此種風格也常成為一般生活中人們拍照的模範，這些都挑戰了過去認為BL作品的想像虛幻，與現實生活中有距離的說法。

奶茶聯盟：從BL文化到跨國論戰

泰國作為亞洲ＢＬ文化的中繼站，除吸取日韓要素發展自身特色，同時也向亞洲其他地區傳布。而泰國近十數年來ＢＬ影視戲劇作品的廣泛流布除了透過跨國商業上映，更多是靠網路傳播，許多在泰國上映的ＢＬ戲劇作品，常透過非商業販售的字幕組製作、網路串流平台及跨國家地域的愛好社群分享，流傳到各地。有些商業性的網路串流平台也嗅到商機，開始引進泰國的ＢＬ作品，並進一步開始自製ＢＬ戲劇作品，例如台灣的LINE TV除了引進泰國作品外，也收購了製作過HIStory、HIStory2系列的CHOCO TV（其中《是非》一劇的角色設定還是位考古人類學家，辦公室還掛著《臺灣人類學刊》的海報），或是如GagaOOLala影音平台也引進過類似戲劇作品。此外，一些泰國Y Series出現的年輕演員們也常會辦跨國粉絲見面會，進一步推波助瀾此類跨國ＢＬ文化。

串連起近來台泰港「奶茶聯盟」的導火線，正是前述這些由泰國發展、進而跨國流布的ＢＬ文化。二〇二〇年泰國ＢＬ劇《只因我們天生一對》（*เพราะเราคู่กัน, 2gether The Series*）放送期間，正如前面提到的泰國歪女與頂女的粉絲文化，希望劇中角色作為「幻想配對」在戲裡戲外都扮演如實的配對角色。然而男主角之一的泰國男星Bright，卻在這段期間仍與戲外的正牌女友耍甜蜜，因而引起中國粉絲的不滿，開始去搜查Bright女友的ＩＧ照片，翻出多年前他們之間的一段對話。一開始Bright問女友：「真漂亮，好像中國女孩。」女友回他：「什麼！」後來又有另一網友問她：「是什麼風格？」女友則回答：「台灣女孩哦嗯！」因而引爆了後來中國網友與泰國網友間的網路及迷因大戰，再加上台灣及香港網友的參戰，各方後來都以Bright女友IG的帳號#nnevvy作為關鍵字，進而形成了之後台灣、泰國、香港間「奶茶聯盟」的跨域連結。

歪頂力量：泰國國內的政治參與

泰國BL文化的跨國傳布，不只影響了跨域的政治結盟，其基於年輕人的社群串連形成了泰國政治運動中的另一動能，而不再侷限於過去個人的幻想世界。泰國歪女和頂女的社群集結聚焦在Twitter，瘋韓國的頂女們尤其熱衷，根據二〇二〇年Twitter資料，關於K-Pop的推特數量，泰國高居第一（第二為南韓，第三為印尼）。這些社群並非在一開始即關心政治話題，但早已累積了許多社群互動及動員的能力，例如分享訊息、關鍵字（#）集結、集資，和呼籲韓星出面說明的Call Out文化。這些以國、高中女學生為主的社群在近幾年因為泰國年輕人逐漸對幾個相關政治事件的關注（例如政治異議者在柬埔寨失蹤事件、年輕人支持的政黨解散事件等），也開始透過社群媒體分享訊息，並成為動員集結人群資金參與政治活動的平台。尤其是後來無領導、快速動員的政治運動模式，歪女和頂女的網路社群成為一股重要的力量。而泰國學者也指出，近來參與泰國政治運動集會的年輕女性實多於男性。

除了分享訊息、實際參與外，其集資風氣也成為另一波支援政治運動的動力。許多仍在就讀國、高中的歪女和頂女手頭上的錢不多，但透過集資往往可達成一定金額，過去作為慶祝支持藝人生日或出道紀念，或是做應援牌子及相關商品而使用。此類集資往往會買曼谷捷運系統（BTS、MRT）的廣告看版，但二〇二〇年年中曼谷的政治運動，政府為了避免參與者的快速集結，而讓BTS、MRT配合關閉營運，引發這些愛好社群的抵制，紛紛把集資轉向其他個人經營的交通方式，如Tuk-Tuk車，或是在政治運動現場的小販（因其消息靈通，總是比政府和參與者更早一步到現場，常被戲稱為CIA），成為另類的政治抵抗。

＊＊＊

過去像歪女和頂女這樣的社群，在泰國社會中常具負面形象，如批評她們不務正事、沒有收入卻又在許多商品上花費大量金錢等。然而，近來我們可以看到她們的關心與行動並非僅侷限於自己的社群，也不只是透過想像與幻想來回應社會的限制，反而積極地透過她們的人群集結與文化模式，來和這個社會有更積極的互動。

泰國的BL文化作為一亞洲中繼站，有吸收日韓文化的一面，卻也同時有其獨自特色，並跨境傳播到亞洲各地。相較於早期的小說和動漫，泰國電影及連續劇的Y Series，以及所形成的歪女和頂女的BL文化，使其超越了虛幻和現實的界線，並進一步影響亞洲跨境的政治結盟，與泰國境內的社會運動。

另類爸爸節

林文玲

近年著力走路／體現式知識作為方法的原住民偏鄉道路與傳統路徑研究。著述論點從人為中心稍微偏移，試圖尋索非人角度的敘說可能。近期著作〈活力的部落，培力的評鑑？原住民族部落活力計畫現場的民族誌觀察〉（2020）。

沒有血緣、姻緣，卻有照顧與陪伴

在花蓮一個八月天的午後，與一位朋友見面。他是身手俐落、外表看起來比實際年齡小很多的中年有型跨性T，人稱「二哥」。閒聊一陣，二哥忽然提起前幾天，他收到他的伴的十六歲女兒給他的一張卡片，上面寫著感謝我這位朋友十多年來對她的養育與付出。二哥語氣平靜娓娓道來的事情，原來是一張爸爸節感恩卡的故事。二哥與他的伴已經在一起生活十二、三年，當年只有三歲的小女孩，現在也已經是個青少年了。小女孩與二哥沒有血緣關係，也沒有姻親的正式連帶，卻因為多年一起生活，有了照顧、養育以及陪伴的實質生活互動和關係維繫，形成彼此之間認定的親人關係，並建立起了家人的情感。小小卡片、尋常感恩文字，因連繫著「不尋常」關係的兩端人，而顯得意味深長。

送卡片的女孩將「二哥」視為「父親」，表達自己感謝他的養育之恩，這是互動雙方於社會／性別／角色的相互理解與體認上的主觀生發與相互肯認。其中有一部分來自於二哥將勞動所得貢獻給這個家，以及家中成員間情感的相互支持。然而，二哥所建立的家的確與一般的家庭稍有不同。基本上，這個「家」或「家戶」的形成不是以生殖、繁衍概念為核心，伴侶也不是由一男一女的對立性別組成。這個家庭的女兒對跨性T爸爸的稱呼與認知，實踐了某種親屬關係，並將複雜的社會連繫含納進來。這樣的「親屬連結」與台灣最常見的親緣規則和其操作方式不大相同。長大的女孩將性別不是「男性」的人視為父親，又將這位與自己沒有血緣關係的人視為母親的「先生」、自己的「爸爸」。這些再尋常不過的稱謂，有了不同卻更豐富的意涵，並將親屬的意義、家人的關係另闢蹊徑，做了另一種層次的轉化。

二哥為人父母，在他的日常生活中，擾動了男女的二元整齊劃分，而這個擾動不僅僅出現在性別的越界以及角色的扮演，還出現在日常生活互動以及相互關係的維護和經營。十六歲的女兒就讀女校，常邀請學校好友來二哥的家裡玩，這位好友對女兒送「爸爸卡」給二哥這件事有一些不同的見解。她說：

> 妳這位「爸爸」會聽妳講心事，上次妳失戀難過哭泣，他一邊安撫妳又一直講笑話想逗妳開心。雖然來妳家我叫他「阿叔」，但我覺得他超像「媽媽」……，(因為)「爸爸」才不會那麼體貼！

女孩們的對話指出了她們各自對家庭生活與功能運作的多層想像，鑲嵌在深刻的性別化家庭關係腳本之中，一種「男女分立且有別」的傳統家庭想像。當跨性別者進入家庭或為人父母，她們除了可能肩負起另一種性別的角色與責任，在許多情況下，原本男性化或女性化的性別養成，依舊會滲入家庭關係的每日互動當中並發揮效用。在家的形構當中，跨性別者的性別越界也有潛能開展某種「偏離」常規的微小互動。看似微小，卻能充分地反映出被擾動的、原本僵化的性別規範及體制。

就跟許多異性戀家庭必須學習做出家庭的樣子那般，二哥的成家之道也一點都不理所當然。他們的家是聚合了各種作為與許多努力而獲致的。這些作為與努力包括分擔家務、照顧陪伴家人與小孩、從事生計活動、提供所得、承擔彼此的情緒與情感。這樣一種經由體力、情緒以及情感勞動，付出貢獻並服務他人，經營且維繫了彼此的關係，並在周圍人的回應與回饋的態度及體認中，形成一種具有「家」的意涵與功能的性別關係。也就是說，家不只是一個人的事，家有其作為社會機制的顯著內涵，並有相對固定的角色扮演與責任訴求，除了滿足如照顧成員這類社會基本需求，更為其成員提供了情感上的支持。

二哥的家可以說是在不斷努力與持續付出的過程中「做」出來的，二哥「跨性T爸爸」的某種性別樣態是這個「家」的一項產出／成果。這個成果來自於家中成員的長期互動，以及互動中對彼此的自我意識、身分認同，以及性別觀想的覺察、體會與認識。所以，「跨性別」在此不僅僅描述一個人的性別身分，更指涉一種較為特殊的長期的關係性，是親密關係於家庭或社區生活中的來回往返，以及對相互關係之肯認過程。

或許，有人會覺得以「爸爸」、「阿叔」來稱呼二哥，是就著「異性戀」規範下的理解所進行的表達。但不可諱言，這裡的「爸爸」、「阿叔」所座落的關係脈絡與具體互動下所投注的「認識」，讓這兩個深刻植基在異性戀框架下的詞彙別有況味，透露著某種「歧出意涵」。這些親屬稱謂讓完全沒有血親或姻親關係之人，透過詞彙的象徵連結成為一家人，創造一種親屬形式以及家的組合。二哥他們有點另類的「家」隱含著轉換的機制，讓二哥的性別樣態在社會文化「既定」的性別架構之下，得以伸展並存活下來。不只存活下來，而且讓爸爸的樣貌，變得更溫柔、更體貼。

有人的「爸爸」是女人嗎？

這句話是執導挪威紀錄片《父親的衣櫃》（*All About My Father*）的年輕紀錄片工作者，對著鏡頭前他那位年近五十歲、有著變裝與變性欲的父親，所發出的強烈質疑與痛苦嘶喊。的確，現今多數社會的「父親」是生理男性，但如同二哥的故事所示，雖然數量很少，台灣也開始有跨性別的爸爸與媽媽。

跨性別父母的出現，足以讓社會反省原先人們視為理所當然、但其實來自於強制規定的男女二分性別樣態。下面我想分享的小喵的故事，即充分顯露出讓性與性別必須有一對一相符關係的社會約束。

小喵從專科技職學校畢業後就與交往多年的女朋友結婚，婚後生活、工作、家居循序進行，一切上軌道。過了兩、三年，小喵身體中一直以來的某種聲音逐漸出現，一種想當「女生」的欲求聲音。小喵開始正面應對這種來自自己的「訴求」，於是與妻子、父母、所屬教會牧師開始談論並處理這件棘手的事情。

小喵的太太不能理解與諒解，這位內外都相當「稱職」的外子為何想當女生，而且積極地去看精神科門診，計畫進行變性手術。由於雙方對性別變更沒有共識，妻子強調自己只愛男生，心理、身體上都無法接受「同性」關係，因此兩人決定訴請離婚。處理離婚的同時，小喵也進了手術房，以外科方式變更自己的生理性別。順利完成變性手術，正於術後休養中的小喵卻「震驚」地聽到妻子懷孕的消息，她不確定這是妻子與現任男友的、還是與自己的孩子。小喵當時心情複雜而忐忑，心想才成功地變性，身心狀態都調適得相當良好，正要開始「正港」女人的生涯。沒想到，變成「道道地地」的女人後，卻得知自己可能要當爸爸，而且是一個「女-爸爸」！她覺得自己的人生怎會如此「戲劇化」！

小喵說她當時被將要誕生的寶寶弄得腦袋一片混亂，擱置性別變更登記，也暫緩辦理離婚手續。小喵做了幾項「假設」，如果小孩是妻子男友的，事情應該單純許多。而且，如果妻子最後與她的男友結婚，小孩「裡裡外外的」父親，當然都是這位男士。但，如果小孩是小喵的「種」，那麼事情就變得複雜而嚴肅，因為在這種情況下，已變了性的小喵要如何建立與小孩的關係，以及如何合乎邏輯地解釋她跟小孩的親子關係呢？小喵她很難想像。

畢竟，生小孩與養小孩，都是在一定的社會框架與規範下進行的。孩子是這個社會群體的一員。社會群體的成員在發展對自身意義重大的關係的過程中，往往有一些被迫要遵循的實踐。

基於當代社會以核心家庭為主的生活形態，以及家內成員於經濟、教養，以及情感各個層面的緊密關聯，再加上隨之而生的責任義務，使得小喵急欲釐清誰是小孩的父親。異性戀核心家庭的親密關係想像，雖然立基於一夫一妻的設想與制度，實際上卻與整個現代社會的法權制度緊密連結。小喵的小家庭原本只要依循法律程序就可以解除，也可經由基因檢測鑑定彼此的親子關係，釐清小孩的歸屬問題。不過，小喵進行的性別變更，使得考慮及處理前述問題時，還需納入台灣對變性的規定。當時，內政部對變性的唯一明文規定，是戶政機關受理性別變更登記時的認定要件：

一、申請女變男之變性者，須持經二位精神專科醫師評估鑑定之診斷書及合格醫療機構開具已摘除女性性器官，包括乳房、子宮、卵巢之手術完成診斷書。

二、男變女者，須持經二位精神科專科醫師評估鑑定之診斷書及合格醫療機構開具已摘除男性性器官，包括陰莖及睪丸之手術完成診斷書。（內政部九十七年十一月三日內授中戶字第○九七○○六六二四○號令）

男變女的小喵遵照「正規的」變性手術，摘除男性性器官與性腺，因而從任何角度來看（生物學或社會意涵上），小喵幾乎已經不可能是一位「父親」。另外，雖然台灣過去有豐富的收養傳統，但對於血緣也仍有固定迷思。當「文化所認定生殖上的父親」（genitor）、「生物學意義上的生殖父親」（genetic father）以及社會父親（pater）這三者無法重疊時，有的人或許會感到徬徨，如同小喵。事實上，當小喵在尋索適切的應對方式時，面臨極大困境，甚至懷疑自己是否違逆、逾越了上帝創造男與女這兩種「自然」性別，因而遭到「懲罰」。

身為爸爸的性別彈性

跨性別者能不能、或該不該是「爸爸」、「媽媽」，這件令人困擾的事，或許可從非洲的「女–丈夫」找到解惑與解套的方法。過去與當代西非有些地方的女人很會賺錢，積累了相當的財富，不想嫁為人婦，將勞動辛苦所得奉獻給夫家。她們援用傳統既有的方式：帶著一筆聘金到別人家提親，談成之後將這個家的年輕女兒娶進來，當自己的「妻子」，自己成為妻子的「丈夫」，享有一定的丈夫權利，成為一位「女–丈夫」。不過，如果不藉由現代人工生殖技術的輔助，女–丈夫與妻子如何能有後代以傳下姓氏、名諱或繼承家產？

伊凡－普理查（Edward Evans-Pritchard）的研究發現，在努爾人（Nuer）的社會，一個女人如果不能有小孩，可能會去迎娶一個女人當妻子。這個被迎娶的女人會與男人發生性關係並懷孕，生下的小孩稱娶妻的那位女人為「父親」，並且透過這位「父親」的父系世系繼承財產。由於小孩通常不能透過女人繼承財產，娶妻的那位女人，因小孩的出生成為社會父親的當下，就轉變成「社會男人」，也獲得了繼承財產的權利。努爾人「女－丈夫」、「女－父親」這種相當歧出於我們對性別二分與對立互補的秩序（想望）與社會部署，如果能夠援引至我們社會中對於跨性別者的家庭組成以及親權認可的論辯與思考，或許可以稍稍解除如同小喵這樣的當事人所面臨的壓力與掙扎。

對人類學家來說，親屬制度不只是一個生物性的親屬名稱，它是個常常與實際的遺傳關係相矛盾的、有關類別與地位的一套體系。民族誌的案例讓我們知道，許多社會界定的親屬地位，其實優先於生物界定的親屬地位。這對於生活在既定社會文化框架下、習慣既有價值觀的人來說，是一種幾乎不太有機會親近到的性別視野。

如果說小喵的故事讓人看見既有的異性戀家庭霸權體制，那麼或許二哥的故事可以幫助我們暫時脫離這些囚牢。二哥與他非親生的女兒讓我們知道，就在我們的周遭，一直都隱隱存在著那些沒有血緣、沒有姻緣，卻有照顧與陪伴的「家」。沒有血緣，沒有姻緣，卻有比血還濃的親情。

情緒勞動

從女僕咖啡店到慈濟志工的一場思辨之旅

李宜澤

長在芭樂園裡的檳榔樹。從心理學走向人類學；從阿美族傳統祭儀與發酵製作，走向環境人文與原住民取向STS研究。
在人類學的研究與書寫過程裡，最喜歡重新思考田野工作中時間與空間的多樣組合，如何重新定義參與觀察者，研究協作對象，以及人類學這門迷人的學科。

作為大學教師，我發現每個學期都有學生因為經濟壓力去打工，甚至為了打工而上課遲到。簡單詢問了之後，我了解到N大學生通常會尋找兩種工作機會：一種是便利商店或百貨賣場等類型的時薪櫃檯人員，另一種是在民宿旅社或餐飲空間做整理送餐的客服人員。這兩種工作大致符合同學對於「打工」的想像：工作內容重複且不需太高的知識門檻。但他們卻也因而陷入時薪不高、難以累積工作經歷，進而必須轉換不同工作的困境。

為了讓同學們更了解自己的處境，我在「應用人類學」課堂上詢問大家，這兩種工作有什麼共同點？大部分的同學都可以列舉：工作不需經驗、時薪不高也無法升遷，另外還有工作時間無法選擇，必須由賣場或者雇主輪班分配。我又問，那這樣的工作和在工廠裡面輪班的黑手工人，有什麼不一樣？同學們大都表示，技術與體力層次不同，而且服務類型的工作和黑手不一樣，是更能接觸到顧客的勞動類型。同學們似乎沒有發現，自己除了在「技術」和「勞力」之外，其實還提供了另一種服務。

斯斯有兩種，勞動有三種

於是，我在課堂上提出社會學已經討論許久的「情緒勞動」。如同斯斯有兩種，依據張晉芬老師在《勞動社會學》一書中的分類，「勞動」至少有三種，分別是：「一般生產勞動」、

「非正式勞動」，以及「情緒勞動」。這些不同的勞動分別可以用三種情境來代表：工廠與辦公室工作、非法工作或者無給付之地下經濟活動，以及展示工作或者照護勞動。另一方面，這三種勞動並非彼此排斥而互不相關。舉例來說，辦公室工作雖然是腦力勞動，卻常常要跟同事勾心鬥角，也要注意在不同的時候為老闆或同事提供可能的非給付性服務。從這三個類別來看，身為大學生的打工者，如果工作場域多半是服務與輪班性質的櫃檯場合，除了實體商品的販賣之外，更重要的，就是讓自己透過情緒的操作以達到僱用單位要求的工作內容。這些內容通常是對於顧客的需求能夠立刻反應，進而成為商店的門面。

然而也有同學發現，這些要求是矛盾的。比如在麥當勞做點餐員的時候，情緒上要很有活力，但是在體力上，卻可能因無法讓人好好休息的輪班制度，或過長的工作時數，而影響工作表現。一位同學提到她曾經在賣場客串 show girl 以及民族舞團出外表演的經驗。這類工作需要在表演時段把自己的情緒及精神調整到最好的狀態，卻可能因為剛好碰到身體不適或連續幾天的勞累，無法如預期地表現，而被雇主或同伴投以嫌惡的眼光，令她頗為無奈。情緒勞動在於雇主或顧客的需求要透過勞動者的情緒活動才得以滿足；因此，勞動者在生產與消費關係中對於個人能動性的操作，與工作的情境脈絡有絕對的關係。

情緒勞動裡的能動性

以女僕咖啡店所做的田野研究為例，表面上看起來是女僕被動地接受男顧客的要求，但其實兩邊的權力關係常常受到情境影響而有不同的展現。李明璁和林孟穎在〈從情緒勞動到表演勞動：台北女僕喫茶咖啡館之民族誌初探〉一文的分析中，認為這是把情緒勞動變成「表演勞動」：雖然情緒勞動強調「表現出發自內心的真情表達」（即使並非如此也必須「像是如此」），但在女僕咖啡館其實有另一套標準：重點不是看起來像不像真誠地在服務，而是能不能把自己和顧客一起帶到有動漫感的世界裡。在女僕咖啡的消費過程中，女僕可能需要表演一些能讓主人參與的動漫「把戲」，但最重要的，是讓主人沉浸在這個環境裡，並且以主動出擊的方式讓主人覺得有被「照顧」到。

當然，女僕的行動也不見得每次都能夠順利滿足主人。網路平台上的旅台日本女僕名人小百合，就細數了三種在台灣女僕咖啡店裡可能不太會得到回應的「尷尬場面」，包括：一、女僕跟主人猜拳輸了之後可以「懲罰」主人，二、女僕會有許多「把東西變好吃／喝」的魔法，三、在主人的餐點上用調味料寫主人的名字。這三種情境在日本文化受到歡迎，但是台灣顧客似乎相對無感，或許反映著台日文化差異。

當我在課堂上模仿「小百合」表演「把東西變好吃」的魔法給同學看時，同學似乎有掌握到身為老師的我，大概就是個「希望他們進入學習情境的男僕」，正在進行所謂的「情緒勞動」。但我偶爾也會跟女僕一樣，展現懲罰「主人」的能動性。我沒有去過女僕咖啡店，但去過酒店這類以「勸人喝酒」為主要目的的消費場合。這類消費場合跟女僕咖啡店的勞動脈絡頗為相似，差別在於如何讓情緒勞動對象的消費顧客走進特定的性別展演世界。同樣有敬酒划拳、懲罰喝酒的表演過程，酒店工作者通常也有讓酒客喝得更多，或者進入酒店文化所設定的拚酒模式的「魔法」，好讓酒客的男子氣概得以在互動過程中「自然顯現」，並且在酒店裡植入與外在工作環境平行交錯的互動關係。[1]

從服務業到社會志工

然而，當表演與情緒勞動的模型從性別展演的消費場合，轉移到更廣義的照顧活動，我們發現「情緒勞動」的討論，從照顧客人在特定消費場域的情緒，到非營利活動中動員所有人照顧他人的道德情緒，跨越了個人消費感受而走向新自由主義的操控。這裡指的是許多與社工以及臨床照護相關的工作，且多半與是否能使照護者把情緒的展現和觸發，轉

1 請參考陳美華關於酒店文化的研究。

變為協助與行動的工具性質有關。[2] 從消費「情緒勞動」到動員「勞動情緒」之間，最主要的差別在於，這些情緒的勞動是否僅僅藉由特定資本消費模式複製與再生產，以及是否受到國家將社會福利外包化、道德化後，人們對於情緒動員的積極操作與自我監控。

當我請同學們針對情緒勞動的關鍵字做網路搜尋，結果發現最頻繁使用這個概念的，是教育學院以及管理學院裡的情緒管理議題。對於「情緒勞動」的研究，大多走向「服務人員工作壓力的情緒勞動分析」、「國小教師情緒勞動的心理分析歷程」等等題材。一方面我們看到的是情緒勞動在資本主義形態下，以進行自我規訓的方式，重新被分派在照顧行動的生產裡；另一方面則是情緒勞動的議題從情緒種類的理解進入到勞動「品質」的監控與要求。

其實，這樣從個人情緒到集體情感的轉變在迫切需要情緒撫慰的社會氛圍中，看來並不令人陌生或訝異。不過更進一步來說，在當代社會裡最能夠引起情緒勞動甚至品質要求的議題，不是在機構裡已行之有年的照護工作，而是近來各種形態的「志工」活動。從學校裡的「服務學習」，到宗教團體（例如慈濟功德會或者世界展望會）所推廣的志工服務，都屬於這類志工活動的一種。在〈論後福特主義時代義大利的情緒勞動〉（On Affective Labor in Post-Fordist Italy）一文中，人類學家安瑞亞．穆勒巴赫（Andrea Muehlebach）討論義大利戰後大量產生的志願工作，將志工描述為「作為價值自我證成與再生產的情緒勞務」。她討論了義大利從八〇年代以來如雨後春筍般出現的志工團體，並且探訪在醫療機構裡面的志工。她發現在訓練「市民與成長」的課程中，主持人要學員觀察與討論，許多孤苦老人以及殘障者生活上的困難之處，並且問這些學員，在這種狀況下需要誰的介入。學員回答「政府」，主持人同意之餘，也說：「但公共政策不該使我們『去責化』，這也就是我們為何在這裡。我們需要盡一份共同的責任。」公共議題「道德化」以及如何將服務機制「私有化」的過程，與這種情緒動員以及志工模式的操作息息相關，也因此有了「志願文化」的推動。在民族誌訪談裡，她直接詢問志工，自己與專業醫療人員在現場行動的差別是什麼？志工瞪大眼睛（似乎難以置信她的問題）回應她說：「是愛啊！（難道你看不出來嗎？）」

是啊，就是對於社會無窮盡也「無主」（無法確定該謝的人，就謝天；不，謝國家吧！我就是要讓你起雞皮疙瘩！）的愛，我們的情緒勞動在國家把社會福利外包之後，變成了道德經濟下的「救援網絡」。公共照顧事務的志工化運作，把照顧責任從原有的家庭女性或專業機構化中轉移出來，交給了暫時沒有工作的失業者或退休人員，一群「情緒上被動員的公民」。這種動員在穆勒巴赫的義大利社會歷史分析下，與早期以「法西斯」後期形成的國家動員息息相關。義大利社會中宗教團體宣誓「社會應該被轉化為『無私地給予』以及『真

2 可參考黃克先，〈助人專業與多元情緒勞動：社工員與常民助人者服務外籍配偶的比較研究〉。

誠的愛』」，在此社福烏托邦中，人們自發性地走進國家後福特主義的工作模式中，並且脫離原來對於工作情境自主性的要求。法西斯的國家動員，成為後來公共照顧事務志工化的基礎。

這樣的場景在台灣其實完全不陌生。早期因為國家主義政策而出現的勞軍捐獻、防癆郵票、紅十字會募款、愛心撲滿等等，一方面激發國民的「愛國情緒」，一方面進入為國家而行的「道德動員」。五、六年級以上的讀者也許仍然記得，早期電視上的「軟性愛國節目」裡，除了「勞軍義演」類型的演出，最令人印象深刻的應該就是中視早年的長青節目「愛心」。你甚至可能還記得，那首費玉清演唱，令人泫然落淚的主題曲：「請你，把愛心，散播在每個角落……」或許，台灣就像義大利那樣，現在的志工服務模式，也建立在過去愛國時代的這種「愛心勞動」的基礎之上。

從志工到志業：當代的組織化情緒勞動

慈濟功德會的環保回收活動，以及每次在重大災難時可以看到的慈濟志工組織，應該是我們最熟悉的志工與慈善「情緒勞動」。這樣的動員有許多不同的分析，看似也已經超越國家的界線，走入跨國式的情緒勞務動員。但這個勞動方式的原型，是受到上述台灣早期國家主義政策的愛心操作而產生的重要動能。與資本主義式的「慈善基金會」或者「人道主義救援」不同，慈濟模式主張自身「參與」的必要，特別重視災難「即時」救援，以及不斷強調「感恩」意識。這種模式的建立當然和大乘佛教在台灣資本主義模式下的發展有關，但是對於感恩論述的原型，必須回到台灣在冷戰時期建立起來的愛國動員與布置。而這又是另一項可以與前面提及的義大利研究對應的部分，也就是後冷戰與後福特主義下，志工組織化的情境分析。

聽著我把情緒勞動從女僕咖啡店拉到慈濟志工活動，同學們表現出一絲驚訝和些許不以為然。我問：「你們可能還是覺得，自己的情緒給予以及道德表現，應該是來自自主意志的運作，怎麼會有這些什麼資本主義與國家動員的議題？」同學們點頭如搗蒜。趁下課前還有一點點時間，我快速地回應：「各位，也許做功德，其實是帶著人情邏輯但失去社會貧富協調機制的個人化表演過程。但如同穆勒巴赫所說，『當代的情感社會尋找的是關係性社會，也因此開啟了關係主義烏托邦的勞動原則。福利社區不是建基於公共政策，而是在參與者的道德感受與同一性當中。』在此過程，『情緒勞務化的公眾』得以形成並且被召喚，進一步被教導勞務不需要工資的意識，而且應該由個人道德感受來生產與形成意義，所以……」

此時，班代看下課時間差不多了，站起來鞠躬插話：「謝謝老師，時間到了！好的，請同學記得繳交系學會明天送愛心到原鄉的物資到系辦，並且寫上你想要鼓勵小朋友的一句話。記得，送愛心給弱勢，你的生命就會不同喔！」

「我不是你的家人」

不願同桌吃飯的香港菲律賓家務傭工

陳如珍

任教於香港中文大學人類學系。喜歡從性別角色入手，探索中國民工和香港菲律賓籍移工的人生夢想，也著迷於港台獨立音樂圈的經濟結構與人生故事。除了在大學教書外，願望是能和更多人分享人類學的包容與透澈，一起改變社會。

在我幫忙編譯的《許願井的迴響：香港外籍家務傭工詩文集》中有篇〈兒子的玩具〉。裡面有這麼一段故事：

有一次我和雇主全家去麥當勞吃飯。雇主夫婦點餐時，我帶著孩子找位子坐。我以為他們會給我點個套餐，沒想到他們卻叫我從小孩的兒童餐中拿一隻雞翅和一些薯條。我看著他們，驚訝得說不出話來。我低下頭盯著自己的雙腳，然後才說自己不餓。在他們繼續享用他們的食物時，我決定暫時走到一旁。在雇主家裡，早餐一般是一塊麵包或者一些淨麵條[1]，午餐也差不多。當然更不會有任何的點心。運氣好的時候，一天才能吃一次或兩次米飯[2]。

這類辛酸的故事，層出不窮，一再發生。每次坐下來吃飯、聊兩句最近如何時，往往能聽見菲傭間的老鳥為了新來的朋友不捨：她的雇主苛刻她，沒給她足夠的食物啊。沒經驗的女子坐在一旁不知所措，強忍淚水，眼底盡是悲傷。

於是，當我也僱用了一位家傭時，我自然把照顧她的飲食起居、文化習性和應得的尊重當作是我的第一要務（說到底有一部分是人類學家拯救世界的偏執）。但是結果挫敗連連。我的先生總是說我：「太希望做一位好雇主。」在成為一位「好雇主」而不可得間掙扎，正是寫這篇文章的緣由。

安妮的謎題

根據香港勞工處所頒布的《僱用外籍家庭傭工實用指南》第一章（問答一之三）的規定：

> 你（作者註：指雇主）必須跟傭工協定會否在僱用期間提供膳食。如提供膳食，膳食必須是免費的。如果你不準備提供膳食，便須根據「標準僱傭合約」所簽定的款額，每月向傭工支付膳食津貼。[3]

1 只有麵條沒有任何配菜的麵食。

2 菲律賓人一般來說偏好吃飯，一天三餐都吃飯是最常見的飲食安排。也有幾位報導者，曾經以「沒有吃飯的時候，感覺就好像這一餐沒有進食」來形容對飯的依賴。

3 香港政府大約每年會公布新一年外籍家庭傭工的最低工資與膳食津貼。針對二〇二〇年九月二十九日或以後簽定的標準僱傭合約，政府規定的膳食津貼為每月不少於港幣一一二一元。

這樣的規定是香港法令對於外傭膳食安排唯一的著墨。對於依法必須和雇主同住的外傭以及僱用他們的家庭而言其實有不少的琢磨空間，也因而對雙方都衍生了困擾。唯一清楚的只有：不然要有免費的食物，不然要給一筆吃飯錢。至於給多少食物、食物是新鮮的還是腐壞的、家傭有沒有選擇食物種類的權利、傷心事發生時可不可以大吃一頓等等，就「看良心」了。另一方面，如果雇主已經提供了膳食費，那麼烹煮的瓦斯費、水費、烹煮時造成的工作時間損失、冰箱的使用權限等等，又應該如何決定呢？（不要笑，這都是真實發生的案例！另外，也可以發揮想像力，模擬一下雙方的處境。當這樣的爭議發生時，很多時候並不完全是因為雇主邪惡或是雇傭喜歡貪小便宜啊。）當雇主能提供家傭良好的飲食安排，往往會被雙方都當成是一種「好人的證據」，而不是分內該有的安排、該盡的義務。於是吃飯這件事，成了僱傭雙方都很頭大，或至少是必須用心、仔細處理的事。

以我家的情況來舉例之前，讓我先很不要臉的宣稱，我和家傭的關係可以簡單地以「好得不得了」來詮釋。在我們第一次簽定合約之時，我就（不無沾沾自喜地）告訴她，我們會提供膳食費，但是也真心歡迎她自由享用我們家的食物飲品零食等等，包括偶爾親朋好友送的各地美食也不例外。但是出乎我意料的，安妮（她一定會痛恨我這樣叫她的！但是沒辦法，得取一個完全不像的假名！）在我們家除了白開水之外，其他的食物她完全不吃、不喝。

幾年下來，我簡直是苦口婆心，一再地提醒她、邀請她：冰箱有這個那個吃的，你自己拿喔。但是，除非我特別放在盤子上端給她，她幾乎從沒有吃過一口我們家的食物。有時候我有點哀怨：她竟然剝奪我做一個好雇主的機會啊！也是這種小怨念讓我反思：為什麼一個正常工作的人吃什麼、吃得好不好，會變成她的雇主頭上的光環呢？這些互動和情緒背後的原因，實在值得仔細地探究。

於是我開始認真地在我的選美皇后、化妝師和攝影師朋友（也都是菲傭）間調查起他們的想法。一方面想了解他們喜歡膳食費還是免費食物，另一方面想要解開「安妮的謎題」。最終也想要了解什麼樣的飲食安排才是最理想的。

看不見的牆

針對第一個問題，他們的答案莫衷一是。但是，好幾位菲傭告訴我：「其實你這個問題一點意義都沒有，因為我們喜歡怎麼樣根本就沒差！」「怎麼說？」（當報導者批評你的問題設計時，一定要仔細聽。）「因為雖然勞工處規定雇主必須跟家傭『協定』膳食的安排，你有聽過哪一個雇主問新聘的家傭你喜歡A餐還是B餐、喜歡一起吃飯還是膳食津貼嗎？」（說得也是！我自己也沒有這麼做。原來他們對法令其實了然於心，讀得很仔細。）

喜歡免費食物的一定是跟雇主關係良好的家傭。他們告訴我，因為雇主會準備的食材往往比較好，營養均衡，還有有機食品，還是跟著雇主吃比較好。

但是和雇主關係良好的家傭，不一定喜歡免費食物。因為家傭如果善於經營的話，有了膳食費，每個月還能撙節一點額外的存款。對於在菲律賓的家人現金需求龐大的外傭而言，每個月能多留一點錢，是很重要的目標。

初次聽到這樣的說法時，我感到大大地驚訝！一個月港幣一千元左右的膳食費，等於一天才三十幾元，而在普通的茶餐廳一個簡單的泡麵餐也要三、四十元的情況下，我一直以為這個膳食費是絕對不夠的。的確曾有好幾位菲傭用類似的計算方式跟我訴過苦；更何況，假日朋友間的聚餐花費，也是所費不貲。報導者朋友們一聽我的質疑，都笑得東倒西歪：「陳博士，你真的是博士腦袋。哪有菲傭每一餐都吃茶餐廳的啦！你應該要算一包米多少錢、可以吃幾餐。菲律賓人三餐都吃飯的。然後再配上一點肉啊，醬油啊，煮一鍋醬醋肉（菲律賓國民美食 adobo）又可以吃多久呢？會過日子的話，是夠的。」

「那麼如果要省錢的話，安妮為什麼對我的食物不屑一顧呢？」聽到這個問題，他們一起嚴肅了起來。我知道觸動了什麼，也趕快正襟危坐。

「你知道，不管你的雇主對你多好。你還是應該要維持著適當的禮貌和距離。就好像小心地維護著兩人之間一面看不見的牆。沒有這面牆不好的。」突然間，大家一起陷入短暫的沉默。「我們看過太多的例子，一旦你自以為自己不需要這面牆啊，隨便地打破它，很快就會被解僱了。」另一位報導者補充。我的眼淚一下子掉下來。不知為何，這個當頭棒喝比文章開頭那個麥當勞的故事，更讓我感到心酸。很難說是為了誰心酸。他們不好意思了。但沒人問我為何落淚。顯然大家都懂。「對菲律賓人而言，懂得謙遜（being modest）是很重要的。」左邊的報導者說。「再說你們並不是真的家人。」這一句，換成右邊的好友接話。

在廚房吃飯

「你們並不是真的家人」，很顯然影射了在《外傭與雇主的故事三六五則》（我瞎掰的，沒有這個書）中常見的說法。人類學家郭思嘉（Nicole Constable）也在她的專書《香港女傭》[4]中提過這一點。香港的雇主常用「她就像是我的家人」、或是「我都把他當作是自己的家人」，來描述自己和家傭的感情和相處的情況。家傭們聚在一起時卻常開玩笑：「今天我的雇主又說我是她的家人了！」俏皮的語氣其實暗指：「雇主又要干涉我的私事了。」根據他們的經驗，當雇主以「你是我的家人」開場，後面往往會接「要穿多一點」、「不要太晚

4 *Maid to Order in Hong Kong*

回家」、「小心損友」或是「不要出入聲色場所」等等規訓與要求。

「再說你們並不是真的家人」這點，在什麼是理想飲食安排的討論中，輪廓變得更加清晰。

為了回答這個問題，我特意找了幾位和雇主「情同姊妹」的菲傭深談。他們有一些共同點：對雇主讚不絕口、比多數的家傭有更彈性的工時、對於衣著和假日的安排等也有較多的自由。其中一位會說：「只要我的雇主需要我，我就一輩子照顧她。」另一位則是半開玩笑地說：「我的雇主（單親媽媽）還給我看她的銀行存款！跟我說等小孩都長大了，我們就搬去一個小一點的公寓，就我們兩個人同住到老。」（我還特別在筆記旁註記了「多元成家」。）我問他們對於膳食的安排是否一切滿意？再次出乎我意料的，幾個人一致回答：「當然沒有！」

讓他們搖頭的主要原因是，雇主「不准」他們自己在廚房吃飯。

「他們總是說：你就是我們的一家人。你來嘛，坐下來跟我們一起吃飯啦！」

「你這樣一個人站在廚房吃飯，我的小孩會怎麼看我？我以後要怎麼教小孩？」

後面那位菲傭的說明最好笑：「你知道嗎？我們家（雇主家的意思）好小耶！我站在門口都已經可以看到全部的地方了，而且我們還是開放式的廚房！那我站在廚房裡面吃飯，為什麼不行啊？」笑完換我疑惑了：「那既然都可以看到彼此，你為什麼要堅持站在廚房裡吃飯呢？」她想了好一陣子才回答：「我也不知道。可能就是比較自在吧。我不用想說我是不是吃太多了？太太是不是還沒吃？我有沒有坐好？有沒有吃太慢？還是吃太快？」

「至少有那麼一點時間，我可以照我自己想做的做。」

之後我又問了好多的菲傭。無一例外，所有的人都說：如果有選擇的話，他們寧願獨自一人在廚房吃飯；即使必須站著，又熱又悶，也比在餐廳坐著吃好。

端起飯碗那一刻

我的驚訝慢慢地平復，漸漸明白吃飯這個平凡的日常題目，讓我意外地聽見了，菲律賓移工報導人在幾年的研究時光中難得一吐的「真言」。說「真言」其實不太對，因為我猜對菲傭來說，他們並不是刻意隱瞞，而是這些討論中所包含的訊息，是他們自己也沒有意識到的。

當我又和一位菲傭談起這個題目時，她也毫不猶豫地說：「當然是要在廚房自己吃啊！」（她的實際情況也是雇主「熱烈邀請」她一起吃的那一類。）她的目光一下望向遠方：「你知道嗎？我從早上六點起床開始工作，一直到晚上七點。我的心裡一刻都沒有想過我自己，想的全部都是我的雇主家人的需求，只希望一件接一件有效率地工作，能夠準時完成所有的家務，然後能全心全意地陪小孩。只有當我端起飯碗的那一刻，我才好像可以放空一下。可以想想今天我做了什麼，想想我的家人，有時候想想我的未來。等我吃飽，放下飯碗那一刻，我又回到忙碌家務的現實；回到我的雇主家人的那個世界。只有那一點點時間，我想的是我自己。」

當一名外籍家務傭工最難的是什麼？也許不是和家人的分離，而是必須全面的棄守自己的自主權（autonomy），把勞力、喜惡、時間全部交出去。在這種困境中，唯每日晚餐那一點點的時間，有機會想起來自己是誰。（食物和人的親密關係也在此中可見一般。）對身為雇主的我而言，學到的珍貴領悟是：唯有先真心接受了「我不是你的家人」，才有可能開展一個相對平等的關係。

誰怕性侵受害者？

一段理論與創傷真實錯身的故事

彭仁郁

妄想斜槓女高音的精神分析師與創傷研究者。在臨床田野中，經常跟隨研究對象走上原本不熟悉的領域，以致難以安分守在中研院民族所研究室裡。偏好肉搏知識勝過大師理論。持續尋找翻轉助人專業困境的戰友。

在精神分析正式成為一個學門之前，佛洛伊德曾經相信他的女病人們在童年時遭受性侵，只是意識將無法承受的創傷記憶「潛抑」掉了，因而發展出讓十九世紀末精神科醫師們頭痛的詭異症狀：歇斯底里症。一八九〇年代末，在那個「性」仍是禁忌議題的保守時空中，佛洛伊德委婉地稱童年性侵為「誘惑」，將以上的病源學假設命名為「誘惑理論」（seduction theory），但他並不遮掩對於「誘惑」孩童的成年性侵者的譴責。然而，佛洛伊德畢竟不是法官，也不是女權運動者，作為一名想幫助病患減緩心靈痛苦的醫者，他透過歇斯底里症的臨床觀察，思考童年性創傷經驗如何經由無意識心理防衛機制而發展出謎樣症狀，從中設想出人類心靈多重結構的運作機制，也奠定了日後精神分析理論及治療方法的基礎。

然而，一八九七年秋，一心構築「伊底帕斯理論」的佛洛伊德宣布放棄「誘惑理論」，全神貫注於內在心理真實的探索，不惜將外在現實發生的童年性侵事件，詮釋為內在幻想劇場上演的父–母–子女三角關係衝突劇。性侵（尤其是家內性侵）的社會現實，就在這個理論轉向中再度被掩蓋了。他後來甚至臆想，這些童年性侵場景不過是典型女性伊底帕斯幻想的心理產物：情竇初開的女孩，因為意識層次的道德判準無法接納自己的性衝動，便把性欲的源頭投射到男性長輩身上，進而在無意識幻想中編織了「誘惑」（性侵）場景。

儘管佛洛伊德後來修正了這個說法，表示並不否認童年性侵事件的真實性，但他仍舊認為不論外在真實發生了什麼，精神分析的工作只能聚焦於內在心理真實。只要病人認為是真實的事，我們就應該認真對待，因為即使在最瘋狂的妄想中，都包裹著一個真實的創傷核心。然而，這個看似極度尊重病人主體的人本立場，對承受創傷的主體而言卻難以接受。因為，這樣的預設立場表面上看起來是對心理真實百分之百的接納，但卻阻斷了外在真實創傷場景的探究，更擱置了主體被侵犯的正義問題。

在當時精神醫學高舉以大腦神經生理基礎解釋心理病症的時空背景下，佛洛伊德對於心理真實的強調是值得敬佩的創舉，其重要性也在臨床工作中不斷被證實。然而，當伊底帕斯幻想理論成為教條，而「心理真實」概念的使用也不當地取消了外在真實暴力場景時，精神分析不但無法幫助受創主體獲得自由，甚至可能在無意中成為了加害者否認暴力真實的共謀。正如德勒茲與瓜達里在《反伊底帕斯》[1]中對精神分析提出的批判，並非所有人的受苦狀態，都源自同一齣在無意識幻想中弒父娶母的戲碼，任何一部預先寫就的固定創傷腳本，都可能成為禁錮心靈的概念牢籠。

1 *L'Anti-œdipe*

當精神分析遇上亂倫性侵

在法國就讀博士班期間，我有過幾次碰壁的奇幻經驗。事發當下，我並未意識到這些經驗與精神分析歷史論戰的關聯。直到這些碰撞經驗隱約彰顯出某種內在邏輯，我才終於恍然大悟：我的博士論文主題和研究方法，彼此卡在一個政治不正確的難堪位置。

場景一。某知名精神分析教授在系上開了一門探究「不成形主體」的研究討論課。第一堂，所有選課同學分享自己的研究主題，分配報告日期。輪到我介紹自己的研究主題「亂倫創傷」時，教授臉上原本和藹的表情凝結了幾秒鐘，然後輕柔地問：「你跟你的指導教授談過了嗎？」我表示已經和指導教授充分溝通過。離開教室時，我疑惑著為何其他同學沒有被問到同樣的問題，但既然領到了一個報告日期，我滿心期待屆時的討論可以刺激論文撰寫的靈感。但預定報告前一週，教授來電，說他把我和一名韓國學生搞混了，下週就由那位同學報告，而一直到學期末都無法再騰出其他時間，他「深感抱歉」。我後來去查了那位韓國學生的姓名，能搞混還真的得有點故意。一連串假設在腦中奔馳：族裔歧視？我的研究主題太無聊？我法文不夠好報告會很卡？……每個疑惑都在班上其他同學報告時找到反證，我就只能設法消化自己被忽視的挫折感。

場景二。博士論文初稿完成後，我參加一場以創傷為主題的精神分析學術研討會，摘要報告博論的內容主軸：從亂倫性侵受害者與精神分析臨床實踐的負面經驗出發，重新對佛洛伊德病源學理論的歷史轉向提出批判，以尋找當代精神分析與亂倫性侵受害者彼此理解的可能。我自以為這題目相當枯燥，報告完以後大概沒什麼提問就可以安全下台。孰料，台下十多隻手紛紛舉起，裡面不乏重量級前輩，而評論內容大致分成兩個陣營，鼓勵的一方感謝我提醒真實創傷的多重經驗層次，認為分析師應該有能力聆聽、接應不同層次的真實；質疑的一方認為，捕捉性侵場景的外在真實性，已經超出了精神分析應該思考的範疇，主張分析師應懸置性侵受害的真實性，把事件的真偽判定交給司法。兩個陣營的發言一來一往，熱烈回應著彼此，令我覺得自己的存在彷彿是多餘的。當下，我的腦中發生了類似創傷記憶入侵的閃回（flashback）。我猛然回想起之前在不同場合跟精神分析圈內人談亂倫性侵的經驗，每次都會有人好心提醒我，亂倫場景可能是伊底帕斯原初幻想的一部分，讓試圖辯駁的我，替代地經歷了受害者經驗被否認的重度沮喪和挫折。遲鈍的我終於開始警覺，自己選擇的研究主題是不是踩到了某種地雷？

場景三。論文修訂稿交出半年，指導教授遲遲沒有任何開始組答辯委員會的動靜，眼看盤纏用盡，我得趕快畢業找工作了。幾番催促協商後，指導教授終於鬆口，答應讓我自己開始聯繫校外口委（這在法國是個不常見的冒險動作，可能讓口委覺得不被尊重而拒絕）。最後，口委是由兩位精神分析學家兼哲學家、一位社會人類學家、一位文化人類學家兼精神分析學家組成。不知是否拜跨學科組合之賜，答辯意外的順利，我以最高級分取得博士學位。社會人類學家口委鼓勵我應該出版論文，引發社會和學界對亂倫性侵議題更廣泛的思考，甚至主動幫我聯繫了一位專門出版批判人文社會學書籍的出版社總編。總編一聽說我的博論題目是「亂倫性侵對精神分析的試煉」，十分興奮，表示希望儘快拜讀。我對於這過早的雀躍有種不祥的預感。果不其然，不久後我便接到這名總編冰冷的負面回應，認為我中佛洛伊德的毒太深，對精神分析理論批判性不足。巧的是，我後來讀到一本極力抨擊精神分析的作品，《精神分析黑皮書：沒有佛洛伊德也可以生活、思考和痊癒》[2]，赫然發現這位總編亦貢獻了一篇文章，終於了解他的興奮雀躍所為何來。這本書由幾位法國認知行為治療學派學者主編，其中一篇文章引用了幾位亂倫性侵受害者接受精神分析治療的慘痛見證，來證成全書的主張：精神分析這門招搖撞騙了一世紀的「偽科學」應該退出大學教學和臨床實務現場。

場景四。畢業隔年，我的博論意外獲得法國世界報與教育部合辦的博士論文研究大獎，得到由法國大學出版社（PUF）出版的機會。出版後數月，網上出現了一篇由法國某精神分析取向心理治療中心主任寫的惡評，指控我沒有讀懂精神分析，也懷疑世界報讓這部論文得獎的意圖，最後撂話說，倘若我對精神分析如此不滿，應該趁早離開這一行，另找飯吃。

法國左派的情欲無罪論與被污名化的性侵受害者

至此，之前渾渾噩噩經歷的莫名事件，突然在此刻串連成意義明晰的畫面。我猛然驚覺，自己意外被捲進自九〇年代中期，在法國日漸壯大的認知行為心理學派，刻意排擠學院和實務界精神分析勢力的權力鬥爭，而亂倫性侵議題可以說是精神分析被緊咬不放的阿基里斯腱。此外，不利於亂倫性侵經驗研究的，除了這場檯面上的學門之爭，還有另一股跟左派思維有關的暗流。

法國學界長久以左派為意識形態主流，對於被歸類為保守右派社團主導的性侵和婦幼保護等議題，興趣缺缺；受精神分析薰陶的左派知識分子，也不遺餘力地在公共空間為被體制標示為「變態」的行為，或違反傳統道德尺度的「性犯罪」，爭取更多寬容與理解。然而，在某些左派學者筆下，這份寬容理解的尺度，有時甚至大到頌揚「性變態」具有破除傳統框架的解放性質，控訴是國家機器與科學知識為了更有效地箝制性主體而聯手建構了「性犯罪」，同時反過頭來暗示受害者需反省自己的傳統性思維，直指其才是「建構」創傷的根源。

2 *Le livre noir de la psychanalyse. Vivre, penser et aller mieux sans Freud*

就跟精神分析一樣，六八學運的性解放論述，充滿著對於規訓、權力、性自主的傅柯式批判，以及各種提倡情欲無罪的進步論述，它們都帶著消解「正常vs.異常」、「良民vs.罪犯」、「加害vs.受害」等多組二元對立範疇的良善意圖，試圖複雜化我們看待世界的眼光，以便認清那些被大部分的人視為理所當然的既定秩序，並不是這麼的理所當然。只是，這股令人樂見的解放動能延伸到了某些推崇弱勢能動性（agency）概念的左派激進女性主義論述裡，卻不自覺地創造了「受害者vs.能動者」的二元對立。在這組新的二元對立裡，受害者自動被轉譯為被動、無助、脆弱、失能（幾乎被等同於不負責任）的代名詞，而被標示為「壞的」；能動者（agent）因為意味著積極、負責，有能力在重重的壓迫中生出行動力，因此是「好的」。

原本現實處境中，受害、倖存、能動位置相互交疊的多重主體樣態，在這被高舉的能動性論述中，突然被迫得選邊站。當受害者位置被污名化，處於權力結構弱勢的主體彷彿必須迅速進化成「倖存者」和更高級的「能動者」，才具有為自己發聲的正當性。但女性主義研究者雷貝卡·斯金格（Rebecca Stringer）在《理解受害者：新自由主義時代下的女性主義、能動性與受害者政治》[3]一書中提醒我們，這樣的左派立場，其實弔詭地與高舉個人責任、自我管理和功績主義的右派新自由主義論述，如出一轍。

超越心理真實，邁向外在暴力

事實上，精神分析發展百餘年來，早有理論家對精神分析內部獨鍾心理真實而忽略真實創傷的傾向提出批判，最著名的是三〇年代持續與家內性侵加害者和受害者工作、自臨床實務工作的思考中發展出許多重要心理創傷概念的費倫齊（Sándor Ferenczi）。曾經接受佛洛伊德分析，對這位靈性父親懷抱正、負向移情的費倫齊，由於沒有按照佛洛伊德的「建議」（命令）放棄發表探討童年性創傷心理效應的論文〈成人與兒童的語言混淆〉，在當年的精神分析圈受到排擠。一直要到八〇年代，他的論作對於了解真實創傷心靈衝擊的貢獻才逐漸獲得精神分析學界的認納。以現在的眼光來看，費倫齊的「語言混淆」（confusion of the tongues）理論——加害成年人以滿足自身性欲的「熱情」語言，回應孩童對成人「溫柔」語言的期待——其實極度委婉，只因為它強調性侵的外在真實，便被捍衛佛洛伊德的死忠者視為危及伊底帕斯理論和精神分析存續的異論。這個歷史案例讓我們看見，一旦理論立場的辯論觸及身分認同續存問題，就很難不因認同情感依附的需求而朝向教條化的宣誓。即使，那犧牲掉的是真實性侵受害者發聲的權利。

受創主體的多重真實

長年與亂倫性侵受創主體一起工作，幫助我理解到伊底帕斯和亂倫性侵是可以並存的。心理真實和外在真實本就是相互滲透、構築，不互斥，但也可區別的兩種真實。然而，一如費倫齊的提醒，造成受害者最大苦痛的，恰好是性侵事件發生時的極度混淆——情緒、感受、知覺、記憶、關係、位置、欲望、是非對錯的混淆。而這樣的混淆，往往讓受害者無法指認自己是受害者。為了避免象徵秩序崩解、維繫情感關係，而生成的否認、裂解的自我保護機制，不只發生在加害者身上，也可能發生在受害者自身，長年的心因性失憶即是最好的證明。事實上，受害者眼中的加害人，往往擁有更複雜的面貌。

她／他們眼中的父親、叔叔、祖父，可能在大部分的時間裡都是「好人」。她／他們揭露性侵事實，只是希望讓性侵停下來，而不是全面否定加害者有良善美好面向的可能。媒體愛用的「獸父」、「狼師」等妖魔化字眼，反而令受害者更抗拒指認加害和揭露性侵事實。受害者難以用外人眼中的「加害」視框，來看待原本處於信任關係中的對方，她／他因此被山一樣高的問題壓垮：我是不是誤解了對方的意圖？也許他是不小心的？也許他喝了酒，不能控制自己？我做錯了什麼？為什麼我沒有抵抗？……如果試圖理解的人，沒有餘裕花足夠的時間和心神，允許受創主體以自己的節奏，釐清不同層次真實中的欲望和傷痛，她／他可能被迫繼續背負著不屬於自己的罪惡感，離不開受創的輪迴，而不斷墮入毀滅性情緒的地獄。此時，因為出自信任才被放在聆聽位置上的助人工作者，如果無法讓出自己的內在節奏，嘗試進入創傷非線性的時間感，即可能失之交臂，甚至帶來誤解和傷害。

與受創主體同行和精神分析實踐，時時提醒我，太快把受害經驗安置在特定理解框架下的概念先行，事實上將令我對主體狀態一無所知。理解的前提是空、緩慢和非知，而不是滿、快速和預知。

有的在各地敲打與修補

關於基隆「老家」的一些民族誌片段

林益仁

生態人文學者，長期關注「家園為何？」的相關議題。一路以來，從動物生態的調查、原民狩獵的議題、宗教的環境關懷、泰雅小米地景再現，一直到生態照顧的論述，都試圖在跨域與實踐的行動中建立理解，並與「家園」的概念進行連結。

當故鄉成為異鄉

有一次，在與學界前輩的談話中，他突然問我：「何不申請去國外研究機構的學術研究假？」我沒有思索太多，當下回答：「我現在住基隆老家的感覺，就好像在國外的陌生地方一樣ㄟ！」真的嗎？老家所在的基隆正濱漁港，可以跟我之前去研究考察的加拿大西岸維多利亞島（Victoria Island）相比嗎？我跟前輩解釋，兩者當然無法相比，但我想說的是一種回到老家，卻覺得人在異鄉的感覺。去申請國外研究假，無非是找一個可以讓自己脫離目前俗務，真正安靜沉澱下來的地方寫作。而哪裡能讓我沉澱下來？基隆老家似乎是我的答案。事實上，這種「故鄉是異鄉」的感覺，確實有點趣味。

是的，我十九歲全家就已搬離基隆，一直到二〇一八年我開始協助老爸整理位於基隆正濱漁港旁的老家時才又回去，這之間幾乎快有四十年了。在整修前，它已經破落得像是鬼屋一般。以前的租戶告訴鄰居，這屋子連進廁所都要撐雨傘。那一年的夏天，我毅然搬入這間只整修了一部分的老屋，主要是聽從了協助整修的師父阿德的話。他說：「老師，如果你沒有住進來，是不會知道這個房子需要什麼的。」在這個陌生的老屋住下來後，我開始透過走路、回憶與對老爸的反覆詢問，來重新認識這個我們稱之為「老家」的地方。我同時也試著在我的臉書上記錄下生活的點滴，重新感受基隆這個地方。

阿德的提醒與自己住進來的書寫經驗，有點像是人類學家的民族誌一般，「Be there」跟「In the field」（去到田野）是這個學科的核心方法論。更重要的是，去到「異地」，意味著去到一個陌生的文化。人類學家甚至被要求要學當地人的話語以及跟他們一起吃住。我隻身回到基隆，有一點點那種感覺，可是我很清楚知道那是我的老家，是我家族的祖厝，一個我曾經住過十九年的地方。這不是異地，亦很難說是異文化。之所以陌生，套句當年大選時某候選人的流行語，是因為我就是「漂民」。不同的是，我是「南漂」到台北，不是「北漂」。這似乎是我那一代基隆人的一種宿命。

經過了三十多年，與其說我是「回」到這個叫作「老家」的空間，倒不如說我踏上一段連結過去的記憶與歷史的旅程。這一團模糊紛雜的記憶，不純然是已經在我的意識中存在的過去，有些是我後來發掘才獲知的。理解這些過去，需要整合新與舊的認識，它其實是我們身為人整體存在的一部分，不管以前是否會意識到。就像是我在倫敦大學地理系的教授大衛·羅文塔（David Lowenthal）寫的書《過去即異鄉》[1] 所指出的，我們不斷地渴求、探知，進而改造過去，過去不是那麼自然而然消逝的時光，它就像是一個人進入了自己陌生的家園。

1 *The Past Is a Foreign Country*

「回」到老家，不僅讓我有機會更深刻地認識我與家族以及基隆這個地方在個人生命中的連結網絡，更讓我重新深思一個基本的問題：「何謂家園？」這是一個生態學家無法迴避的議題，因為生態學（Ecology）的希臘字根Eco原意即為家的意思。以下，我想分享一些回到老家的感想。

正濱漁會旁，菜販互惠建屋的故事

基隆正濱漁會是一座文化部指定但已年久失修的歷史古蹟。絕少人知道面對古蹟的右側，原來曾經有座日本人興建的市場。終戰後，我的祖父母從汐止輾轉遷到這個人稱「水產」的地方討生活。就從賣菜開始，在這個市場裡他們與我的大伯分別分配到兩個菜攤格子的位置，於是一家老小就依賴著菜攤生活，不只是賣菜，就連生活起居，都在這個小小菜攤位置搭建起來的違章建築一併解決。後來，祖父母辛苦賺了點錢，就在市場旁買了一塊十幾坪大的地，蓋了一棟三層樓的房子。一家人還是繼續在市場賣菜。堂姊告訴我，在當時三層樓相當罕見，附近的房子多數是平房，這棟三層樓也是目前基隆老家的前身。

可惜的是，後來老家前面的中正三路要拓寬，這棟三層樓房子連同旁邊的菜市場都面臨拆遷的命運。因為涉及的範圍大，拆了之後這些原來的菜販將無處棲身。基隆市政府與港務局於是出面協調，預計將拆遷後的市場地根據每個菜攤的土地面積出售給菜販認購，方便作為日後建屋之用，同時解決違章的問題。但是，每個菜攤的面積實在太小，就算買了也蓋不成房子。老爸說，當時因為只有我們家有兩個菜格子的面積，加上還有另外買下來的十幾坪地，祖父母就慷慨地將部分菜格子土地面積捐出去給其他菜攤平均分配，讓他們也可以在日後有足夠地坪蓋房子，雖然都會是很小的房子，但至少有棲身之處。而我們家剩餘的面積加上原先購買拆掉的三層樓屋，再重新蓋成目前這棟四層樓的老家。老家的檜木隔間都是原先的房子拆掉後重複使用的材料。因為我們先蓋，隔壁人家後蓋，我們家還共用了一面牆壁給隔壁，省下他們多蓋一道牆的費用與面積。這個過程形塑了目前正濱漁會旁這排透天厝的狹窄格局。不是「豪宅」，而是菜市場改建的歷史過程所造成的「好窄」格局。

房子建成後，四叔一家跟祖母繼續經營雜貨生意，供應漁船上的柴米油鹽各樣所需，有個店名叫作「義隆行」。祖母為人慷慨，她手上有一本帳本：大副們採買多半都是賒帳，很少人直接付錢，但有些人領到薪資就拿去賭博隨便花，等到年底無力償還便索性跑路，祖母也只能一筆勾銷，不過這倒為她贏得了慷慨的美名。但她自己則是非常節省，細心經營雜貨店。老爸要我記住這些往事，提醒自己這個屋子整修後的用途將以此「施」（give）的精神作為基礎，因為我們已經從這個屋子「得」（take）到太多的福氣了。我想也對，這個「一施一得」的互惠與分享原則應該也相當符合生態系統中食物網的運作邏輯吧。試想，如果一個社會的運作邏輯就只是要「得」，但沒有人願意「施」，豈有可能永續呢？其實反之亦然，只是更少見而已。在水產這個地方，多數人跟我們家一樣都是異鄉客，終戰後從大江南北流浪到這個地方討生活，除了掙口飯吃之外，其實還存在著互相疼惜支持的力量。

一個與山、海爭地的地方

或許這就是基隆人的宿命，與山、海爭地。因為老家整修，我才有機會從老爸那裡得知更多與歷史有關的回憶。他翻箱倒櫃地找出一些老照片，依稀可以想像五十多年前的地景。老家附近的正濱教會改建，可以說是啟動這個地區開發的重要力量之一。我認為那是「向山海爭地」的絕佳案例，說起來並不是很有生態學中「有限乘載量」的概念。但，當時戰後這個小漁村突然湧進大量外來討生活的人，加上戰後的紛亂，誰管得了那麼多呢？原本這個小教堂座落於山腰

基隆中正三路山腰上的小教堂。林肇燦攝。

上，在教堂前的空地，可以一覽無遺基隆港灣與西岸仙洞巖，也是日據時代的台灣八景之一，因為當時這附近除了山壁與防空洞，僅有一些零星的平房。不像現在，教會的兩側盡是高樓，山與海都被遮蓋住了！

記得小時候，走過中正路這條馬路，對面就是海岸，跳下礁岩就可以在大海中游泳了！教會改建成樓房，帶動了這個區域的土地開發。老爸告訴我，「剝山」（pak-suang）不用大型機具，全靠老師傅用鐵鑿一塊一塊將被稱為「麻尾石」的礁岩石塊切割卸下。教會沒有給工錢，因為卸下來的石塊都是很好的建材，可以賣。就這樣，教會的現代建築深嵌進小山丘的肌理。後來，旁邊的住戶有樣學樣，就這樣一棟一棟的蓋起來了。而大規模的向海爭地，是在我離開基隆後才發生的。為漁港往海填土，將我小時候游泳的美麗蜿蜒海岸線填成了方直的水泥陸地。美其名是擴建漁港，但後來因為八斗子漁港興建，正濱漁港的地位一落千丈，擴建的漁港碼頭如今成為空蕩蕩的停車場。山海景色，如今已經不復存在。破壞生態景觀之後的城市樣貌，也因社會發展的變遷跟著沒落，看起來，這裡的人什麼也沒得到。人類的聰明智慧到頭來似乎只是物換星移，美景不再。現在，生態意識漸漸抬頭，但是要恢復幾十年前的美麗景觀，恐怕已是不可能的任務了。

「問津」特展，成為想像過去的絕佳跳板

二〇一八年，基隆正濱漁會利用尚未整修的空間，推出一個稱為「問津」的藝術特展，正好成為我走讀的絕佳場所。生態學講「家園」的網絡關係，正濱一直便是南來北往異鄉人的家園。只是時過境遷，我們對於這個家已經產生迷惘。有趣的是，這個特展是從有點陰森的鬼故事開始。展場以破舊的漁網到處纏繞布置，形成一種詭異的氣氛。藝術家用現代的科技與傳統的觀落陰，在這個場域找尋那些老鬼魂，那些原住民、西班牙、荷蘭、法國、日本、韓國、中國等遊蕩不去，被海港記憶羈絆的古老靈魂。展場呈現了過去殖民需要的海港地理，以及繁華的漁市和熙攘的人群。而我們彷彿也得以想像，莫怪這些靈魂不願離開。因為，日久他鄉變故鄉。

就在漁會展場附近，我看到人數不多的老邁本地漁工，加上從東南亞與大陸來的移工，繼續拖曳著沉重的漁網，生活還是必須繼續。這個網，透露了太多時空與人際的訊息。生態社區，不是烏托邦的夢想，而是在艱苦奮鬥的生存過程中，透露一絲盼望的堅持。在正濱這個地方，有數不完的精彩故事值得深思與反省。我回想起電影《大河戀》的主角，芝加哥大學的文學教授諾曼・麥克林（Norman Maclean）在片尾講的一段話。他說：「我被大河迷惑了！」（I am haunted by the river）「Haunted」這個詞本來就是「鬧鬼」的意思。在正濱漁會，

漁網的藝術策展意象也是在「鬧鬼」，而我們則是在迷「網」。我希望，我們能夠緩緩地說出這個網背後所透露出的人與環境之間的生態意涵。

認識一個互相給予的家園

「又老又窮」，曾經是某次高雄選舉某市長候選人喊出的選舉口號，但憑良心講，如果要說「又老又窮」，在台灣還真的輪不到高雄。不信，叫這些人來基隆看看。但「老」跟「窮」，是不一樣的概念。「老」不一定等於「窮」，這對一向喜新厭舊的台灣人而言，的確是困難理解的。但，這真的很難理解嗎？老，難道不能是一種智慧、經驗，或甚至是自然累積與循環的道理嗎？自從我回到基隆老家，跟社區裡不同的老人交談，我從這些老的人與物中學習到許多知識。他們並不窮，反而透顯出一種深層的美學內涵。

其實，我一開始對老家也沒有好感，那是因為我看不出它所承載的歲月與故事。然而，當包括我老爸在內的老人家開始跟我講故事之後，我才慢慢意識到這個小地方的小人物背後的大歷史與社會場景。接著，我才慢慢從這些故事脈絡中體會到人、物彼此之間的複雜關係以及情感連帶。這當中，有些值得追憶，有些則不堪回首。總之，它們共同構成了一段足以令人深思的過去。這些經驗，驚擾著我這個生態與地理學研究者的靈魂。

有一個週末，我的通識課程學生來到基隆老家進行我的生態社區營造課程。我邀了老爸來講基隆正濱教會的開拓歷史，是如何從一個半山腰的小教堂，一直延伸到整片山坡。講我老爸的生命歷史，是如何連結到教會的發展歷史，再連結到正濱漁會對面的山坡地開發。學生們在如此複雜的社會變遷中，試圖領略一個小地方的發展歷史，然後想想生態與社區的課題。老家，確實提供了上課與晚上住宿的便利，更重要的是，讓學生與我可以一起感同身受地進入那一段變化的歲月。

多年前，知名的生態哲學家羅斯頓（Holmes Rolston III）在我曾任教的靜宜大學給了聖方濟講座的開座演講。在那場演講中，他以靜宜大學的英文校名「Providence」為題，闡述了生態哲學的道理。他指出自然的冷酷當中，隱隱然有一種照顧（care）的道理存在，而這個照顧的道理來自「給予」（provide）。「Provide」這個字與「providence」同源，但後者顯然更有神學意涵，意味「上主護臨」，其實就是來自上天的照顧。太陽提供能量給地球，萬物得以滋養，並且形成一個自給自足的系統。「給予」，提供了一個思索生態人文的重要起點。

沒有給予，就沒有生命多樣與文化多元的展現。然而，給予誰呢？並非自己，如果給予自己，就是得。在生態的網絡裡，給予，是面對他者。回想起來，基隆老家是個充滿他者聚集的地方，歷史上幾乎多數人都是異鄉客，因緣際會來到一個陌生但充滿資源的地方。這個地方接納了眾多的異鄉客，透過彼此「給予」而成為一個家園。基隆老家這個地方，如果把它看成是一個社會—生態體系，我相信也會展現出如羅斯頓所言，互惠與分享的「照顧」內涵，當然也會有競爭、獵捕的冷酷一面，這是自然界中食物網絡的基本道理。我們這些會受到這個地方滋養的子弟，有一天回到這裡做一些事情，想一些東西，或許也是自然道理中冥冥的生態安排。而關於這一點，我將會繼續思索，並且繼續寫下去。

城中城

東協廣場的舊社區與新族裔

劉子愷

從語言人類學和文化人類學取向，進行中國／緬甸邊境民族誌研究，包括南傳佛教改宗和佤族身分認同、佤族移工和數位敘事、返鄉和跨境網絡、多語實踐和語言意識形態，也興趣於當代中國農村現代化和基礎建設論述。

長期以來，我對台中車站的記憶停留在高中就學階段的舊樣貌。高中畢業之後，我就離開台中老家在外地念書工作，也少有機會造訪位在台中車站和周圍的老社區。我對台中車站周遭的歷史記憶，往往不是關於建築——例如一九一七年改建完成的挑高斜體屋頂和拱型牆面的車站主體，而是關於車站內外，不同族群移動而交織出的「居所」（dwelling）。如同英國人類學家蒂姆．英戈爾德（Tim Ingold）在《活著》[1]和《製作：人類學、考古學、藝術和建築》[2]兩本著作中都提及的，「居所」能帶來區位再造和意義創造，不只是「建物」而已。

利用週日，我回到台中車站，跟隨出站人群移動步伐，出站的指示符號指引了我欲前往的方向，也區隔了人群中的差異。我欲前往的是位在綠川西街和繼光街間的東協廣場（二〇一六年改為此名，舊稱第一廣場）及其鄰近的青草街。出站時，一路上與我同行之人中，不少是選擇乘坐票價較便宜的火車的台灣年輕人打算到附近公車站轉車，有些則是拖著行李來台自由行的香港遊客和陸客，他們欲搭車前往南投日月潭旅遊。而當我往前步行約一百公尺左右來到東協廣場時，我身旁的行人不少是來自東南亞國家的藍領移工。

居所的現代性斷裂

二〇〇〇年代中期，東協廣場和附近商店在週末期間已成為台灣中部地區東南亞移工購物和聚會最主要的地點。當我重新走入停格在記憶中屬於八〇年代台中老社區的空間時，我彷彿經歷了阿君・阿帕度萊（Arjun Appadurai）在《消失的現代性》[3] 一書中談到的現代性的斷裂。這是遷徙移動造成身分認同的斷裂，包括現代和傳統、繁華和沒落、數位手機和閒置商業空間、移工和在地居民間的斷裂。更具體地說，我所見到的是相互對立的元素共存的都市空間，就如同一幅舊拼圖中存在許多已剝落的空缺，在這些空間裡被重新黏貼上具有東南亞異國特色的圖像和語言符號。東協廣場大樓周圍所呈現出的空間圖像裡，沒有台中七期豪宅區的奢華，也沒有高檔服飾百貨大樓林立的榮景，更沒有台中逢甲夜市入夜後人聲鼎沸的熱鬧。這裡也幾乎看不見在台北大稻埕老街裡訪古尋幽的遊客。再者，東協廣場大樓也不像美國芝加哥、紐約或世界其他大都會區的中國城，它無法完全適用以少數族裔聚居的都市「族裔聚集區」（enclave）或「貧民區」（ghetto）的概念進行解釋與分析。東協

1 *Being Alive*
2 *Making: Anthropology, Archaeology, Art and Architecture*
3 *Modernity at Large*

廣場一帶的特色是本地居民與東南亞移工們來來去去的老商業區。移工往往只利用假日造訪，他們並不住在這裡，而住在老社區裡的多數是年紀較長的老台中人。這裡的空間意象就彷彿一座城中城，一個由本地老居民與外來移工相遇而拼湊出的都市空間，一種由網狀（mesh-work）關係形塑出既熟悉又陌生的異溫層。

劉子愷攝。

多語的階序關係

在日常生活中，移工往往不會以「東南亞」作為身分認同與建構的基礎，也清楚區隔自己人與他國移工的差異。但在東協廣場的商業公共空間裡，以台灣外勞市場為中心思維的「東南亞」和「東協」觀念與商業符號，往往強加在印尼、越南、泰國和菲律賓勞工身上。

除了商業符號之外，東協各入口的牆面上也可見由大樓管委會以四種語言呈現的標語「請勿亂丟垃圾」。出現在公共空間的生活標語是一種規訓符號，也是一種極具階級區隔意味的語彙，凸顯台灣往往歧視性地認定外籍勞工是需要被「管教」的群體。

勞動遷徙是人、信仰和異文化的接觸和跨越，也是語言階序關係的重新定義。東協廣場的老社區和新族裔呈現新舊語言交錯的在地秩序和溝通方式。來自越南的小吃店以醒目的越南文、中文和英文的多語招牌吸引不同族裔的顧客，店員則精通越南語、華語、閩南語的多語能力。多語使用的情況也出現在東協廣場附近印尼人經營的小吃店、菲律賓人經營的美容美髮店、越南人經營的美甲護膚店、台灣人經營的跨國匯款公司內。印尼人之間的口語溝通多以爪哇語為主、印尼語為輔；菲律賓人的口語溝通則以他加祿語（Tagalog）為主，英語為輔；泰國和越南移工間多使用家鄉地區的語言變體（泰國北部、中部標準語、南部方言，以及越南北部、中部、南部、清化方言）進行交流。老社區內的台灣阿公阿嬤則多以閩南語、或夾雜日語詞彙的閩南語為日常溝通語言。東協廣場的公共空間則常以泰國、越南、印尼、菲律賓國旗作為圖示，展現東南亞意向，公共標語也會使用各國通行的標準書寫文字。店內／店外、東協廣場／老社區、公領域／私領域的多語使用展現層層相疊的語言階序的展演，這也是異溫層居所的現代性斷裂的新樣貌，而不只是單一語言的語言地景。

老社區、東南亞移工、台灣年輕人

緊鄰東協廣場周圍是逐漸沒落的台中商業老社區。位在北側成功路的第一市場，可見不少歇業已久的店鋪，而西側的繼光路上也可見到閒置多年的商業大樓。這些大樓多興建於八〇年代初期，台灣外貿經濟快速發展、熱錢淹腳目的時期。而與繼光路平行的自由路上，則是一九六九到一九九〇年間以遠東百貨為首，台中商業百貨最密集和繁華的區段，如今人去樓空。至於東協廣場南側是台灣大道一段，該地點的店面仍具有交通主幹道的優勢，是相對較繁榮的店面空間。東側原先是綠川河道加蓋而成的公共空間，二〇一六年年底台中市政府推動「新盛綠川水岸廊道計畫」而改建為綠川開放河岸休憩空間。位在東協廣場的東西南北方位上的老社區各具特色，到處林立的是以東南亞移工為主要消費群的小吃店和小雜貨店，這些商家與老社區如網狀般交織在一起。

東協廣場旁綠川西街一七五巷是青草街，始建於一九一五年，為第一傳統市場腹地之一，中部青草茶原料的集散地。目前，這裡開設著許多家印尼小吃店，在每月發工資的週末，來自印尼的青壯移工會在青草店裡顧店的阿公或阿媽面前穿梭。西側繼光路和北側成功路原是台中市密度最高的傳統布行街，目前一間布行的隔壁往往就是印尼或越南小吃店，以及提供東南亞移工跨國匯款服務的店鋪。

東協廣場原是第一傳統市場的部分腹地，於一九七八年興建為十三層樓的綜合休閒娛樂大樓，一樓到三樓開放為傳統市場空間，由傳統菜販、肉販和小攤販進駐營業，一九九一年進行二度整修，二〇一〇年之後，一樓到三樓轉型成為東南亞購物美食廣場，以手機店、鐘錶店、電器行、廉價服飾店、廉價鞋店、越南修指甲店、越南餐廳為主，四樓以上的樓層有商旅、KTV、撞球店和放映二輪影片的電影院，但仍有許多樓層為閒置空間。二〇一六年改名為東協廣場後，市政府經發局也在三樓委外廠商經營東南亞百貨進口超市，而非營利組織和教育團體也開始進駐，如「東協廣場溝通互動平台」、「國際移工生活照顧服務中心」、暨南大學「南方時驗室」等，提供服務移工的平台，也建立社會溝通和發聲的另類公共空間。

不過，東協廣場在週末假日期間吸引來移工前來消費之時，一樓到三樓卻很少見到台灣年輕人的身影；同時，與東協廣場僅有一街之隔，位在中山路與綠川東街交會處的一間文創商店「宮原眼科」內，往往擠滿了慕名而來的台灣年輕人與外國觀光客。他們熱衷以手機自拍或是拍照店內的復古氛圍，上傳社群媒體分享。不同文化和族群交織在一起，但彼此間又有各自運作的在地秩序和實踐方式，讓東協廣場的生活消費圈成為網狀關係構築的居所。

移工與台灣傳統信仰

以傳統市場為商業活動的老社區裡，道教廟宇與台灣傳統宗教信仰是重要的一環。這些廟宇並沒有因為東協廣場成為東南亞移工週末消費的重要據點而消失。主要廟宇有兩間，三官大帝廟與幸天宮。前者位在東協廣場一樓右側入，供奉道教的三界公，每逢農曆初一十五均有老居民前來參拜。道教廟宇的意象緊鄰著東協廣場的廣告看板，兩者看似衝突，但又彼此共存。以各種國旗為背景，並列印尼文、越南文、泰文、與菲律賓英文，這些看板成為多語使用的空間展演，展現市政府積極營造「東協」的官方論述，也符合眾聲喧嘩般的在地實踐。

供奉媽祖的幸天宮則是位在東協廣場正對面的巷弄內。媽祖信仰對東南亞移工而言並不陌生，因為越南、印尼境內來自福建的華人移民社區，也可常見到供奉媽祖的信仰行為。有些來自越南的移工會參拜幸天宮媽祖，少部分的印尼移工也會前往參拜，而來自泰國和菲律賓的移工則不曾造訪過幸天宮，這與這兩國的移工中有較高比例的人信仰不同宗教有關，如泰國的南傳佛教和菲律賓的天主教。

手機與預付卡的創造力

走入東協廣場一樓空間時，最顯眼的就是賣手機的攤位。廣場內的手機店專賣中低價手機，有些是販賣專供東南亞移工使用的手機預付卡，各家電信公司所推出的多款預付卡，設定的族群皆是來自東南亞的外籍勞工與外籍配偶。這裡的手機店並不提供台灣電信公司店裡的月租型的門號服務，而僅提供預付卡的門號申請服務。

不同預付卡有不同功能，如貝比卡可從台灣打電話到印尼、越南、泰國和菲律賓四國，但有些預付卡則是特別限定於印尼國內使用，不能從台灣打到印尼。此種預付卡是在台灣工作的印尼移工提供他們在印尼的家人使用，只要知道預付卡上的密碼，他們家人即可在印尼境內開通撥打電話功能，並接聽來自境外的電話。透過此功能，他們的印尼家人即可免費接聽他們自台灣打回印尼的電話。

剛抵達台灣的移工，要是他們的仲介公司沒有幫忙申請預付卡門號的話，他們可自己帶著護照和健保卡到東協廣場的手機店申請台灣電信公司的門號。有些人甚至身上沒有台幣現金，但也可在手機店裡以外幣兌換台幣。大多數使用預付卡的移工會安裝使用手機通訊應用程式，透過上網的方式免費打國際電話與家鄉的家人聯繫。目前移工最普遍使用的手機通訊應用程式是Tango、LINE和抖音，而不是Skype。相較之下，Tango提供了從台灣撥打電話到東南亞國家時較穩定的網路通話品質。另外還有一些移工因在台灣工作的期限即將到期，或是因為更換功能較新的手機，會將自己的手機賣給東協廣場的手機店，或是轉讓給自己的同鄉移工。在週末期間，有時會看到在東協廣場旁的人行道上，以移工市場為主的流動攤販兜售二手手機。

如同東協廣場的手機店和移工的社會網絡關係之建立，在世界各地的移工群體中並不陌生。《遷徙與新媒體：跨國家庭與多媒體》[4]這本民族誌探討菲律賓母親遷徙到英國打工使用社群媒體的情況。手機和社群媒體不僅成為女性移工與留置在菲律賓家鄉的小孩間維繫感情的重要媒介，也是多媒體的數位實踐，意即手機既是通話的工具，同時可以傳送簡訊、發電子郵件、上臉書或是在個人部落格裡發表想法。這種多媒體的手機溝通形態也常見於來自東南亞國家的移工在台灣使用手機的情況，這也是理解遷徙打工的個體或群體如何建立和維繫他們人際關係的關鍵。

網狀的跨越與無法跨越

東協廣場成為來自東南亞移工於週末聚集會面和消費的大樓，讓我聯想到香港的重慶大樓。兩棟大樓相似之處在於它們的部分樓層皆設定以移工為主要消費群，並販賣廉價商品和手機通訊設備，也設有手機通話服務和族裔特色的小吃店。兩者不同的是，東協廣場完全以商業消費活動為主，而重慶大樓內則提供廉價的客房，住戶多數是來自南亞和非洲的移工。麥高登（Gordon Mathews）在《世界中心的貧民窟：香港重慶大廈》書中提及非洲許多國家的手機是以重慶大樓為銷售的中繼通路，而東協廣場的手機店家經營者則為台灣老闆，手機銷售對象是以在台移工為主，並沒有成為東南亞手機市場的重要通路。

每回我步出東協廣場往台中車站的方向移動時，會先經過東協廣場販售廉價商品的商店，如手錶、行李箱等。然後一路會經過台中名產店、販售中高價位手機的商家，由廉價到高價的行走路徑，像是跨越社會貧富階級的鴻溝。東協廣場就如同鑲嵌於人行道的彩繪地磚，看似多彩又華麗，但廉價和高價的意識形態和社會界線卻深深烙印於你我生活的土地上。在週日傍晚的台中車站月台上常可見到正在等候通勤電車返回工作地的移工們，不論是往返東協廣場和工作地的假日移動、或是離開家鄉跨越國境的勞動移動，階級界線不斷在異溫層空間和居所中浮現，人的移動看似是跨越行動，實則是異溫層界線的複製和重置。

在大學校園裡蓋一棟「有建照」的排灣族石板屋

邱韻芳

逃離數學奔向人類學的路途上和原住民相遇，人生自此開闊多姿。在芭樂人類學中重拾寫作的夢想，充滿愛意地書寫部落、山林與原住民青年。任教於山巒環繞的美麗大學，卻仍貪圖風景地時不時全島趴趴走累積知識與熱情。

為何原住民文化常「不合法」？

稍稍關心原民議題的人對於狩獵和法律之間的衝突應該都不陌生。「大家說文化不能少，領域內為何還被追著跑，封為勇士，難逃被告……到底獵人還是兇手？」Boxing樂團的排灣族主唱葛西瓦如是唱著。雖然二〇一七年最高法院針對喧騰一時的王光祿案做出令人振奮的裁決，表示狩獵是原住民千年傳統文化特徵之一，主管機關不應硬將現代法律強加原住民身上，並明白指出《槍砲彈藥刀械管制條例》和《野生動物保育法》這兩個法律都不顧原住民傳統生活習慣，且未依據《憲法》和《原住民族基本法》檢討修正，故聲請釋憲。然而，在這之前已經有許多獵人被判有罪，以致和原住民山林智慧最密切相關的狩獵，長期以來被主流社會所污名化。

除了狩獵，另一個較少為人所知的法律爭議是「部落托育」。二〇〇八年，原民會開辦「原住民族地區幼托服務暨保母訓練與輔導試驗計畫」，將部落的學齡前孩子集合起來，由受過培訓的部落婦女照顧。這個鼓勵部落恢復傳統共同照顧互助機制，讓孩子留在母文化成長的計畫成效良好，但實施不到一年，卻因托育班設施不符《兒童及少年福利機構設置標準》及衛生、消防、建築法、幼保員資格等相關規定，被內政部認定違法。好在有不願放棄的部落托育班教師及理念支持者，串連組成「部落互助托育行動聯盟」，持續和政府對話、協商，終於在二〇一三年透過《幼兒教育及照顧法》第十條修正，讓部落托育班獲得合法地位。

那傳統建築呢？官方的原住民文化園區和私人的九族文化村都有原住民各族傳統建築，這幾年也有不少部落在原民會的部落營造計畫補助之下興建了傳統建物，那麼應該是有法規可以依循吧？

沒想到當我想要在學校依循傳統方式蓋一棟石板屋時，卻發現這也是違法的。

在南投蓋排灣族石板屋

「為什麼要在暨大校園裡蓋排灣族的石板屋，而不是南投在地原住民，比如布農族或邵族的傳統建築？」落成典禮之後，我陸續接到不少類似的質疑和詢問。

一個最現實的理由是，當時身為原專班主任的我手上有一筆必須立即消化的預算，要運用它來興建原住民傳統建築的話得透過工程案招標，因此承包者除了要熟稔傳統工法之外，還必須擁有現代的營造業廠商執照才行。資格限制加上時間壓力，我腦袋裡所能搜尋到最理想的合作對象，就是出身於屏東三地門鄉地磨兒部落，實際蓋過傳統石板屋，同時又有承接現代工程標案經驗的排灣族藝術家拉夫拉斯。

事情的緣起要回到二〇一六年年底，校方告知收到教育部一筆指定給原專班的經費，但必須在短短幾天裡提出完整的計畫書。雖然原專班最缺的是人力，這筆經費卻無法用在人事聘任，且有一半是只能用在硬體設備的資本門，該如何使用實在頗費思量。我靈機一動，何不用這筆資本門經費蓋一棟排灣族石板屋？如此不僅能讓已設置有賽德克穀倉和泰雅竹屋的暨大原住民環境教育場域增加一族的傳統建物，石板屋落成後還能作為特色教室，既凸顯專班的原民風格，又能緩解一直以來教學空間不足的問題。

二〇一七年三月，教育部核定了石板屋興建計畫的經費，我將提案送到學校的空間委員會，希望循之前蓋穀倉和竹屋的模式，以「教具」而非「建物」來界定石板屋。沒料到，這回校長特地請來營繕組組長提供意見，會議結論是同意專班蓋石板屋，但必須依法申請建照。我心想，好吧，既然希望石板屋完工後作為特色教室而非只是展示用，那就多花點時間和金錢申請建照，好讓程序完備。

然而，電話那頭遠在屏東的拉夫拉斯告訴我，石板屋是無法取得建照的。什麼？難道所有排灣族傳統石板屋都不合法？我驚訝地問。是的，因為現行法規完全是現代建築取向，要拿建照必須由建築師畫設計圖、提出申請，且須有耐震的鋼骨結構，以木、竹、石為建材的傳統建物根本無法符合規定。換言之，在現今的法律下，原住民傳統建築就是無法合法，只能在地方政府睜一隻眼閉一隻眼或者假裝不知情的狀況下「非法」存在。

石板屋的建照問題，讓我「再次」體認到現行法律對原住民傳統文化的無知與不友善。原來，原住民不只有打獵違法、集體托育違法，連蓋傳統建築也違法，因為我們的法律是以漢人為中心、以都市需求為考量而制定的。於是出現了如此荒謬和諷刺的現象，政府的這個單位（原民會）所推動保存、復振的原住民文化實踐，卻被另一個政府單位（如內政部或地方政府）大刀一揮，認定是違法。

但經費已撥，箭在弦上不得不發。經過幾回和營繕組組長的緊急磋商，最後終於決定分成兩個工程標案，首先由營繕組找建築師畫設計圖，發包給一般廠商蓋鋼骨結構，並以此去申請建照；第二個標案則是將鋼骨包覆成石板屋的「裝修」工程，透過公開招標程序，請拉夫拉斯來承包。

是「作品」，也是另一塊土地上的「家」

二〇一七年十月底，剛在屏東辦完藝術個展的拉夫拉斯和其工作團隊來到了暨大。他曾在其他學校蓋過石板屋，但這是最遠的一次，最需要克服的難關就是距離，所有的材料和有限的人力都必須在屏東與埔里之間穿越跨移。因為載送不易以及素材處理的難度高，木雕、石雕，還有非常大量的石板，都得要在屏東先處理到某個程度，再用大型吊車搬運過來。

如何將鋼骨完全包覆也是個難題。為了遮住粗大的鋼骨，拉夫拉斯必須將原本設計圖中二十公分高的木雕門楣大幅修正為四十五公分，如此一來，這個長八公尺、高四十五公分的門楣成為他有史以來處理過最「重量級」的門楣。搬運重達一噸的室外石雕祖靈柱也是一項艱鉅的工程，拉夫拉斯說，要把它從屏東工作室運過來的那天，他非常緊張，深怕一不小心折斷了。他在那天的臉書寫下了這樣的文字：

雖然已快要過完二十一世紀，我們有厲害的吊車有高科技電子磅秤，但我們無法預測自然的多變性，燃燒小米梗祈求上帝與祖先恩賜平安，綁上羽毛更願立起祖靈柱剎那，一噸重的石板如羽毛般的輕盈，願一切順利……用現代技能的年輕人們，練習做祖先以前的樣子。

日子一天天過去，我留在工地現場的時間越來越長。喜歡聽拉夫拉斯告訴我石板屋內、外各項設置的意義，比如室內地板當中最大的那塊石板是過去室內葬的所在，靠近床邊的小小一塊石板則是所謂的「臍帶穴」。兩人的閒聊有時也會發展成對我深具啟發的討論。石雕祖靈柱運來之前，我問拉夫拉斯立柱的儀式該如何進行，希望能先了解，好預做準備。

一開始，他含糊其詞沒有正面回答，幾次追問下才說出心中考量：「如果依照在部落的做法，請巫師來做立柱儀式，那把祖靈請來了之後，這裡有誰能夠照顧祂們呢？」聽著他的話，我突然懂得了儀式的意義，儀式乃是具有真實作用力的具體行動，因此並非行禮如儀地做了就好，而是要慎重地因人因地做不同的考量。

那麼，暨大這棟石板屋落成後，是否需要為它取排灣族的「家名」呢？我問拉夫拉斯。他把這個問題帶回部落和長輩們商量後告訴我，老人家說就沿用他和妻子的家名「Barjon-rjon」，因為這棟房子是拉夫拉斯蓋的，是他在另一塊土地上的家。那天下午，陽光很美，看著工班的 *vuvu*（長輩）們剛堆砌完成的美麗側牆，拉夫拉斯語重心長地說：「這個真的是很認真的石板屋！」一旁的我完全可以體會他話語中想表達的心情，那不是驕傲，而是從心裡油然而生的感動。

拉夫拉斯之前來暨大分享創作歷程時曾這樣說，他的藝術作品就像是自己的一個個孩子，會飄洋過海去另外一個世界，跟別人敘述什麼是原住民，什麼是排灣族。他之所以不斷地介入外面的領土，去蓋石板屋，去做許多藝術品，就是希望透過自己的作品去插在這個領土上，以此證明曾經有排灣族人駐足在這塊土地。

是的，這棟石板屋不只是拉夫拉斯在暨大的家，也是他精雕細琢的珍貴作品。認識拉夫拉斯，是因為畢業於暨大人類學碩士班，之後在英國杜倫大學拿到博士學位的鄉唯。二〇一六年十二月初，我請他來人類所的課堂上演講，鄉唯提到他的排灣族結拜兄弟拉夫拉斯，並秀出拉夫拉斯在美和科技大學蓋的石板屋照片。於是，當幾個星期後動念想在暨大蓋石板屋時，我立刻想到了拉夫拉斯。在聯繫過程中，我越來越為這位年方三十，生活與創作經歷卻相當豐富精彩的排灣族青年吸引，同時具備*pulima*[1]、藝術家、包商多重身分的他，是我特別想要引介給原專班學生認識的「原住民青年」。

在暨大蓋石板屋過程中，除了實際見證拉夫拉斯的十八般武藝外，另一個讓我動容之處是他和學生的相處。為了讓原專班學生能參與石板屋的建造過程，我的同事把「石板屋的記錄和行銷」作為其「專案管理」課程的項目之一，有兩組學生選擇了這個主題，因此和拉夫拉斯有相當多的互動。

為了能完整記錄，學生們排班輪流守在工地現場，原本擔心他們會覺得無聊難以融入，卻發現這些學生和拉夫拉斯的感情在很短時間裡便迅速增溫。拉夫拉斯很關心這些原住民弟弟妹妹，細心的他會默默觀察每個學生不同的特質和行為模式，在工作空檔很自然地和他們聊天、開玩笑。在被暱稱為「拉哥」的拉夫拉斯身上，學生們學到了如何不干擾地觀察、詢問，如何在巨大壓力下認真工作卻仍舊氣氛愉悅，以及現場需要幫忙時立即伸手而非只在一旁觀看。看到拉夫拉斯對待這些弟弟妹妹的細膩和關心，我懂得了為何他說自己的作品常是以身邊的人和故事作為題材。

就如拉夫拉斯說的，這棟石板屋是一個起源，將原本在屏東的他們和在暨大的我與學生們用愛繫連在一起，延伸出許多動人的故事，而這故事才剛剛開始。

在當代世界裡實踐原住民「傳統」

我和排灣族石板屋的初次相遇是在一九九三年，當時我任職於「多面向藝術工作室」，參與拍攝《排灣人撒古流》這部紀錄片。那是「原住民」即將被正名，文化復振風潮初萌芽的年代，也是原住民工藝開始蛻變成藝術的關鍵期。我們一行人跟著撒古流來到他的家鄉大社部落，看見了一些老舊石板屋的殘餘，以及正在興建中、變高變大的石板屋。改良傳統的石板屋建築使其能更符合當代生活的需求，是當時撒古流正在推動的文化項目之一，不過對於自己的家，我清楚記得他是這樣描述的：「你們不要看這棟房子不起眼，我的家可是部落裡的第一間水泥房喔，因為那時候政府在推新生活運動，我爸爸是鄰長，為了響應政策，於是帶頭拆掉石板屋蓋了水泥房⋯⋯」

第二個與排灣族石板屋相遇的深刻記憶發生在二〇一〇年，我因參與原民會部落營造

1「*Pulima*」為排灣族語，直譯是「擁有很多手」，意指具備巧手、擁有手藝的人。

計畫來到屏東比悠瑪部落，看到一棟因執行這個計畫下的「傳統建築保存與復振」項目而被建造起來的石板屋。社區發展協會總幹事依漾告訴我，她在計畫書中將這棟石板屋規畫為日後部落族人可實際運用的共享空間，因此事前花很大力氣說服長輩們更動了一些石板屋的傳統結構，比如門窗大小以及室內空間的配置。這棟石板屋後來因為「不夠傳統」，遭到評鑑委員的質疑而被打了乙等的成績，不過據我所知，那幾年不少部落在同一計畫下搭建的所謂「傳統」建築，最後都成了「蚊子館」，很快就毀損，極少像比悠瑪這個石板屋共享空間，由於一直很好地被運用和照顧而越來越美。

前兩次和石板屋相遇的場景中，我是個觀眾，而這一回，因身為得到經費的原專班主任，意外成為催生暨大這棟排灣族石板屋的重要推手。有些諷刺的是，自從原民會於二〇一三年提出「鼓勵大學校院開設原住民專班補助計畫」政策推動至今，已經有二十所左右的大學增設了約三十個原住民學士專班，每年粗估可提供近八百名原民生員額，但原住民專班在大學組織裡的定位卻仍舊是妾身未明，就像傳統排灣族石板屋一樣，無法在現行體制裡找到合宜的位置，以致不能夠享有和一般科系等同的師資與資源。

缺乏制度的穩定支撐，使得各大學裡的原專班始終像在走鋼索般搖搖晃晃，甚至需擔心有一天會因政策改變或校方不支持而突然停擺。儘管承受沉重負擔和壓力，但對我來說，原專班除提供原住民學生進入大學管道之外，還另有個重要的意義，那就是能夠藉由這個機制，讓更多原住民相關的課程、活動和議題，得以在大學校園裡「現身」，讓更多人知道，其實原住民並不遙遠，就在我們身邊，只是常被主流社會簡化成電視裡、博物館裡、觀光場景裡的刻板印象，或是根本視而不見。

暨大的這棟排灣族石板屋，像身處在大社會的原住民，也像大學校園裡的原專班，不管主動或被動，一旦套上「原住民」標籤，就會承受質疑的眼光與刻板印象，必須不停地去說明、證明自身的不同與存在價值。因此，搭建石板屋的過程其實也是一個展演。透過它，我想讓暨大師生認識遠在屏東的排灣族，讓他們驚豔於它的細緻和複雜之同時，也看到原住民的文化實踐在當前社會裡所必須面對的種種問題。

這是我透過在暨大校園搭建一棟有建照的排灣族石板屋所學到的事，也是我想要述說的一個有關當代原住民文化「現身」的故事。從動念蓋石板屋，到它真正現身在我所任教的暨南大學校園，這實在是一條崎嶇的夢想之路。回想其中所涉及之傳統與現代的爭議、法律與文化的衝突，我突然領悟到，這不正是原住民文化在當代社會所經常遭逢的經驗縮影？

看似有些荒謬和戲劇化，但這卻是原住民在當代社會裡所必須面對的日常。

遺址，
和生活在上面的人

江芝華

考古學者。關注考古學知識建構過程與當代社會間的互動，希望透過考古學的展演讓我們更積極想像過去的樣貌及思考未來的可能。目前任教於台灣大學人類學系。

猶記剛念完書回國時，帶著論文回田野地探訪故友，發現原先要蓋起的靈骨塔因故未建，想起那大半年的田野。當年，以搶救千年遺物為由，忍受著時間及經費的壓力進行了近半年的搶救發掘，結果當年的好意卻讓原先可以安居地底的遺物被迫移走，而那個計畫中的開發，經過十餘年後，卻仍然在計畫中。站在草木叢生的遺址前，有種荒謬人生之感！

也因此，望著成箱成箱的遺物，我和工作夥伴們疑惑著。因為發掘，物與土地分離。遺址雖因這些出土遺物成為列冊遺址，土地的利用受到管制，看似獲得法律的保護，卻也因此造成當地人與土地的疏離。在台灣當時的教育環境，因為遺址而誕生的故事甚至連存在的位置都沒有，更別提遺址周遭的人們，對於因發掘而生的記憶也早已模糊。而靈骨塔雖未建成，但是對於開發商而言，「發展」的想像未有改變，「塔夢」仍在，這個塔夢像是一把隨時落下的刀，架在遺址的脖子上。這樣的故事在二十一世紀初的台灣，亦非異數。全台各地的搶救發掘如火如荼地進行著，考古學家為了不與社會「發展」衝突，到處盡「社會」責任，同時又要傷腦筋如何「典藏」這些被請離的「資產」，更別提不知如何讓那些依靠考古發掘所產生的、如吉光片羽般的故事，在這社會中安身。我與夥伴們思考著，是不是有另一種可能？關於人、土地、歷史與未來的另一種可能？

丸山遺址是一個嘗試。透過丸山，我看到不同時空的人與物在「考古遺址」上的交會，曾經看似靜謐、單聲的地景忽然眾聲喧嘩，而這眾聲，讓我看到所謂遺址保護的未來。

土地、人、時間，建構3D歷史共同體

二〇一二年，我們舉辦丸山考古營。我們想從分享開始，告訴大家我們在遺址經歷到、學習到的美好，並找尋更多可以對話的朋友。當時的營隊集合了蘭陽博物館、中研院史語所及宜蘭縣政府考古工作室裡一群對於考古有興趣的朋友，大家先一起學習關於考古及遺址歷史的故事，然後透過營隊將這些故事傳遞給遺址周遭的大小朋友們。

過程中，我不斷思考「塔夢」是否真的是遺址唯一的命運？「發展」就真的只能是不斷地建設嗎？保護遺址，就只有依靠法律限制人們與它之間的關係嗎？

同時，我與宜蘭縣考古工作室的夥伴依照當時的《文資法》，共同擬定遺址的監管保護辦法。我們發夢寫道：

> 自一九九八年的搶救發掘結束後，丸山小丘成為居民可見卻不可親的存在，監管單位雖以維護遺址原貌為監管的主要原則，亦希望丸山遺址從一個寧靜的存在轉變為社區居民可以親近互動的場域，因此在透過了解居民的過程中，更積極邀請居民成為參與規畫丸山遺址的一員，最終的目標希望能讓丸山遺址成為民眾日常生活的一部分，成為大家的丸山。

我們希望遺址的監管保護可以更積極，不僅做日常的監管與保護，更希望能拉近遺址與居民間的關係，甚或透過遺址凝聚居民的共同意識。我們當時透過這個官方制定的監管保護辦法，把我們對於遺址與人、時間與空間的想像寫入其中，希望可以讓更多人體會這時空交錯的樂趣，甚至在這之上建構出另一種互動的模式。

在辦法中，我們也列出可能的實施步驟，而其中最主要的便是認識所謂的「在地」社群：

計畫的初期階段應以實地訪查為主，一方面在了解當地居民的組成狀況、對於丸山遺址的認識及對於丸山未來規畫的看法；另一方面則希望透過實地訪查的機會，與居民分享過去對於丸山小丘的考古研究所得成果，傳達監管單位對於遺址未來的可能規畫，強調遺址低度開發的重要性，希望將此空間視為社區共同擁有之地，一個可以提供居民認識鄉土，進而凝聚居民意識的場域。不同於博物館強調營運的實質效益，監管單位希望丸山遺址成為一個由居民與監管單位共同規畫，在居民日常生活中發揮休憩及教育雙重角色的地景。

在地化的遺址歷史

我們希望遺址是由在地居民共同監管保護，而非傳統由上而下的管理。遺址並非只是一個靜態的地景。九〇年代末期，這個區域是傳統的農村景象，稻田環繞在遺址的四周，到了二十一世紀，隨著交通的建設，宜蘭聚集了許多城市移民，一棟棟的農舍開始豎立在原本相連的農田之中，更因為附近的實驗學校而聚集了一批所謂教育新移民。想要讓遺址與在地有更深的連結，我們也需要更清楚認識何謂在地。

除了舉辦考古營，我們各自試著用不同方法將遺址的故事告訴居民。蘭陽博物館的常設展雖未有考古展廳，卻透過不同教案，讓縣民有機會可以知道宜蘭在地的考古故事，比如「寫在地底下的歷史」。我記得設計這個教案的夥伴說，雖然小學校園已經開始將台灣史前文化納入正規課程，但是就拿貝塚來說吧，宜蘭的小朋友認識的是台北圓山貝塚，卻不知道宜蘭也有豐富的貝塚文化。所以他們主動走進校園，透過生動的教學方式，將考古學的基本概念及透過考古遺址所建構出來的宜蘭早期歷史帶給小朋友，更因應不同校園的地理位置，介紹校園鄰近的遺址，讓小朋友們知道遺址就在身邊，而不是在什麼遙不可及的神祕區域。博物館甚至在二〇二〇年成立了台灣第一座兒童考古展廳，讓小朋友有機會透過各種實際操作認識考古，以及宜蘭的過去。

同時，我們透過各種機會，在宜蘭訴說丸山遺址的故事，關於發掘、關於遺物及關於靈骨塔，也運用不同機會認識遺址附近的朋友；縣政府考古工作室的同仁們則持續透過巡查遺址的機會，不斷與周邊居民討論遺址的未來，我們照著那份原先一起勾畫的圖像，慢慢地往前走。

外部情勢也開始有了新的契機。隨著社會環境的變化，文化部逐漸有了較多的資源，再加上宜蘭縣境內Blihun漢本遺址與蘇花改工程的衝突，讓Blihun漢本在二〇一六年正式被指定為第八處國定遺址。距離文化部上次進行國定考古遺址指定已經八年了，這個動作刺激了宜蘭縣政府思考將丸山遺址提報為國定考古遺址，希望透過中央的介入，取得更多的資源來面對遺址維護及推廣的問題。

在國定遺址指定的文化資產價值評估中，除了強調距今三千多年前的丸山社會在台灣歷史的重要性，更明確指出丸山遺址在發掘、考古研究及公共教育間的特殊性及前瞻性。報告中指出：

> 當時在一九九〇年代的台灣社會，文化資產保存的概念及法律極為薄弱之時，宜蘭縣政府願意與地主協商進行搶救發掘，更重要的是，除了正規的發掘工作，更有計畫地進行考古教育。定時進行記者會，向社會大眾報告發掘進度及特殊發現，隨時進行

的遺址導覽更是讓在地居民有機會親臨考古現場，透過遺址的參觀了解宜蘭在地的史前文化，讓搶救發掘轉化為教育的場域，即便是在近二十年後的現在，此一做法仍是台灣少見，其達到的效益則是無法度量。

遺址曾是自家長輩的生活記憶

二〇一八年的遺址指定現勘現場，除了積極促成此事的宜蘭縣政府文化局成員外，更令人驚訝的是當地居民的參與。從村長、議員、鄉代表、社區發展協會會長等都現身會議，並且發言支持遺址的指定，對於長期面對遺址與在地居民間衝突的考古學家而言，這真的是難得而令人感動的畫面。當文化部於二〇一八年年底正式公告丸山遺址為第九處國定考古遺址時，當時的新聞稿便指出：「丸山考古遺址為國內首先在發掘現場規律性進行考古教育的考古現場，對台灣考古學研究及台灣考古知識的普及教育及鄉土教育具指標意義。此外，此考古遺址亦彰顯地方政府長期深耕考古研究及教育的努力，凝聚了居民的『地方感』，並嘗試與當代社會文化生活連結，使得考古遺址保存獲得正面回應及在地支持。」不同於其他考古學者依據「學術價值」而評斷一個遺址是否有國定價值，丸山遺址的指定顯示了其特殊的意義。

在被指定為國定遺址的半年後，宜蘭縣政府文化局在社區舉辦了一場「丸山遺址活化推動工作協商會議」，出席的有文化局局長、蘭陽博物館館長、村長、縣議員、鄉代表、前任鄉長及村民們，由文化局及蘭陽博物館說明目前政府對於遺址的規畫。村民們普遍對於遺址成為一個被管制的區域表達不滿，也對遺址上既有歷史建築的規畫提出了他們自己的想像。過了兩個月，遺址附近的村民傳來消息，決定成立「丸山考古遺址發展促進會」，他們要更積極介入遺址相關事宜，「要成為中央政府與地方政府的平台。」促進會於是在該年七月份舉辦了六週的在地導覽培力初階課程，不同於以往由官方舉辦的導覽，他們覺得遺址不只是考古學家看到的三千多年前的文化，更有長輩在遺址上生活的歷史，於是在培力課程的前兩週安排「記憶中的丸山」，邀請在地耆老來介紹他們記憶中的丸山。

他們說著在被考古學家發現前的丸山。說到小時候如何在丸山小丘上遊玩、與小丘上的天主教神職人員及從南台灣來的修道院學生互動；說到在他們記憶中，幾次的颱風是如何把他們聚集在山丘上。甚至有人說到長輩們曾談起二戰時期，日本人如何在小丘修築防空洞、如何被徵召進神風特攻隊，卻在第一天要出任務時，聽到日本投降的消息。這些原本遙遠的大歷史事件，其實也真切存在於居民日常記憶中。在這跨越一個多月的六堂課，參與的人包含世代居住於此的村民，也有近幾年搬來的新住民，最年長的七十幾歲，最年輕的則是國中學生，可以看到夫妻，更看到祖孫三代前來上課。令我驚訝的是，居民的出席率相當高，每次幾乎都維持了五十餘人的人數，最後促進會還製作結業證書、導覽手冊，而由於出席率遠超出大家的預估，連縣長都決定在最後參與證書頒授的活動，這實在是活動之初所未預想到的。

遺址的未來不在「博物館」

上完課後，促進會覺得還是應該真正走上遺址，而不只是在室內紙上談兵，並且趁機驗收一下導覽課程的成果。過去基於保護遺址及安全的緣故，遺址下方設置了柵欄，一般民眾不可任意進出。促進會透過監管人員向縣政府申請進入遺址，並計畫舉辦「『丸』聚（具）總動員」的活動。從活動名稱就可以看出他們的企圖，也就是透過丸山遺址及工具，把大家聚在一起。遺址周遭原本主要為農村，農具是村民最熟悉的工具，而千年前的丸山遺址出土最多的則是各種石製工具。於是，這場活動便是由村民帶著他們熟悉的農具，從山下慢慢步行到遺址所在地，促進會則在山上安排各種傳統農具體驗及史前石器認識的活動，再配合展示舊照片及遺址遺物照片，讓整個丸山小丘充滿了懷舊的氣息。這個「舊」的範圍很廣，從三千多年一直到五十年前。居民在也在活動討論的過程中，回憶起過去村里家家戶戶都會自釀醬油，打黑豆的聲音是記憶中丸山的聲音，他們甚至還憑記憶製作出打黑豆的工具，讓大家現場體會打黑豆，更成為當天活動的一大亮點。

這個活動出乎大家意料多達百餘人參與。當天促進會的成員看到這樣壯觀的景象各個眉開眼笑，安排的導覽人員也因民眾參與熱烈，解說到欲罷不能，遺址上充滿著笑聲、討論聲及讚嘆聲，更有許多動人的畫面。當日最高齡的是一位九十四歲的居民，穿戴整齊地由看護陪同，緩緩走上山，說要看看記憶中的小丘；也聽到小朋友指著小徑問著身旁的老爺爺：「阿公，你小時候就在這裡玩啊？」促進會更邀請已搬離的天主教修女重回小丘，時不時看到村民們和修女們合照，大家就這樣在遺址上話當年、看考古照片及遺物，想像著以後這裡可能可以是個公園，是大家可以常常上來的小丘，更對尚未開放的其他區域充滿了好奇。

＊＊＊

土地本來就是包含多聲、衝突、複雜展演的場域，而考古學是一門協助讓這些不同聲音發聲的學科。過去台灣社會對於這塊土地歷史的無知及不尊重，破壞了人與土地間原有的連結。雖然近年來，新的社會氛圍嘗試找回人與土地的關聯，但台灣考古遺址的管理維護仍在單一、簡化的意識形態下運作，只專注於讓特定時空被呈現、強調，而忽略去聆聽、理解其他聲音。也因此，所謂的「考古遺址」常常被視為與當代社會無關的存在，更加深現在與過去的鴻溝。

丸山遺址及居民教了我一課，讓我看到當這些不同聲音可以被尊重、被訴說，他們就有可能共存，而透過這個過程，丸山遺址又回到大家生活的經驗，並進一步將大家連結起來，甚至開創了一起討論共同未來的可能。

台灣東村

蔡政良

打魚者與拍片的人。從半導體業半路出家到人類學之前，當過搬家工人、劇場演員。現定居在台灣東村中，近年來經常去自由潛水打魚，順便思考與冥想，只是通常會有幾條魚可以上岸當晚餐。目前任教於台東大學。

世界最大的城市紐約市，中心的區域為曼哈頓島的曼哈頓區，島上本來有許多美洲原住民的聚落，一六二六年，荷蘭人用約二十四美元的物件向美洲原住民買下曼哈頓島，歷經數百年後，曼哈頓形成世界政治經濟的中心。曼哈頓區有個東村，約五〇年代開始便是各種另類藝術家、嬉皮、龐克、地下電影、音樂、報刊與前衛社會運動者匯集的區域。隨著這些另類藝術的發展，弔詭地形成一種流行風潮，大批的富人嗅到時尚帶來的商機開始炒作房地產，使得房租地價快速上漲；另類的藝術社群、便宜的獨立書店與咖啡店消解，東村進一步被同質化，不再存有過往生猛活力的邊緣性格。

從紐約的時區快轉十二個小時，來到「世界政治邊緣的邊緣」——台灣，在邊緣的邊緣的東部一個海灣區域，自二十一世紀初開始，也正發展出一種與紐約東村有點像又不太像的另類藝術氣息，與蠢蠢欲動的同質化過程。既然如此，那麼我就先暫時將這個海灣的區域，稱為「台灣東村」。

約莫二〇〇二年開始，一批來自不同族群、不同部落，以及台灣其他區域的原住民、漢人藝術創作者，在這個原本是阿美族人居住的海灣區域形成一個「意識部落」。他們高度的創作能量，以及各種對於美感與社會運動的想像在這裡匯流。同時，一對也是藝術家性格的夫妻，移民來到海灣區的其中一個部落，將一座停業廢棄的糖廠房舍改裝成小酒館咖啡屋。從此，各種另類藝術創作者以咖啡屋為基地流連，也吸引了一批又一批的文人墨客、文藝青年、流浪者、背包客、外國人、流浪狗、小野貓、人類學家等，匯流在這個小酒館之中。每到週末的杯觥交錯中，許多人光著上身，打著赤腳，在各種形式的音樂類型下，在太平洋的浪濤聲裡，無視身旁的貓貓狗狗穿梭其中，熱烈談論著藝術、政治、原住民、部落事務、社會運動，與各種愛欲的八卦。

在台灣東村這個遠離台北政治經濟中心的「偏遠」原住民部落裡，開始充滿了各式各樣的漂流木藝術意象，與混雜來自世界各地的人群。走在大街上遇到的不再只是部落的居民，還有各式各樣的新移民，耳邊聽到的不再只是阿美語、華語與台灣閩南語，還有各種外國語言。除了台灣各地來的人之外，就我印象所及，至少還有美國人、加拿大人、菲律賓人、越南人、英國人、紐西蘭人、澳洲人、印度人、日本人、墨西哥人、中國人、土耳其人、韓國人、德國人、法國人、香港人、新加坡人、馬其頓人……來自世界各地的各色人種，有的匆匆一瞥，有的則長住在台灣東村。

這樣的景象，讓我第一個聯想到的是阿君．阿帕度萊在《消失的現代性》一書中指出五項全球化景觀中的「族群景觀」特色。一個在世界政治邊陲的國家的邊陲的海岸原住民族區域，呈現如此多元的族群景觀。這可能是十九世紀末期台東州最後一任州官胡鐵花，當年旅行過這個區域時，想都沒有想到的變化吧。

我則是在一九九四年來到這個台灣東村，當時這裡的阿美族生活方式引領我走向人類學的領域，輾轉來去當時尚未形成的台灣東村區域與台灣矽谷之間的求學生活結束後，回到台灣東村附近的大學任教，並且定居在這樣一個國際化（或說全球化？）的台灣東村中。在這裡的日子一久，自我感覺良好得以為自己也變得相當國際化了。一方面為了符合「全球化」的特質，至少以下標題，我中英並列，算是夠國際化了吧！另一方面，我嘗試回顧一下台灣東村過去、現在與未來，曾經或者可能經歷的三個LESSON，看看與紐約東村是否會有著相類似的發展路徑。

LESSON ONE — THIS IS A PEN 這是騙人的

台灣東村與紐約東村在歷史境遇上不同的是，台灣東村並未將土地賣給約莫四百年前的殖民者。一方面是台灣東村在地理區位上的偏遠特色，另一方面則是當時在台灣的荷蘭東印度公司只對東部傳說中的金礦有興趣，遠征隊到了東部處處碰壁，勢力範圍也無法超出台灣西南部一帶。一八七四年牡丹社事件之前，也只有零星的西部漢人至此交易，或者部分平埔族人翻山越嶺而來建立家園，或者部分擱淺不然就是停泊在此區域的外國船隻而已，當時台灣東村的族群景觀仍是以阿美族為主。

一直到了日治時期的中後期，開始有大量的漢人移入台灣東部區域，多數居住在今日的成功鎮、台東市區、縱谷區域，以及太麻里到大武一帶。當時台灣東村區域的族群景觀，除了少數日本警察，還有不到十戶的河洛人，主要還是以阿美族人為主。戰後，台灣東村區域開始有了大量漢人移民進入，包含來自綠島的、來自大陳島的，還有來自雲嘉地區的八七水災災民、來自新竹苗栗一帶追著香茅的客家農民等等。短短數十年時間，到了二十一世紀，台灣東村區域中的漢人人口已經超越阿美族人。

雖然台灣東村區域的阿美族人並未將土地賣給殖民者，但更慘的是，他們連二十四美金也拿不到。當現代國家體制進入台灣東部，日本人先將所有沒地契的土地收歸國有，國民政府接收後維持國有直到現在。此外，台灣東村的阿美族人早在六〇年代開始，就由於台灣社會的經濟結構轉變、突發的經濟需求，以及不擅計較金錢數字的情形等，有向農會抵押農地借貸，最後還不出錢，土地落入農會之手的；也有以土地權狀向米廠借貸不等價的周轉金，卻因為收成不好無法還錢，土地落入米廠之手的；也有請代書代辦土地相關作業，結果土地不知怎麼最後被辦到代書手上的。從那個時候起，許多阿美族男人一個拉一個去遠洋了。到了八〇年代，又一個拉一個到都會區當起「作家」、「男模」與「拉丁公主」了——專門做別人的家、男性板模工與拔鐵釘的婦女。九〇年代以後，隨著教育的普及化，以及糖廠的歇業，台灣東村附近部落的阿美族青年男女也一個一個地離開部落到都會區求學，畢業後留在都會區工作，只能在過年過節或家中婚喪喜慶回到部落團聚。平常的日子裡，部落裡最常見到就只剩老人、小孩、還有，貓與狗。

LESSON TWO — THIS IS GOOD 這是很滑的

大約從第二個千禧年開始，僅僅不過十年的時間，台灣東村就大致成形，過程就像站在剛退潮的礁岩上一樣的非常「GOOD」。與紐約東村不太相同的是，台灣東村並不附屬在其周遭的城市中，與台灣的「政治經濟中心」——台北，有著一段不小的距離。雖然如此，進駐台灣東村的藝術家與流浪者的能量、野性，以及波西米亞的生活風格，恐怕與尚未「隕落」前的紐約東村一點也不相上下，或許只是在規模上小了一點，酒館與咖啡館少了一點而已。

隨著各種藝術家的進駐，那充滿活力的創作能量吸引了一批又一批奇人異士：有整天對著糖廠廣場嘶吼練歌喉的鐵鍊男；有聽說藝術天分極高的雙眼失魂燒山男；有擔心她會跑去跳海的某知名大學中文系的女大生；有創作能量極高，但是最後傳奇地葬身在其創作素材漂流木下的性情詩人；有為了抗議政府胡亂開發海岸，跳海而亡的劇場工作者；有寫過不少我大學時代經常讀的小說作家；有一身唬爛功夫，逃離這裡之後看到報紙才知道的高明騙子；有似乎從未清醒過的電影導演；有整天好像吃木頭就可以維生的雕刻家；有一杯一杯之後喜歡捏人奶頭的藝術家；有剛畢業或剛退伍來到這裡學習當藝術家的男男女女；有來自英國的畫家；有本來在台北經營爵士酒吧的荷蘭人；有本來在陽明山居住但是後來在這裡創業賣麵包的美國人；有熱衷原運的歌手、有衝浪客、有年輕的作家、有嬉皮、有環保人士、有追尋愛情的年輕男女、有開民宿的年輕人……太多種類的人齊聚在這裡，我實在記不清楚這些各式各樣的人。還有更多的是，我也搞不清楚他們來這裡幹什麼的人。

喔，對了，還有像我這種人類學家。這裡曾經在同一個場合裡同時出現包含我自己在內總共六個人類學家。

這些奇人異士散居在台灣東村裡，以起死回生的糖廠為中心，大量地創造新的可能性。然後，陸陸續續也有部分阿美族青年回到台灣東村想方設法的維生。

這一切都在十年內發生。隨著部分來來去去的奇人異士，以及各種政治人物與媒體的推波助瀾，台灣東村在台灣社會越來越出名，每到假日，就有一堆人到這裡來朝聖，有人買三包：書包、肉包與麵包；有人則買氣氛：在夜晚變身酒吧的咖啡屋穿梭著各國人的異國情調，與瀰漫非主流音樂，隨時起身跳舞的氣氛。

其實，台灣東村裡的原住民平常很少到作為此區域藝術中心的糖廠，年輕人偶爾還會去一下，老一輩的人除非有活動，否則不會沒事到這裡晃，聽說是由於糖廠有著不好的記憶，那些當年在這裡賣命工作的不好經驗。

糖廠作為台灣東村的藝術與觀光中心，似乎與村裡的原住民部落有著一條隱隱約約的界線，各自保有自主的生活，但也可以隨時穿梭打破的界線。

然而，卻有許多人聲稱到台灣東村一遊時，其實只到了藝術與觀光中心——糖廠，就如同天主教徒到梵蒂岡朝聖，卻宣稱到了羅馬一樣。這樣也好，原來的原住民生活還能維持自己的風格，偶爾還能感受藝術家們帶來的生活樂趣與各種活動支援，部落老人甚至創造了一種新詞來稱呼這些藝術家：*ishulit*。這新創的詞是「藝術」加上阿美語*makalit*（髒髒的）結合而成，*ishulit*直譯就是「髒髒的藝術家」。

至此，台灣東村除了原居在此的阿美族人，以及戰後移入的漢人移民外，匯流了帶著更多元的想像來到這裡的人們。

LESSON THREE — THIS IS A BOOK 這是不可以的

台灣東村與紐約東村不同的是，紐約東村至少維持了好長一段時期，富人階級才進入搞房地產，而台灣東村的情況則是政府與商人幾乎是同一時間伸手進入這個區域。相較於紐約東村，台灣東村除了要面對商人之外，還要面對一個與之共謀的政府。政府與財團從二〇〇一年開始便合作以各式各樣的開發案進駐台灣東村區域的海灣地帶，小小一個海灣便有高達七個大型觀光開發計畫，台灣東村內的藝術家們與原住民共同奮起抵抗這些同質性極高的大型開發案，有的擋下來了，有的來不及擋，在沙灘上留下了一大「坨」自稱美麗，其實醜到爆，最後無法營業的度假村建築。

這些商人與政府當然不是看重台灣東村發展出來的既傳統又前衛的藝術氣息，而是跟過去的日本殖民者在《理蕃誌稿》中透露的「見地不見人」思維一樣，他們看中的是這裡依山傍海的天然環境，以及可能帶來的藍花花小朋友，至於活生生的人，在他們眼裡只是可以提供勞力的資源。

更慘的是，大型開發案目標大，還比較容易對抗，那些跟著嗅到台灣東村商機或看到美景的小資本家，在台灣東村的海岸邊、山坡上，搶先建造各式各樣的大型別墅與私人招待所。這些人跟藝術家不同，多數不與當地居民互動，自成一個封閉的生活圈。與紐約東村的發展結果較為類似的情況是，房地產價飛漲，部分藝術家租的房子被賣了，只好另覓新居，有的則選擇往台灣東村的邊緣地區分散，有的原住民則因為經濟壓力，不得已也只好趁著價格好，把土地與房子給賣了。

可以預見的未來，台灣東村裡飛漲的地價與房價，一方面已經使得許多很長一段時間出外工作的原住民族人買不起自己家鄉的土地與房子，繼續當個「旅外族人」；另一方面，那些不與台灣東村新舊居民互動的人們，將疏離的病症傳染進來，削減了藝術家與原居民所共同創造出的文化與藝術個性。若情況繼續嚴重下去，原住民族人將持續離去，藝術家們也被擠壓到更邊緣的區域，台灣東村或許就此走向失去個性、失去原住民的隕落之路。大型開發案還沒完全開始，就已經發展到如此地步，若讓政府和財團的開發計謀得逞，豈不加速台灣東村與台灣其他已經被大型觀光業所害之處一樣變得同質化了？

同質化，一直是全球化論者主張的一個端點，而另一端則是多元社會想像的在地匯流。台灣東村目前呈現出的全球化景觀，未來的命運將會是處在這兩個端點的哪一位置上呢？說實話，我也不知道。對於一個只受過記錄、爬梳、分析與詮釋這些變化過程的人類學家而言，只能盡力參與抵抗那些把台灣東村拉向同質化的那一端點上的努力了。如果說，紐約東村已經在某種程度上成為失落的伊甸園，那麼，台灣東村還有一丁點的機會保留那一份得來不易的個性，只要新居民在舊居民的社會文化養分上不斷謙卑地創作與學習，舊居民在新居民帶來的新事物上大膽地學習並且不間斷地感受生猛的活力，共同創造一種既野性又美好、既傳統又現代的區域文化特色。然後，不分新舊抵抗那些同質化的力量，真的，台灣東村就還有那麼一丁點機會存活下來。

最後，我要聲明一點，從LESSON ONE到LESSON THREE的英中翻譯，並非敝人所創。那是出身自台灣東村的某個原住民藝術家，歷經十多年間與來來去去的外國人交談學習後，自創的中文翻譯，算是台灣東村這十年來的全球化所發展出的地區語言特色，各位若有機會到台灣東村來，我會很高興地先跟您說一聲：「NICE TO 米酒！」然後，再說一聲：*Minanam to ko wayway ato sowal no Amis kita haw? nanay, mala tamdaw kita itini!*

環境與各物種
也是我們的身體

卡瓦食譜與大洋洲的下酒菜

邱斯嘉

在誤打誤撞之下變成了太平洋考古學者，喜歡到各處旅行和品嚐美食。研究興趣在於透過各種陶器分析討論史前人如何透過陶器製作與交換行為，融合來自不同族群的新移民，建構並強化各島之本土社群意識。

想當年船長還是個小毛頭的時候，第一回踏上大洋洲，利用出田野轉機的時間，在人生地不熟的狀況下參觀了斐濟文化中心，受到超級熱情的接待。印象最深刻的就是有位英俊的武士，笑嘻嘻地拿著三叉夾說，這是當年酋長們用來吃人眼的工具。傍晚，工作人員搬出了木製的卡瓦（kava）盆，用椰子殼舀了一碗，熱情地邀船長與他們一起慶祝下班時間的到來。她喝了一碗充滿中藥味的「卡瓦」，學會喝前飲後要拍掌表示感激之意，然後被差一點忘記要來接她的遊覽車司機拎上車，昏昏沉沉的回到住處。

在接下來的苦讀生涯中，船長也學到了跟卡瓦相關的著名考古案例。法國考古學家何塞．加蘭格（José Garanger）根據吉恩．圭亞特（Jean Guiart）所記載的民族誌以及他自己所蒐集的資訊，研究了一位在萬那杜享有盛名的酋長，洛伊．瑪塔（Roi Mata）。在當地口傳歷史中，英雄洛伊．瑪塔可能出身南方，有人說是遙遠的玻里尼西亞，也有人宣稱他生於埃法特島（Efate），是咱們自己人；無論如何，他最終收服了埃法特島鄰近地區和北方群島，指派忠於他的次級酋長們去統治各方。在一次全島大戰後，他舉辦了盛大的和平宴。應邀赴宴的酋長們依據他們所帶來的食物和工具（如椰子、野芋頭、章魚、老鼠，或是車渠貝做的貝錛）而不是出生地被重新分群。所有同屬一個類別的酋長們以及他們的子孫都不可以互相攻擊。在這個納法克（naflak）制度下，土地屬於同一個納法克的女人所共有，男人只有使用權。而原先的父系繼承制度（namatrao）仍並行不悖，人們可視情況分配土地繼承權。

此後洛伊・瑪塔每五年舉辦一次和平宴，在宴席中賜與參與的酋長們尊貴的名號及貴重物件，並禁止了食人的風俗，從而在他統治的地區帶來和平。

卡瓦——食人傳說與考古證據

這個故事後來分成好幾種版本。有一種版本說洛伊・瑪塔後來不幸被強烈嫉妒自己的孿生弟弟洛伊・穆里（Roi Muri），在宴席上、趁他在喝卡瓦的時候以毒箭暗殺（另一種版本是說他自己食物中毒）。洛伊・瑪塔僥倖沒死，被移到萊萊帕島（Lelepa）上巨大的菲爾斯石灰岩洞穴（Feles Cave）中接受治療，但因中毒過深，幾天後還是過世了。只是因他的靈力強大，遺體若埋在部落裡，會造成眾人隨時觸犯禁忌的困擾，所以依據他的遺言，他被埋葬於外海交通不便的雷托卡島（Retoka）。跟隨他的部落勇士們吹響了號角螺、抬著豬隻和祭品，將他下葬，連海水都自動分開，讓路給他們。由於他是這樣一位偉人，所以他所統治的各個家族，包含他的長老／大臣們，大約五十多人追隨他前往死後的世界。陪葬的男人們在喝下醇厚的卡瓦後陷入昏睡狀態，隨即被埋葬。而陪葬的女人們則被絞死或是活埋。雷托卡島就此成為禁地，幾百年來無人居住。洛伊・瑪塔這個名字也成為禁忌，再也沒有人敢自稱為洛伊・瑪塔。

另外一則傳說提到洛伊・瑪塔原本住在埃法特東北方謝潑德群島（Shepherd）中的苦渭（Kuwae）島，因為當地發生劇烈的火山爆發而移居到埃法特島。他也是第一個見過歐洲人的酋長。然而，苦渭島火山爆發事件發生在西元一四五二年，歐洲人要到西元一六〇〇年以後才來到萬那杜，兩者年代相距甚遠。為此加蘭格決定進行考古發掘，檢驗被埋葬在雷托卡島上的人隸屬什麼年代，傳說中的洛伊・瑪塔到底是否真的存在過。他在當地人的引導下踏上禁地，發現遺址最下層的深坑裡有具男性遺體，頭邊立著一塊大礁石，身上有著豬牙、鯨魚牙、珍珠、貝胸飾，和貝臂環這些代表酋長身分地位的陪葬品。在他的胯間有袋骨頭，可能屬於他已過世的妻子；腳底附近還葬著一個年輕的女人，可能是要在陰間服事他的妾。他的腰旁依照慣例陪葬著他的巫師（陰間的領航者）和他的發言人，此二者中的一個也另有位女人陪葬。因此推測他很可能就是傳說中的洛伊・瑪塔。

依據地層土壤相似度、隨葬品的多寡與品類高低，以及墓葬方位的安排，加蘭格可以看出至少同時有三十二個人呈環狀陪葬於此。男人們幾乎全部是仰睡直肢葬；女人們則姿勢各異，大多摟著自己的伴侶，有些則看得出來是被活埋後苦苦掙扎到最後一口氣。最上層還有個根據姿勢判斷是被活埋的孩童，他的陪葬品非常豐富，甚至有酋長專用的鯨魚牙齒。其他零散在地層中的還有幾袋散亂的人骨（可能是原本已經過世的親人被挪過來隨葬在一起），幾個用以取暖但不足以煮食的小火塘，一些燒焦的豬骨和破碎燒焦的人骨。加蘭格取了疑似是洛伊．瑪塔的死者的右股骨和火塘中的炭做定年，得到684+/-140bp，也就是大約在西元一二六五年的時間點。這個年代距離火山爆發或是歐洲人來到萬那杜都有兩、三百年以上的差距。

多年來這個案例一直被引用來說明考古學者透過科學研究證明了口傳歷史的真實性，解決了口傳歷史缺乏確切事件發生年代的問題。這整個地區也被指定為世界文化遺產。然而最近大衛．盧德斯（David Luders）透過新的口傳歷史與定年資料（墓葬中的貝殼定年，經校正後得到約在西元一五〇〇到一六〇〇年左右），以及重新解讀加蘭格的考古發掘報告，提出了另一種解釋。盧德斯認為既然要講故事就要從頭說起：大約在西元八〇〇年左右，有好幾波來自南方塔納（Tanna）或是埃羅芒阿（Erromango）島嶼群的移民陸續航行到埃法特的東邊，並且順著海岸線往北移，甚至到了謝潑德群島定居。當時這些部落很可能是階級社會：平民只有土地使用權，其上有各式的次級酋長、酋長與大酋長統治各地。各級酋長有權要求下級的酋長及平民繳稅及服勞役，大酋長則有生殺大權。酋長是依據父系繼承制來決定的，擁有專屬的名號與服飾。到了西元一四五二年，謝潑德群島火山爆發，將原本的苦渭島炸裂了，形成了現在我們所知道的埃皮島（Epi）、通戈瓦島（Tongoa）等大小眾多的島群。然而因為自火山爆發前六年起就陸續有劇烈地震，所以當地酋長早就開始組織人民外逃。他自己搬回到埃法特島的北邊，只留了個兒子照管土地，指揮後續的搬遷。火山爆發時這位酋長之子正在組織船隊，僥倖逃過一劫。他後來回到原本該是他繼承的通戈瓦島，但是他的族人中有許多人選擇繼續留在埃法特。

盧德斯交叉比對了眾多家族提供的與這次火山爆發及後續發展相關的口傳歷史和歌謠，推測埃法特的全島大戰可能發生在西元一六〇〇年左右。這場曠日廢時的戰爭逐漸失控，造成居住在埃法特島的眾多高階酋長與家臣們紛紛逃回到北方有親戚關係的謝潑德群島，只留下一些低階酋長管理土地。這時洛伊．瑪塔趁勢而起，號召當時面臨饑荒的人們，透過納法克制度確保了和平，也利用五年一次的和平宴指派效忠他的人馬，採用新的母系繼承制度，大幅掌控了原本不屬於他的土地。

盧德斯認為這樣的做法挑戰了眾多高階酋長們原有的父系繼承權，從而促使他們下令殺掉洛伊．瑪塔與其黨徒。盧德斯也推測那個擁有眾多陪喪品、被活埋的幼童，很可能是洛伊．瑪塔的繼承人之一。那些散落在墓葬附近的小火塘，可能是給那些喝了卡瓦而發冷的陪葬者取暖用的；燒焦且被敲碎的人骨和豬骨，則是證明了洛伊．瑪塔過世後，在他的喪禮上就已經恢復了食人的習俗。所以他認為洛伊．瑪塔這個名字之所以不再有人敢用，並不是出於尊重，或是名字本身有什麼強大的靈力，而是因為趕盡殺絕的命令到如今仍然有效。

卡瓦人生的真實樣態

然而在接下來的這些年間，船長在各島嶼間穿梭來回，並沒有遇過什麼危險，反倒時常受到保護，飽嚐濃濃的友誼。所以這種暗黑故事也變得越來越不真實，逐漸從船長的記憶中消逝。卡瓦倒是變得甚為流行，從萬那杜喝到新喀里多尼亞喝到斐濟、東加和波納佩。過往只有酋長階級的男性才可以品嚐的飲料，現在變成了大家下班後聚會的必備之物，雖然消費者還是以男性為主，但是女生來個幾碗也不算太驚世駭俗。

這次跟著ＪＣ到萬那杜北邊，先去和當地的酋長、租用遺址所在地的旅館業者，以及文化中心打招呼，尋求許可，希望往後可以在那裡進行考古工作。一路上我們遇到的人都很和善，事情順利到不可思議。ＪＣ交遊甚廣，所以晚間我們通常都會跟當地人跑去那卡茂（nakamal，以前是酋長專屬的卡瓦飲宴場所，現在變成類似酒吧的地方）買卡瓦，在漫漫長夜中邊喝邊聊，談他們的朋友、當地政治、令人憂心的時局發展。把新鮮的卡瓦根從田裡挖出來之後，沖洗掉泥巴，切成小塊，或敲或嚼或絞，想辦法擠出汁來，就可以喝了。一口氣喝完一椰碗，吃上一小塊水果或雞翅，去掉嘴裡的怪味即可。醇厚的卡瓦，一小碗就可以令人醉倒，舌頭發麻、眼睛畏光、怕吵、全身放鬆到無法控制四肢、稍一動彈就想吐，最後只能在那卡茂裡昏睡，或是勉力爬回房間去。這種放鬆的滋味很難形容，多年來也只有在萬那杜喝新鮮的卡瓦讓船長著實醉了幾回。為了教學，船長曾經多次試著自己調製帶回台灣的卡瓦粉，卻經常無法成功地調出濃厚到令人舌頭發麻的口感。後來學到正確的調製方法，各位有機會不妨一試：將卡瓦粉像沖泡咖啡一樣慢慢地注入滾水，讓粉末吸收水分。等粉末逐漸膨脹之後，再加上少量溫水浸泡，但是不可以讓水漫過粉末。接著用手輕輕搓揉擠壓，慢慢擠出汁來。兩公斤的粉大概只能擠出一點五公升的卡瓦，別貪心地加太多水進去。尤其千萬不可以一開頭就加冷水。

萬那杜有上百種不同的卡瓦，不同的島嶼所種出來的卡瓦也有強度和口味上的差別。好奇地問ＪＣ，他喝過最難以忘懷的卡瓦是在哪裡喝到的。

在馬勒庫拉島（Malekula）的南邊，他說。

那年他跟著幾位當地人一起在那裡做調查，一天傍晚正來到一個村落前。團隊中有些人提議可以問問看他們能否在村中借住一宿，一些人則堅持反對，要立刻離開。由於天色已晚，他們後來決定還是去試試運氣。酋長夫人是位很有威望的長輩，當地人說，得到她的許可就行了。幸運的是，酋長夫人一口答應了，並且邀請他們進村一起用餐。但反對進村的人則猶疑著仍然不願意進去，堅持要先獲得酋長的同意才行。於是他們一行人便等在村口，直等到天已暗沉、酋長駕船返家，他們一群人才在邀約下，跟在酋長身後進了村中的那卡茂。

一進去，JC就被告知今晚最好低調一點，坐在靠近門口的地方，萬一情勢不對，千萬記得趕快逃跑。在萬那杜進行考古工作多年，他以前從來沒有聽過這種警告，所以搞得他也一肚子緊張。宴會剛開始的時候氣氛詭異，不過幾杯卡瓦下肚，又處在當地人喃喃低語聲中，累了一天的JC逐漸陷入昏沉。突然，他驚訝地發現酋長張弓拉箭，箭頭就直對著自己。一群人有的驚訝有的大聲嚷，可是他的手腳正因卡瓦發軟，動彈不得，連眼皮都需要奮力才能撐開一點。他心想，自己到底哪裡得罪酋長了？今晚要死在這邊了嗎？他曾聽說附近發生過酋長從背後射殺膽敢在獲得許可前就來追求自己女兒的年輕小夥子，但他可是什麼都（還）沒做啊！

第二天離開村落之後，他趕緊問別人，昨晚發生了什麼事。放心啦，酋長只是比手畫腳地在講故事。

什麼故事啊？這麼刺激？JC問道。

食人傳說的最後急轉彎

酋長年輕的時候，有位白佬，踏上了他沒有資格走的路。等等，什麼路？你知道的啊，進村有兩種路，一種是我們平民老百姓走的，一種通常會用有特殊怪味或顏色的樹枝或葉子標示出來，是酋長專用的。外人在沒有獲得同意之前，連村都不能進的。但是這位白佬，不但糊塗地闖過警戒標誌，還一路踩著酋長之路走向那卡茂。當他被酋長喝止、要求他離開的時候，他置之不理，嚴重冒犯了酋長，於是酋長就用那把弓射殺了他。

當時殖民政府還在，所以酋長也知道自己惹了大麻煩。一個白佬死在自己的村落裡面，要怎麼跟殖民地警察解釋這件事呢？於是他廣發請帖，邀集了附近所有村落的酋長到他的那卡茂來喝卡瓦，說有要事相商。等大家都到齊之後，他奉上許多的卡瓦，和一盤盤備好的肉。大家大快朵頤吃喝盡興之後，這位酋長說，嗯，前幾天我殺了個白佬，因為他冒犯了我。現在我已經把他做成烤肉串，你們也已經把他吃下肚了，所以我們現在是綁在一條船上的人了，你們得幫著我把消息隱瞞下去，任何人問起都說沒見過這個人。否則，你們都吃了他的肉，要知道吃人的罪責也是不輕的。在座的酋長們驚慌失措，但是他們也想不出其他的解決方法，於是就都同意幫著這位酋長對付殖民地警察的詢問。那就是為什麼我們不願意進他的村落，要你隨時準備逃跑，天曉得他會不會也想把你這個白佬殺掉？

ＪＣ聽著他的夥伴們講出這樣可怕的故事，心想這也太誇張了，大概是屬於當地人的黑笑話，專門用來嚇唬無知的白佬的吧。他平安地回到了首都，遇見另一位也是長期在當地出田野的Ｋ。閒聊間，ＪＣ順口問了問Ｋ是否知道有白佬在馬勒庫拉島南邊失蹤的故事。哪想到，Ｋ回答說，嗯，聽你這麼一說，我倒想起是有位地質學家，六〇年代在那個島附近進行野外調查時失去音訊，不過當地警察問了幾次，都沒有人見過他。那個島那麼大，地廣人稀，或許他是在深山裡面還是海岸礁岩地帶調查的時候出了意外、受傷死了吧。

ＪＣ聽了心裡發毛，喔喔，我想我也許知道他在哪裡。

以「食」療癒內戰傷痕？

從秘魯近年的餐飲業榮景談起

褚縈瑩

在歷史系被看作人類學者，在人類系則被看作歷史學者，自己還滿享受作為一種學術蝙蝠的感覺。關注拉丁美洲的人類學史、原住民運動、農業與飲食。現任教於國立台北大學歷史系。

個人的成功在於，其目標超越個人的範圍，而構成集體志業的一部分。日本從廢墟中重建國家，並成為今日強盛的樣貌，是因為他們將所謂的日本人置於個人之前。（……）正是這樣的民族精神，但它必須是正向的、對世界開放的、敢於質疑的、互相包容的、擁抱彼此的、整合的、鼓勵成功的——而不是悲嘆的、譴責的、分裂的、敝帚自珍的那種民族主義——才能讓秘魯人拼貼出我們民族的樣貌，還有我們長久以來等待的繁榮。

這是秘魯最負盛名的主廚加斯頓・阿庫里歐（Gastón Acurio），二〇〇六年在秘魯太平洋大學（Universidad del Pacífico）的開學典禮上，受邀演講時，鏗鏘有力的結尾。阿庫里歐是誰？為什麼一位廚師，會受邀至大學的開學典禮演講？又為什麼跨出了自己的專業領域，大談民族精神和國家繁榮的關係？

本文就要從秘魯歷史的角度，來解讀主廚阿庫里歐帶動的餐飲業榮景（Food Boom），為什麼能敲進秘魯普羅大眾的心坎裡，以及試圖回應哪些秘魯長久以來無法解決的社會矛盾。

脈絡：從內戰上溯至土地改革與殖民歷史

從秘魯的歷史看來，阿庫里歐的願景具有深刻的意義；注重在地農產品、支持小農的新安地斯飲食運動（Novo Andino），自七〇年代末就開始蓄積能量，阿庫里歐只是讓這把火燒得更旺。

新安地斯飲食運動，是針對秘魯土地改革（六〇至七〇年代）失敗而起的一場食農行動，參與者認為土地改革未如預期讓秘魯改頭換面，是因為光談土地所有權分配、增加農業生產力是不夠的；土地改革不是一根魔法棒，一揮就能解決發展與貧富不均的問題，農業（包含農村、農民、農產品）之於社會整體的價值必須提升。

此外，土地改革的失敗，也是光明之路游擊隊能在八〇年代席捲秘魯高原地帶、吸引農民加入的主因之一。光明之路游擊隊成立於六〇年代末，它主張毛派的武裝革命路線，仿效中國農民革命過程中，以地方包圍中央、以鄉村包圍城市的概念，意圖奪取政權。初始，位在利馬的中央政府並未認真看待光明之路，一直到游擊隊滲透利馬市並採取恐怖行動，背向安地斯山脈的都市菁英才開始警覺事態嚴重。

政府軍與游擊隊的長期內戰，在秘魯造成了災難性的後果。無論是哪一方，只要懷疑農民可能向敵方通風報信，或是反政府／反革命分子，皆抱持寧願錯殺一百、也不可放過一人的原則。內戰死亡的七萬多人中，據秘魯官方報告估計，有一萬一千多人是無辜的平民百姓。「誰才是游擊隊員？」的疑慮，讓秘魯社會人與人之間的互信崩解。

針對光明之路游擊隊所留下的內戰傷痕，秘魯政府也啟動真相調查與和解委員會，委員會觸碰了秘魯長期以來利馬—安地斯山脈／都市—鄉村之間，權力不平等且資源分配不均的問題，並指出這是光明之路之所以能對秘魯社會造成重大創傷的關鍵原因。

利馬與安地斯山脈，既互相依存又彼此對立的關係，更可上溯至西班牙殖民時期。一五三〇年代，西班牙征服者皮薩羅（Francisco Pizarro），迫使印加王阿塔瓦爾帕（Atahuallpa）供出金銀財寶並將他絞殺後，就將鞏固庫斯科殖民勢力的大任留給家族成員，他自己則從海拔三千四百公尺的安地斯山脈，揮軍跋涉至太平洋海岸，建立了今日秘魯的首都——利馬市。

皮薩羅當時考量，位在高原上的庫斯科，距離西班牙既有的殖民勢力，如加勒比海、墨西哥等地太遠，必須依靠海運才能快速接駁人員與物資；此後，利馬就一直扮演著殖民社會上層階級，也就是半島人（Peninsular，從伊比利半島來到美洲的白人）與克里奧人（Creolo，指出生於美洲的白人）根據地的角色。他們一方面仰賴高原上的原住民，生產糧食與貿易用的初級產品（如波多西的銀礦），另一方面則將原住民為他們賺得的利潤，用以購買歐洲製造的高級進口商品。

殖民時期所立下，依照種族分類（白人／混血麥士蒂索人／原住民）來區隔社會階級的原則，雖然在拉美各國獨立建國時期，曾遭到土生主義（Nativism）的挑戰——強調所有出生在美洲的人，包含統治階級的克里奧人，都是美洲人，試圖與來自歐洲的半島人劃清界線。今日拉丁美洲社會也已經不存在半島人與克里奧人之分，然而，膚色與種族所帶來在社會生活上的區隔，並沒有消失。

美食可否療癒內戰傷痕？阿庫里歐的嘗試

阿庫里歐出身秘魯上層階級、政治世家，也就是屬於拉丁美洲社會當中的「白人」。過往在拉丁美洲，廚師這一行從不在上層階級的職業選擇清單裡；阿庫里歐卻「辜負」了家人對他的期待，從法律轉到廚藝這條路。阿庫里歐自陳，開啟他對廚藝興趣的，是過去家中聘請、具有原住民血統的女傭；她烹煮的菜餚，也是阿庫里歐記憶中「屬於秘魯的味道」。

聽在秘魯人的耳朵裡，這個故事跨越了秘魯從西班牙殖民以來就立下的族群與階級藩籬。試問一個自秘魯獨立建國以來一直試圖回答的問題：「誰是秘魯人？誰代表了秘魯？什麼是秘魯的真實樣貌？」

阿庫里歐一開始學習的是法式料理，早期開的也是法式餐館，這除了透露出法式料理的世界知名度與地位，也反映了拉丁美洲自殖民時期以來，特別是上層階級的流行文化與思潮，都向歐洲看齊的慣習。

憑藉著秘魯上層階級的消費實力，阿庫里歐的法式餐館日日高朋滿座；但故事出現了轉折，他開始思考，為什麼遠在南美洲的餐廳要煩惱法式食材不易取得的問題？高級餐館可不可以使用市井小民用的在地食材？他問自己，即使經營不成問題，但他好不容易得到家人支持、轉換跑道，到頭來只是為了服務少數上層階級的顧客嗎？

一九九四年，阿庫里歐從巴黎回到利馬，距離光明之路游擊隊的首領古茲曼（Abimael Guzmán）被捕、游擊隊勢力開始崩解，不過兩年時間。兩年前利馬市中心遭到恐怖炸彈攻擊的斷垣殘壁與血跡也許已經清除，但要修復市民的恐懼心理、崩壞的互信基礎，以及內戰帶來的經濟蕭條，秘魯社會還有漫漫長路要走。阿庫里歐問自己，離開了父親為他設定的法律與從政路線，他還能為秘魯做些什麼？

他決定將「秘魯」打造為一個國際的美食品牌，扭轉秘魯當時在國際上受到內戰牽連的負面形象。這個飲食產業鏈，從上游的農業到下游的餐飲業，將牽動許多從業者的生計，為衰敗的經濟注入活力。

他成功了嗎？秘魯近年來的確出現一波波的餐飲業榮景，除了他自己旗下的連鎖餐廳於二〇〇八年整體營業額達六千萬美元；秘魯的烹飪學校、美食攝影出版業、食農行腳節目、食農觀光旅行產業，亦如雨後春筍般成長。

一向以古文明馬丘比丘為觀光號召的秘魯，成功開闢了另一個戰場，每年約有七萬五千名觀光客專程為美食拜訪利馬，估計每人每天花費一百三十美元享受美食，整體來說約占秘魯國民生產毛額百分之十。而隨著秘魯食材為世人所知，秘魯的農業生產與出口亦有所成長。

更重要的是，他認為飲食可以重新搭起秘魯人與人之間的橋樑。阿庫里歐憶起，即便在利馬實行宵禁、最風聲鶴唳的那段時間，街頭還是可以找到幾攤煙霧蒸騰的烤牛心串（anticucho de corazón）小販，維繫著人們緊繃生活中的一點樂趣與盼望。

他主張，在飲食的領域裡，秘魯可以重新梳理多元族群來到此地的歷史，除了歐洲殖民者以外，還有十九世紀移入的華工、日裔移民。他所創作的秘魯拼盤，試圖跳脫利馬－安地斯山的二元對立，將秘魯各個區域所生產的食材與烹飪的特色都帶進來。他所推動的秘魯美食年度慶典米斯杜拉（Mistura），也被參與者譽為不分族群與階級、多元文化和諧共處的場域。

出走利馬城的主廚：比爾希略・馬丁尼茲

除了展現秘魯的多元文化以外，秘魯的這一波飲食榮景中，主廚們也將目光投向秘魯多樣化的生態系，以及它所蘊藏的潛在食材。故事要由阿庫里歐的高徒之一——比爾希略・馬丁尼茲（Virgillio Martínez）說起。在影集《主廚的餐桌》（*Chef's Table*）中，阿庫里歐回憶馬丁尼茲原先在他旗下餐廳工作，但他有一天試菜時發現，馬丁尼茲所經手的菜餚，已經有了自己的風味，而不再是阿庫里歐原先設定的呈現方式了。對師徒二人而言，這意味著馬丁尼茲單飛創業、自立門戶的時刻到來。

馬丁尼茲在二〇一九年接受《國家地理雜誌》專訪時曾經提到，他想翻轉秘魯飲食文化中經常被強調的「大熔爐」的意義，他想知道在殖民歷史與亞洲移民潮帶來文化融合以前，生活在秘魯這塊土地上的人如何吃？他似乎暗示了有一種原初的、對於食材的理解與使用，存在於遠離利馬市的大自然當中，在秘魯的海岸、雨林與深山當中。

事實上，這也是馬丁尼茲經營餐飲事業的一大特色。馬丁尼茲在媒體上的形象，可用「我不在餐廳，就在尋找新食材的探險路上」這句話來描繪。他自陳在廚房內失去靈感的時候，最常做的事就是遠離利馬市，在秘魯多樣的生態系中冒險，請當地人為他帶路，指引他路邊的野草野果如何食用，親身舔舐山谷裡的鹽田所製作出來的鹽。

馬丁尼茲最負盛名的餐廳——核心（Central），採取無菜單料理與預約制，有幸預約成功的賓客，將享用一道道馬丁尼茲與他同為主廚的妻子琵雅．利昂（Pía León）最新研發的菜色，從秘魯的海拔零公尺逐漸攀升至高聳入雲的安地斯山脈，而每一個海拔的代表菜色，勢必包含了該海拔生態系所生長出來的食材。

馬丁尼茲更將自己的植物學家妹妹瑪蓮娜（Malena Martínez）拉進來，開始有系統地透過科學方法，記錄與研究這些他們在探險過程中所認識的食材，兩人並在二〇一三年成立「核心創始」（Mater Initiativa），招攬一群植物學、人類學、社會學者與保育人士，作為餐廳的研究母體。馬丁尼茲悉心經營的社群媒體頁面，以及核心餐廳的牆面上，都擺設著類似植物標本採集的圖像。

核心餐廳在二〇一八年奪下有美食界奧斯卡之稱、世界五十大餐廳的盛名，並被票選為南美洲最佳餐廳，但馬丁尼茲的企圖心不止於此。同年，他們夫妻在庫斯科市鄰近的神聖谷地（Sacred Valley）創立了新的餐飲品牌——千（Mil）。千餐廳就開在印加文明過往的實驗梯田（Moray）附近，對於標榜研究與實驗精神的馬丁尼茲家族來說，此舉充滿了象徵意義。相較於利馬市，千餐廳與安地斯山脈上的原住民社群更為靠近，而與這群生產者、傳統知識擁有者建立更密切的合作關係，也是千餐廳擔負的使命之一。

反省之聲：誰的秘魯？誰的菜餚？

針對秘魯這一波餐飲業榮景與阿庫里歐以降的飲食風潮，人文社會科學界也有諸多批判與反省：社會學者勞爾．瑪塔（Raúl Matta）認為，這一波飲食革命純粹是秘魯菁英階層的飲食探索，並未能如宣稱一般，跨越社會藩籬。它篩選與重組了過去專屬於地方的飲食傳統，經過大廚們的轉譯，重新放置在公共領域當中，用來彰顯秘魯的文化多樣性。這樣一個界定秘魯文化為何的政治過程，在他看來，依然掌握在少數菁英階層的手裡。

人類學者瑪麗亞．伊蓮娜．賈西亞（María Elena García）則指出，原住民文化運動者對於這股風潮，有三個觀察與擔憂。（一）它所傳達關於傳統食材的知識，是一種菁英視角、去脈絡化的知識，無法完全體現背後的文化深度。（二）即使這些傳統食材與菜餚，開始在菁英階層與海外大放異彩；原住民社會內部卻常見，年輕一代傾向選擇加工食品與速食，出現知識斷層危機。（三）某些大廚只與某些特定農民合作，無法結構性解決鄉村貧窮問題。

回顧阿庫里歐二〇〇六年的那場演講，或許，秘魯從飲食與農業，找到了其中一條經濟復甦之道；然而，曾經高築的社會藩籬是否已經倒下？更具包容性的民族內涵是否已經成立？多元文化的論述，是否掩蓋了貧富差距的問題？都還有待進一步的檢驗與反思。

後記：COVID-19疫情下的秘魯餐飲業

曾經被寄予厚望的秘魯餐飲業，由於十分仰賴觀光人潮，因此，自二〇一九年起衝擊全球餐飲業的COVID-19，自然也重創了秘魯餐飲業。二〇二一年年初，馬丁尼茲宣布旗下的核心與千餐廳都將暫時歇業；他在受訪時指出，疫情讓他看到，平時合作的農民如何因為醫療資源分配不均、醫療資訊不對等現象，而更容易受到疫情衝擊。

另一方面，這些仍有能力維持健康生活的主廚們，似乎也不約而同地進入了沉潛期：阿庫里歐宣布他將投注更多金錢與時間，在他經營已久的貧民窟餐飲學校——帕查庫特克（Pachacutec）；馬丁尼茲則說，他終於有時間坐下來，與核心創始團隊重整研究的腳步，將心思集中在農業深耕，而不是擴張餐飲業版圖。秘魯這些年是否已經在餐飲業龍頭的帶領之下，成為一個更緊密連結的國家？我們似乎還未看到一個清晰的答案。

到了海南島才知道……「鹽來如此」！

陳伯楨

芭樂貓，因為從事鹽業考古而有最鹹溼的考古學家之名，雖然表面是愛虧人的大叔，實際上與人交陪真誠善感，是出得了田野、入得了廚房，又能在課堂、網路上，談笑如春風的可靠夥伴。如今遠颺在偉大的航道上，而笑語風聲猶在。

田野尋根之路

對我來說，田野地的決定一向是種種機緣的巧合。大學時最常出田野的地方是宜蘭，那裡剛好是我母親祖先來台時落腳的地點。寫博士論文時的田野地在重慶，恰好是我父親出生的地方。所以當北大的老師向我提出邀請赴海南島進行鹽業考察時，雖然我已說了很多次想要暫停鹽業的題目，擺脫「鹹溼考古學家」的稱號，但還是立刻答應了這個邀請。因為海南島是我父親在一九四九年來台灣前生活的地方。從小，我的身分證及戶口名簿上的祖籍都是寫「海南特別行政區」，讓我總覺得自己與其他的小朋友不一樣。對於海南島，我總是有股很特殊的感覺。二〇一三年一月的海南島田野行，剛好完成了我以田野尋根的最後一站。

這次田野，主要考察海南島洋浦及峨蔓一帶的傳統製鹽工藝，以供當地政府未來發展觀光的參考。從文獻上來看，《新唐書．地理志》裡面即記載了：「廣州新會有鹽，潮州海陽有鹽，瓊州瓊山有鹽，振州、寧遠有鹽。近海百姓煮海水為鹽，遠近取給。」其中，瓊山、振洲及寧遠都在海南島，顯示最遲到唐代，海南島已有相當規模的鹽業生產。這也是如今洋浦宣稱製鹽已有一千兩百年歷史，號稱「千年古鹽」的原因。不過，遺憾的是，清代以前的文獻紀錄，都只有和鹽政相關的零星記載。我們沒有太確切的文獻，能夠說明他們當時生產鹽的方式。從清乾隆二十七年的《兩廣鹽法志》來看，清代時兩廣及海南地區生產鹽的方式主要有火煮和日曬兩種，而這次我們考察的便是其中的日曬產鹽法。相較於前者，日曬法利用太陽能和風力，減少了對燃料和人力的需求，算是比較進步的方法，但是當然也要當地環境條件能夠配合。

曾到過台灣南部鹽田參觀的人，一定對陽光閃耀下的鹽田有印象。台灣南部的曬鹽可以分為大蒸發池、小蒸發池及結晶池這三個部分。海水經由腳踏的水車，依序從大蒸發池、小蒸發池流入結晶池，並在過程中逐漸提高濃度，而大家印象中看到整片雪

峨蔓的鹽丁之路——鹽工每日沿著這條石頭小路，穿過兩側的紅樹林，將鹽往外運出。陳伯楨攝。

白的鹽田就是結晶池的部分，在台灣又可分為以土為底的土盤，以及以打碎陶甕鋪底的瓦盤兩種。後者見於北門井仔腳，能提高鹵水對太陽輻射的吸收，加速海水蒸發，結成的鹽也較精緻潔白，適於食用。

日曬法製鹽工序

上述介紹的雖然是台南鹽田的製鹽過程，但基本上所有採用日曬法製鹽的步驟大同小異，都是將海水濃度提高至某一個程度後，再將高濃度的鹵水放入結晶池中，讓結晶成鹽。只是，在工序上，各地仍會有所差異。以洋浦及峨蔓地區來說，這裡的鹽場被區隔為若干單元，每一個完整的單元包括被曬鹽槽所圍起來的鹽田、過濾池、蓄鹵池、鹵水缸、曬鹽槽，以及數個單元合用一個的工棚。

完整的製鹽工序是先從引海水入鹽田開始。鹽工在海岸到鹽田之間挖出引水溝渠，漲潮時海水便會沿著溝渠流向鹽田，使鹽田中的砂土被海水充分浸潤。等到退潮，經過曝曬後鹽田內便形成混合鹽粒的砂土。在兩到三天的反覆過程中，鹽田內的土壤含鹽量達到飽和後，鹽工便將鹽泥鏟入鹽田中的過濾池。每組鹽田有一到兩個過濾池及蓄鹵池。過濾池與蓄鹵池是一個以石板相隔的池子，其間有暗道相通。鹽泥鏟入過濾池後，鹽工會將鹽泥踏平，並鋪上茅草作為過濾。鹽工在過程中會不斷向鹽泥澆注海水以溶解鹽泥中的鹽分，此時鹽水便會順著暗道流入蓄鹵池。當蓄鹵池的鹽水濃度已經差不多飽和，鹽工便會用海邊生長的一種名為黃魚茨的植物，來檢測鹵水是否達到一定濃度。當黃魚茨的莖浮在水面上時，表示鹵水濃度已可用來曬鹽，反之則要再做進一步的濃縮。理想的濃度約是百分之八十到八十五，曝曬後即可在當天成鹽。

「黃魚茨」是海南島鹽田附近常見的灌木植物，在別的地方也有用乾蓮子測試的例子。看蓮子是否恰好立於水面之下，而不是沉入水中或浮出水面，就可判斷鹵水濃度是否合於標準。各地往往幾經實驗後累積成經驗，而測試方法的準確度提高後，鹽的產能也跟

一個完整的鹽田單元。陳伯楨攝。

過濾池（右）及蓄鹵池（左）。陳伯楨攝。

方形火山岩鹽槽。陳伯楨攝。

著提升。

高濃度的鹵水會被暫時存放在鹵水缸中。每副鹽田約有二到三個左右的鹵水缸。每日上午十一點左右開始曬鹽，鹽工將鹵水舀至鹽田周邊火山岩質的曬鹽槽內。這些火山岩鹽槽都相當的淺，不到一公分，因此當天下午五、六點即可採收。一個鹽槽每次出鹽不會超過一千公克。採收好的鹽會暫時存放在鹽田旁火山岩砌成的工棚內，達一定數量後再運出販賣。每一個家戶擁有約一個的工棚，以及約莫二到三個左右的鹽田。

在峨蔓，還存在另一種形式的鹽槽。鹽工將火山岩敲打成若干正方形的方塊，然後將這些正方形的方塊拼成長、寬數公尺的方形大鹽槽。這種技術曬的鹽量較高，應是改良後的形式。

考古學者的田野省思

目前這個地區的製鹽工藝，已大致為人所了解。雖然我們主要的工作是研究傳統鹽業工序，但同時應地方政府單位邀請，也要根據研究的結果提出一些建議，以協助當地發展觀光。對此雖然還沒有很明確的定案，但在我田野筆記本裡，已有一些基本的想法和期許：

第一，由於海南島目前的旅遊路線是以沿海口、博鰲、萬寧到三亞等由東北至西南的旅遊線為主，而洋浦所在的西岸則是港口工業區。如果要發展觀光，無法只靠單獨的製鹽生產撐起旅遊線。最好可以連結西岸地區包括漢代古城、東坡書院等具有人文特色的景點，再搭配一些生態景觀，連成一條可供一日旅遊，甚至能吸引觀光客過夜的旅遊線，否則無法將人留在當地，刺激經濟。

第二，洋浦作為經濟開發區，被政府劃定為港口工業區，在積極的招商開發及石化煉油工業進駐之下，傳統產業和自然生態都都受到了衝擊。如果要發展觀光，必須解決環境污染的問題。當我沿著海岸走時，沿路可以看到大量的垃圾。除此之外，鹽場周圍數公里範圍內有多間造紙及煉鐵等工廠，他們所排放的污水可能已影響當地海水，必須先進行化學成分的分析。否則製作出來的鹽如果受到污染，就不適宜發展。未來成為觀光地點後，仍應每週定期檢查，並主動出示檢測結果，以獲得消費者的信賴。

第三，除了與工業開發產生衝突，在發展傳統文化產業時，現代相關衛生法令的問題也需要考量。以食鹽中添加的碘為例，碘缺乏除了造成我們熟知的甲狀腺腫大的問題，懷孕期的女性如果缺乏碘，容易造成流產和先天性的畸形兒，而成長期的幼兒若缺碘，則會有智力發育遲緩的問題。因此，中國對於在鹽中添加食用碘的量有一定的規範。海洋中雖含有碘，但各地區生產出來的鹽碘含量不一。當地鹽工抱怨他們生產出來的鹽，常常被衛生官員以未添加碘為由，阻止他們在市面販售。在峨蔓鹽丁小學的操場上，我甚至看到巨大的標語寫著「缺碘影響孩子智力發育」。我認為，應儘速檢驗當地海水的含碘量，如果確實有不足量的情況，可以輔導當地鹽民人工添加足量的碘，或修改法令，允許少量以觀光為主的傳統製鹽販售。這類的問題應有全國性的通盤考量，因為四川及雲南等地的鹽礦，也有碘量不足的問題。既然目前這些地方的鹽生產也都是以觀光為主，當局應制定相關法令，替這些文化產業製造的鹽解套。

第四，未來在規畫當地觀光時，應將居民的意見納入決策當中，避免由旅遊公司壟斷所有的規畫和設計。整個鹽場的觀光動線必須重新設計。目前的行走動線，是以現有的生產路徑規畫。如

峨蔓鹽丁小學操場上的標語。陳伯楨攝。

果仍沿用現有的動線，一方面難以疏散瞬間湧入的遊客，另一方面也會導致僅有較前面靠近動線的鹽戶才能吸引到較多的觀光客。在規畫時至少要以家戶為單位考量，達到利益均享的原則。最重要的是，我不想看到海南島的美麗灣!!

第五，建議仿效台灣台南鹽博物館，對周邊所有與鹽相關的遺跡做清冊，並以影像記錄的方式對所有的鹽工進行口述歷史。同時，應開始對鹽業相關的文物進行徵集，為未來可能興建的鹽業博物館或展示室做準備。畢竟，在傳統製鹽技藝逐漸遺失的情況下，記憶保存顯得急迫而重要。

第六，目前鹽場僅販賣小包裝的鹽，周圍的餐廳也只有鹽焗雞和鹽烤魚與鹽有關。積極開發各項鹽相關的文創產品，以及輔導周圍餐廳開發與鹽相關的菜色，應是推銷產品及產業鏈的一環。

第七，目前當地製鹽主要集中在六至十月的夏季，當局必須思考如何在非產季的時間仍能吸引觀光客到此參觀。為達到此目的，除考慮部分鹽田可以在非產季時仍維持觀光性質的運作外，應考慮強化整個製鹽產業與當地村落間的連結，讓觀光客能真實感受鹽村的生活，而非僅止於參觀製鹽的過程。

第八，對於先前為了觀光所做的一些設施，應重新檢討有無必要，並做調整。在到洋浦之前我已在網路上搜集一些相關的訊息，發現有人的網誌上有刻著「東坡鹽槽」四個大字的大石塊。我對於現在中國很多文化觀光景點穿鑿附會名人的現象很感到興趣，但在現場遍尋不著那塊大石。於是開口詢問村長是否有這塊大石，村長很熱心地帶我繞了一大圈路才看到那塊石頭。「怎麼樣？還不錯吧？」「嗯⋯⋯還可以啦。」「我刻的！」「什麼？你刻的？」「是呀，就上次領導說要發展觀光，我想了想，不知道要做什麼，就用電腦印了字樣，自己把它給刻上去了。」「那⋯⋯我們沿路過來整條石頭路上，每顆石頭都刻上各種銅錢、鹽耙、鹽桶、魚、蝦、蟹、龜等圖案，那也是你刻的？」「哦，那是另外一次領導說要發展觀光，別人刻的。」這一類的人工添加物是目前中國文化遺產景點的一大問題，也應全盤檢討。

身為「最鹹溼的考古學家」，在觀察、並比較各個傳統鹽業生產地之間，除了透過參與觀察和訪談去了解這項傳統生產技術外，我一直在想各種不同的方法，幫助當地文化資產的保護與利用，期待村民能有效利用自身的優勢與資源；我也不斷設想觀光化之後對於當地社會可能帶來的衝擊。有一天下午，我坐在捕魚的石滬上往鹽田的方向看，一會兒想像古代這裡的人是如何生產鹽、如何生活的，一會兒又開始想像如果觀光化以後這裡會變成什麼樣子，想著想著不禁啞然失笑。考古學家守備範圍還真廣呀，不但是過去，就連現在及未來都要兼顧，這真的是我的工作嗎？對考古學者來說，我們關心的不只是地下考古遺址，而是地上活生生的人。

在教書的過程中，常常遇到有同學跟我說他會選擇考古學而非文化人類學的原因是因為他不擅或不喜與人接觸。但我認為，抱持這種心態來學習考古學是不恰當的。儘管考古學許多研究的材料都屬於過去的文化，但進行考古學研究的人、居住在遺址之上的人卻都是活在現代的人。我們如何能擺脫與人的關聯？更何況，考古學一再強調要由物見人，如果對人沒有興趣，沒有熱情，那如何能讓人透過你的研究看到古代的人呢？

短短幾天田野的時間，海南島突然由從未到過的祖籍地，變成讓我掛心的地方。我想，不單單是因為我的親人會在這裡生活的關係，而是每個田野地不論時間長短，都會成為心繫的故鄉之一。這點，人類學家都應該會懂的。

何謂「真正的」物種

台灣原住民生態命名的隨想

羅永清

參加山地「服務」隊以來，震驚於原住民文化的豐富及其處境，開始轉念人類學，執迷於另類宇宙本體論或知識論也探索原住民領域與空間的觀念，博士論文討論「土地權」之外也發現許多與土地有所關係的環境智慧。

「芭樂」客家話叫bale，台語稱之為拔仔（pat-á或puat-á，菝仔），可能的原因大概是對於西班牙文guayaba（英文guava）一詞的借用。芭樂原產於中美洲，當地語言稱為*guayabo*，西班牙人在十六世紀後帶到世界其他地方，也許是歐洲人帶來台灣，也可能經由十七世紀從中國大陸渡海來台的移民所引進。除了稱呼為芭樂，漢人也稱之為「番石榴」，因為芭樂多籽像石榴，卻不是真石榴，遂冠以「番」字前綴，作為俗稱之一。

台灣原住民對於芭樂的稱法與漢人類似：布農族巒社群稱之為Para或Rabatu（大概是台語的林拔仔），郡社群稱之為Yoraparu，南鄒卡那卡那富群則稱navatu，排灣族某些部落稱之為Nabati，魯凱叫作*Zyapati*，南部排灣族則有Ryabusu、Rabati、*Zyabazi*等稱呼（見山田金治《高砂族調查書第六編——藥用草根木皮》），大概都與台、客語的芭樂名稱同源。而鄒族人則稱Kamae，是否以其已認識物種類比稱呼之，需要再探索。

從芭樂名稱的由來，我們發現人們對於新物種的稱呼大概有兩種方法：或揣摩原語以稱之、或以本來熟知的種類類比之。「芭樂」的命名現象顯示出人們認識物種的方式與線索。筆者二〇一三年受行政院環保署委託撰寫《臺灣原住民族環境智慧》一書，寫作期間，發現學界對於原住民族物種命名方式的研究仍不夠充足。原住民對於物種的認識及命名是否類似於科學的分層命名，或者有其他隱而不見的規則，是學界普遍的探索方向。芭樂的啟示讓我們知道除了習用外來名，人們也以聯想的方式來創名（「番石榴」），但其中許多聯想的線索已難追索。

除此之外，原住民尚有一些命名方式，令人好奇。比如說，許多原住民稱之為「真正的」物種，像是苦花魚（台灣鏟頜魚）、桂竹、黑狗等，何以為「真正」？令人好奇；相對於真正的物種，難道有假的物種嗎？如果苦花魚是真正的魚，其他的魚就不是魚了嗎？如果套用番石榴不是真石榴的邏輯，其他的魚不是魚，苦花魚才是「真正的魚」，難道是認為其他的魚沒有苦花魚的特質嗎？而這個特質是什麼？這真是個跨越生物學及生態學以及文化人類學的問題！如何探索這個問題呢？巧的是，泛泰雅語言以「bale」為「真正」的意思，這給了筆者一個線索，就姑且借本文探索一下其中的邏輯吧。

真正的人與「bale」魚

「bale」一詞，在泛泰雅文化的語境中是「真正的」之意。電影《賽德克・巴萊》意思就是「『真正的人』，就是賽德克人」。賽德克本義就是「人」，以「真正的人」來區別自己與他族，並沒有貶抑他族之意，乃是為了清楚區別自身與他群，才冠以「真正的」為之形容。因此，「真正的人」一詞大概起源於區別「我群」與「他群」的需要，或是因為「他群」出現了，或是表示「我群」是最先最早。

同此，泛泰雅語稱苦花魚為「kole-bale」，意謂這種魚才配稱「真正的魚」。這難道是為了區別他種魚類而創立的分類或命名嗎？荒野保護協會資深解說員廖鎮洲先生記錄到苦花魚對泰雅族的意義，給了筆者些許線索：

苦花魚是泰雅族視為最珍貴與好吃的魚，一位在福山村出生成長的長者，形容小時候的生活情境，溪中的苦花魚是多到人站在溪中會撞到腳，用畚箕就可以抓許多的苦花魚，由於當年苦花魚不值錢，便將苦花魚拿去餵豬，再將肥豬捉去賣錢。五十多年前有多到用畚箕捉、多到餵豬的數量，可以遙想當年泰雅族祖先看見滿溪的苦花魚，是如何地高興。

在泰雅人眼裡，苦花魚大概是溪流中數量最多的魚，也是人們特地保護的魚。廖鎮洲還記錄到，泰雅族長老會在每年春天，將需要溯溪逆流長成的小苦花魚撈起來，用籮筐將活的小魚辛苦地背到深山，放入溪中，並稱此過程為「種魚」，期待小魚長成時再去捕抓。

為何泰雅人要獨獨青睞苦花魚呢？苦花魚屬於純淡水洄游魚類（Potamodromous fish），因為水溫變化、覓食或產卵等原因，會在河流的上下游之間遷移。苦花魚多的地方，就表示其棲居的整條河流是「健全」的，因此原住民也以此來判斷環境是否乾淨、是否為適合遷居的水源之地。王漢泉在台灣河川魚類水質指標一文中也指出，台灣河川中的淡水魚類約兩百種，經過長期調查分析並篩選所建立之指標系統，以其中十五種作為五個水質等級的指標，分別為：未受污染指標魚種（鯝魚）、輕度污染指標魚種（石𩼧、台灣纓口鰍）、普通污染指標魚種（溪哥）、中度污染指標魚種（烏魚、花身雞魚、環球海鰶、鯉魚、鯽魚）及嚴重污染指標魚種（大眼海鰱、吳郭魚、泰國鱧魚、大鱗鯔、琵琶鼠）。據此，有鯝魚生存的河段幾乎是未受污染的。而泰雅人記憶中的鯝魚生態也顯示出早期生態的原初完整性。

似乎許多原住民族人認為，苦花魚在其棲居之地，通常是最早棲住於該河段的魚類，因而往往成為大宗，且較少出現別的魚種，是以「真正的」也含有「原住者」的含意。這一點在魯凱族作家奧威尼．卡露斯所著《神秘的消失：詩與散文的魯凱》一書中，也有所探討。魯凱人雖然不把苦花稱作「真正的魚」，但他們認為，在高山溪流的中上游以這種魚分布最早也最廣，一如奧威尼在書中所說：

> 所釣的魚只有一種名稱叫烏氣（Uchy，高山鯝魚[1]之意）的魚，這魚有我少年時一又二

1 民間常把台灣鏟頜魚稱為高山鯝魚，但相關台灣魚類書籍都未記載高山鯝魚這個魚種。通常，高山鯝魚指的就是台灣鏟頜魚、鯝魚，俗稱苦花。高山鯝魚的意思是產在高山的鯝魚，但這樣容易和高身鯝魚搞混，而奧威尼所指為鯝魚還是高身鯝魚尚不得知。

分之一的手掌那長又胖。我猜想整條知本溪谷應該只有這種魚。

奧威尼認為這種魚就是適合於該棲地，也是最早入住的原生魚，因此該河段幾乎沒有其他魚種。「真正的」於是也有「獨特」的意涵，或者是相較於其他種類在時序上較早出現的意義。

鄒族人也稱苦花魚為「yoskʉ aʉlʉ」，（「aʉlʉ」的意思是「真正的」，見《台灣鄒族語典》），意謂「真正的魚」，似乎也見證了先民所見，在溪流中以苦花魚為大宗及先驅的原始景觀（landscape）。

要推敲這苦花為真魚及先驅的理由，筆者發現鄒族的小米播種祭有些許線索。北鄒人認為，祭祀者必須在祭典前一天捕捉「真正的魚」（也稱鯝魚），祭儀當天由主祭及副祭帶到小米田，食用後將魚骨放在小米田中以竹子削製的魚骨架上，祈禱小米神眷顧小米的成長及豐收。另外，浦忠勇在〈河川公共性的轉化：曾文溪上游治理的人文反思〉文中也提及，在狩獵行前及小米收穫祭（homeyaya）期間，族人禁止吃魚，煮過魚的鍋子也不能用來煮小米。這禁忌似乎顯示：小米農事或狩獵所即將獲取的林業及農業資源，必須與河川資源有所區隔。

我們發現，鄒族人似乎希望以河川魚類的豐盛來帶動小米田的豐盛，但是河川資源與森林或農業等資源的應用必須有所區隔，以保持平衡。河川、農地以及森林的生態，透過鄒族人的各種祭儀牽連在一起，因此，河川生態的破壞也會牽動其他生態領域的安危。這似乎是鄒族人的環境整體觀點，也點出鄒族生態上的觀點。

歸納起來，台灣某些南島民族以「真正的」指稱物種，顯示部落族人對於物種在生態地位上的觀察與認知，成為我們探尋原住民生態觀點與智慧的線索。除了魚之外，是否其他物種也有此意義，是值得探尋的。

在鄒族，桂竹為「kaapana no aʉlʉ」，意思就是「真正的竹」，鄒族人之所以將桂竹冠以「真正的」稱呼，有一說是因為桂竹用途廣泛，還有一說則認為桂竹是鄒族領域內的原生竹類植物。事實上，鄒族人普遍認為桂竹是其領域內最先出現的竹類，至於麻竹、或是現在成了當地名產的石篙竹，則是晚到六〇年代才開始種植的。此處再次證明，「真正的」一字可能含有最早的、先的、分布最廣、出現頻率最高的意思。如果這樣的詮釋正確，aʉlʉ（真正的）的物種大概也就是台灣最早、最廣泛分布，且是人們最早見到的物種。因此我們似乎可以歸納認為，「真正的」意謂著生態上的原初狀態，為我們探索原住民所接觸的原初環境，提供了許多類似於「存餘」（survival）的線索。除了原初與先驅的意義，謂之「真正的」還有哪些意涵呢？

「真正的狗」所顯示的馴化論

還有哪些物種，經原住民稱為「真正的」？賽德克族文化研究者郭明正先生指出，原住民的獵犬常常就是指「台灣土狗」，德克達雅人稱台灣土狗為「Huling Bale」（「Huling」是狗的統稱，「Bale」意思為真正的），直譯為「真正的狗」；但他認為「Huling Bale」此較恰當的意義是：「指德克達雅人最初豢養的狗；對德克達雅人最有貢獻的狗或德克達雅人的狗；台灣原住民的狗（Huling Seediq）。」

此外，郭明正歸納族人耆老的說法，認為優良的獵犬除了飼主後天的培育訓練，一般善於犬獵（Phuling）的長者也發展出挑選與育種獵犬的原則，例如不能讓善獵的公、母狗任意與其他狗雜交，養育上的重點則在於要培養「第一隻」分娩出世的狗仔，因為在族老的經驗裡，第一隻出母胎的狗仔幾乎都是最強健的。族人也喜歡選擇尾巴捲向右邊、或鼻孔較寬大的小狗，因鼻孔寬大嗅覺就靈敏，且續跑耐力十足。此外，族人還喜歡頭頂較凸、舌葉有黑斑，或比較有「腰身」的狗，因為這些狗適合與獵人一起穿梭於山林之間，從事泰雅族人的放狗式獵法「Qmalup」，這種打獵法被認為是最原始、活動最激烈的狩獵運動，因為完全依賴狗的追逐能力，狗先追到之後，等獵人趕到現場再將獵物制服。

「真正的」狗為原本屬於自然荒野的動物，經馴化（domestication）或濡化（enculturation）

而成了適應人類生活與文化的物種。馴化這個概念指的是一種生物的成長與生殖逐漸受到另一種生物利用與掌控的過程，例如人類栽培各種農作物、畜牧，或是切葉蟻馴養真菌。人類馴化動植物的目的包括作為食物和衣物的來源、運輸、守衛或是觀賞娛樂用途；常見的馴養動物包括了寵物、家畜等。「Enculturation」筆者在此譯為濡化，此詞通常指人在一生中透過學習而獲得文化適應能力的過程，但似乎也可以用來思考狗在人類文化中適應的過程。馴化的觀點似乎著重人對動植物的控制，而濡化則是針對物種間相互適應的觀點切入。在原住民「真正的」含義中加入濡化理論，或許也加入了認為狗可以透過人的文化而與人接近的另一層意義。同時，濡化的視野可以將狗與人之間的跨物種關係放在多物種民族誌的角度來看待，讓人與狗之間的關係相較於人與其他動物間的關係得到更多的關照，而原住民以「真正」的物種，也呼應了人與特殊物種間相互類比的角度或連繫。

經過以上的探索，所謂「真正的」物種，除了顯示其可能為生態上的先驅，也蘊含了人將動植物馴化為其所用的現象。而在鄒族小米播種祭儀過程中，「真正的」物種（如苦花魚）具有連通其他物種的能力，這似乎也透露出原初生態的視野或景觀，亦即苦花魚與小米是構成原初景觀的物種。從生態演替的過程而言，一個區域裡的各式物種（包括人在內），在互相接觸的過程中，物種的多樣性隨之變化，而當其他族群進入時，人類產生了區別「我群」與「他群」的意識，就連不同動、植物的發現，人類也以命名的方式來加以區辨。苦花魚是台灣健康的河川裡常見的魚種，原住民稱以「真正」，為我們描述了生態的景觀及其看待物種的方式。至於桂竹、台灣土狗，本就是科學界認為原生於台灣的物種。這些「真正的」命名，恰恰見證了台灣原住民族對於環境生態的智慧。

「食人」文化政治學

再探復活節島大崩壞論述中的考古證據

林浩立

嘻哈文化工作者，正式踏上人類學之路後進入了斐濟群島和更廣闊的太平洋世界，在芭樂人類學中重拾嘻哈的激情，書寫主題遍及音樂、電影、運動等流行文化現象，當然還有最愛的太平洋。現任教於清華大學人類所。

俗稱「復活節島」的拉帕努伊（Rapa Nui），大概是太平洋島嶼中大眾印象最鮮明的地方。除了一部一九九四年的好萊塢電影《復活島》外，我們日常生活中也不難見到島上著名的摩埃石像（moai）造型飾品。此外，關於拉帕努伊原住民無節制地破壞自己島嶼生態的論述，也經常能在坊間大眾著作中看到，例如《失控的進步：復活節島的最後一棵樹是怎樣倒下的》。賈德・戴蒙的暢銷作品《大崩壞》更將此論述以他一貫的大歷史筆觸系統性地呈現。這些意象與說法，使得拉帕努伊成為一個既神祕但又熟悉的化外之地，智利詩人聶魯達稱之為「遺世獨立的玫瑰」（la rosa separada），頗能捕捉這樣的感覺。

「大崩壞」的翻案

近年來美國考古學家杭特（Terry Hunt）和利波（Carl Lipo）的團隊在拉帕努伊的研究，企圖為島民「生態自殺」與「大崩壞」論述進行翻案。他們的研究中最著名的，就是與《國家地理雜誌》合作的那部直立搬運摩埃石像的紀錄片。為何要強調「直立搬運」的可能性？因為這一方面可以去除「島民必須砍伐大量樹木作為搬運輔助工具」的推論，另一方面也足以昭示，石像的搬運不需要依賴大規模人口，少量人力即可有效率地進行。搭配其他新發現的證據，他們認為：

（一）島上開始有人居住的時間，並非以往認定的西元八〇〇到九〇〇年之間，而應該往後推至西元一二〇〇年。如此一來，與一七二二年荷蘭探險家羅赫芬（Jacob Roggeveen）到訪時所估計的島民人口僅有兩、三千人的狀況，只相差了五百年，而非將近九百年。這個新的時間深度的重要性在於，事實上並沒有那麼長的時間足以形成大規模人口增長，並造成環境的破壞。

（二）從十八世紀西方人的零星記載中可以發現島上森林流失的跡象，而古植物學證據也顯示了這裡過去確實有過蓊鬱的棕櫚樹林。「大崩壞」論述認為在將近九百年的時間中，伴隨人口的增長、農地的開拓、摩埃石像的豎立，島民一步步如溫水煮青蛙般，將賴以為生的珍貴熱帶樹林砍伐殆盡。相反地，杭特和利波的新論證卻反映，森林流失的過程其實在島民首次建立聚落不久後就開始了，而元兇很可能是與島民一同前來的玻里尼西亞鼠。牠們來到島上後開始大規模繁殖，啃食棕櫚種子，再加上人類的燒墾活動和鹹鹹海風吹拂又少雨的生態條件，致使樹林無法順利再生。

（三）他們更進一步地指出，島上人口規模最大的情況很可能就是羅赫芬所記錄的三千多人，最多四千，與多數推測一萬五千到兩萬人的數字差距頗大。也就是說，這裡從來沒有「大崩壞」過。相反地，島民在樹林無法再生與土壤先天養分不足的環境中，仍能藉由海洋資源的攝取與「石頭掩蓋法」等創意種植方式，維持人口不多且成長緩慢的社群。

真正讓島嶼社會崩壞的，或許是與西方接觸後帶來的暴力和疾病。當羅赫芬於一七二二年復活節當天發現這個島嶼並隨即登陸之後，光是在一次與島民面對面的互動中就已經引發衝突，並造成十幾位當地人的死亡。一八六二到一八六三年間，秘魯的奴隸船又到此擄走了一千多個島民，其中百分之九十因為染上疾病與水土不服而死亡，剩下的島民在大溪地主教的介入下回到島上，卻意外引發天花的傳染，導致島上人口銳減到只剩下一百一十人，大部分的酋長、祭司階級成員都沒有存活下來。一八六四年，法國天主教傳教士前來建立教會，所有的島民改信天主教。不意外地，兩年後島上舉辦了最後一次的「鳥人競賽」，這是島上最重要的傳統儀式，儀式地點的摩埃石像後來也被來訪的英國船員帶回大英博物館，開啟了島上文物遭掠奪的序幕。一八八八年，在島上傳統領袖的見證下，智利正式併吞了拉帕努伊。

真的有食人行為嗎？

與上面第三點的人口討論相關的是另一個問題是：隨著人口增加、社會分化，氏族和酋長間的競爭是否造成了武裝衝突，並且在生態資源逐漸耗盡的狀況更形劇烈、甚至出現食人行為後，成為人口銳減的原因（或伴隨的現象）之一？對杭特和利波來說，由於島上人口從來就不多，因此這從來就不是一個問題。再者，他們認為島上處處可見的黑曜石箭頭，是一種處理芋頭的工具，並非武器；而島上出土的人骨上雖然有創傷痕跡，但比例少到無法反映是否存在過大規模的武裝衝突。至於食人行為，就更沒有任何明確的證據了。這顯然與「大崩壞」論述再度相左，請見戴蒙這番描述：

將森林砍伐殆盡，災難必接踵而來，人類環境將遭受不少重大衝擊，像是饑荒、人口遽減，甚至出現人吃人的慘事。島上除了莊嚴巨大的摩埃，還有一些小小的雕像，也就是「卡瓦卡瓦摩埃」（moai kavakava），刻的是雙頰凹陷、瘦得只剩皮包骨的人兒。這些雕像證實歷經饑荒的島民所述為真。庫克船長一七七四年對復活節島民的描述是：「瘦小、膽怯的可憐蟲。」約在一四〇〇至一六〇〇年間，靠近海岸的低地房舍數量最多；但是到了一七〇〇年，住宅數目足足少了百分之七十，顯示人口少了七成。

> 野生動物一一絕種，島民在無肉可食的情況下，把腦筋動到陸上唯一尚未享用過的肉——人肉。在復活節島上，人骨不只出現在墳場或火葬場，晚期的廚餘、垃圾堆也常有人骨（當地人會把骨頭敲碎，吸收骨髓）。島民的口傳歷史也提到這種人吃人的真實夢魘，島民辱罵敵人最惡毒的話莫過於：「你老母的肉在我牙縫。」（《大崩壞》，頁一四三）

戴蒙文中提到的食人考古證據，也在考古學家瑪拉．莫魯尼（Mara Mulrooney）等人針對「大崩壞」論述的回顧中受到挑戰。他們同意杭特和利波的質疑，認為太平洋史前社會本就有將人骨製作成魚勾、針具等器物的習慣，垃圾堆中出現人骨不代表有食人行為。而火葬場的人骨，也只是反映火化屍骨的儀式行為。在斐濟，出土於地窯的人骨有被切割支解的痕跡，與被食用過的哺乳類動物骨骸一致，因此被視為可能性極高的食人考古證據，但在拉帕努伊發現的人骨則缺乏這樣的痕跡。然而，如同太平洋島嶼的許多地方，當今的拉帕努伊原住民自己有著許多關於食人的傳說故事，國家公園內也有名為「食人岩穴」（Ana Kai Tangata）的景點。我們該如何理解這樣的狀況？

《食人奇談：南洋的食人傳說與活人獻祭》[1] 一書的作者人類學家歐比西可（Gananath Obeyesekere）認為，我們應該先區分太平洋島嶼的「食人奇談」（cannibalism）與「食人行為」

（anthropophagy）。後者是只有特定群體在進行的活人獻祭儀式行為，案例極少；前者則是西方人對他者的論述，是對「野蠻」的獵奇想像和道德教訓，並在其與島民接觸後，反而被島民採納作為面對入侵的回應方式，甚至成為一種自我實現的預言。事實上，「食人族」（Cannibal）一詞就反映了這樣的背景。它的字源來自加勒比海的加勒比人（Kalinago），西班牙人將他們稱為卡尼巴人（Caniba），認為他們天性野蠻並且有食人習俗。歐比西可強調他不否認太平洋島嶼中儀式性「食人行為」的存在，但多數西方探險家、船員、傳教士所記載的食人案例，則是需要被解構檢視的「食人奇談」。

歐比西可的說法受到以人類學家薩林斯為首、熟悉太平洋島嶼食人習俗與相關歷史文獻學者的強烈批評。薩林斯認為，這種後殖民批判太想恢復原住民的尊嚴，反而剝奪了島民食人行為的文化內涵與能動性，並忽視西方關於食人的記載其實與當地文化邏輯具有相當程度的一致性。儘管如此，歐比西可「食人奇談」的理論還是有其價值。二〇一一年，法屬玻里尼西亞努庫希瓦島（Nuku Hiva）上發生一起德國遊客遭島民殺害的事件。屍體尋獲時已被燒得焦黑，疑似遭到支解炙烤，西方媒體的標題幾乎都與「食人」相關，雖然後來在調查過程中已證實為無稽之談，但仍顯示在今天，西方對太平洋島嶼「食人奇談」的想

1 *Cannibal Talk: The Man-eating Myth And Human Sacrifice In The South Seas*

像依舊盛行著。

回到戴蒙關於拉帕努伊食人證據的討論，我們可以看到「食人」在其論述中，是生態資源被消耗殆盡之後不得不為之的現實生存手段，沒有任何在地文化意涵，只是「大崩壞」情境下的產物，甚至可以作為人類對環境毫無節制利用的警世隱喻，這與歐比西可所分析的那種帶有道德意味的西方「食人奇談」，本質上其實無異。

食人的逆襲

拜國立臺灣史前文化博物館一項研究計畫的補助，我與台灣太平洋研究的同事得以前往拉帕努伊，一窺這「遺世獨立的玫瑰」的面貌。在當地公認對拉帕努伊考古資料最熟悉的專家艾德蒙多．愛德華茲（Edmundo Edwards）老先生的導覽下，我們探訪了國家公園內各處遺址，包括最早有人登陸並建立聚落的海灘安納坎納（Anakena）、島上大部分石像原料來源的採石場拉拉庫火山口（Rano Raraku）、豎立著一排十五座石像的祭壇東加利基（Tongariki）、鳥人傳說與競賽儀式地點奧榮歐（Orongo）等等。自稱為「考古星象學家」的艾德蒙多是智利人，後來娶了拉帕努伊最後一位「國王」之女為妻，現於島上定居並經營一個星象教育館。他對各種地方傳說與考古軼事如數家珍，認為石像的排列與天文學有關，對杭特和利波的「石像直立搬運說」則是嗤之以鼻，是一位相當有魅力的地方仕紳。

在他分享的諸多令人時而捧腹大笑、時而拍案叫絕的趣聞中，令我印象最深刻的是內陸七尊眺望海洋的石像所在地阿基維祭壇（Ahu Akivi）的挖掘故事。這個祭壇是美國考古學家威廉・莫羅（William Mulloy）於一九六〇年所挖掘重建的，艾德蒙多當時也是工作人員之一。他說一開始參與挖掘的島民工人會想盡辦法牽拖自己的氏族與這個神聖地點的關聯，直到後來有一天，他們竟挖出許多人類骨骸，上面有著明顯的「食人」痕跡。這個場景一出現，讓他們態度丕變，紛紛開始與這個地方撇清關係。他認為這跟島民已成為虔誠的天主教徒有關。很遺憾地，莫羅並沒留下完整的挖掘報告，因此這些「食人」考古資料沒有被正式記錄下來。但艾德蒙多覺得很有意思的是，後來隨著國家公園的建立、觀光的發展，島民們又開始擁抱祖先「食人」的過去。

拉帕努伊艱苦經營的原民運動在此是一個關鍵。若考量當地人口一度只剩一百一十人的慘況，他們必須要以更多元的方式打造身分認同，而這或許包括對過去的重新詮釋。如今拉帕努伊已在二〇〇七年獲得智利「特殊區域」的地位，而根據二〇一七年人口調查，認定自己為原住民的人口有三千五百多人，占全島人口的百分之四十五。在文化展演方面，自二〇一六年開始，在地原民組織「團結土地」（Ma'u Henua）從政府國家公園單位接手經營島上觀光與文化資產的管理。每年二月的「拉帕努伊之週」文化祭（Tapati Rapa Nui）也有相當的國際知名度，是太平洋藝術交流的盛會。此外，智利的南美洲與大溪地的玻里尼西亞文化養分，也滋養出獨特的舞蹈與流行音樂風格，成為其當代身分認同的重要基礎。

這個故事告訴我們，對於食人證據的探索，從來就不只是一個生態環境或考古的問題而已，而與當代的文化政治息息相關。不論是「食人奇談」還是「食人行為」，「食人」的過往不總是一個不名譽的污點，在適當的情境中，它也可以成為當代所欲展演的原住民性中，一個重要的面向。

我們對著物體歌唱，
如同世界總是對我們吶喊——

來唱
西藏的歌

潘美玲

現任教於陽明交通大學人文社會學系，專注在經濟社會學，研究取向從全球商品鏈到難民經濟。沒有方向感，卻在印度進行難民生存策略的田野時，發現了印度的西藏地圖，已經在芭樂人類學部落格中繪製了20張以上的地圖。

愛唱歌的民族

藏人是一個愛唱歌的民族，在有世界屋脊之稱的西藏高原，雄偉壯闊的天地下，牧民們一邊放牧一邊唱歌。日常的勞動也是歌，攪拌牛奶製作每天必喝的酥油茶，也有歌；大夥一起協力合作的農作或建屋修牆，總是歌聲帶領著動作。民歌吟唱的內容就是生活的日常，將西藏傳統文化傳承下來。藏人崇信藏傳佛教，唱頌祈願文是佛教徒每天必要的功課，頌唸的經文也各有特定的韻律。傳統的民俗歌謠以及藏傳佛教的信仰，藏人的歌聲所在之處就是生活，也是文化。

阿旺曲培（Ngawang Choephel）是一個愛唱歌的人。一九六八年他才兩歲，當時母親背著他從西藏徒步逃到印度，他從小在流亡藏人的定居點聽到的歌謠，建立了他對西藏的想像。而後，他的成長經歷就和唱西藏的歌緊密相連，先是在達蘭薩拉取得「西藏表演藝術研究所」（Tibetan Institution of Performing Arts）的音樂學位，成為音樂老師，一九九四年獲得獎學金到美國留學，開始規畫製作有關西藏傳統音樂的紀錄片。一九九五年，他進入西藏採集傳統音樂，才去兩個多月就被中共以拍攝敏感資料、從事間諜的罪名逮捕。雖然他搜集的內容只不過是男女老少唱著傳統的歌謠和舞蹈，卻在沒有任何審訊之下，被關了十四個月。直到一九九六年，在他的母親奔走之下，失蹤的消息才受到國際關注。

他總共被判了十八年的刑期，歷經六年多的監獄生活，二〇〇二年終於在各界的聲援之下，重獲自由。

二〇〇九年他完成被中斷的紀錄片《追尋西藏之歌》（*Tibet in Song*），該片在二〇〇九到二〇一〇年間總共贏得了十座國際影展的獎項，包括美國「日舞」（Sundance）影展的評審團特別獎。在這部紀錄片中，阿旺曲培想知道歷經中國統治，以及遭遇文化大革命之後，藏人是否還吟唱著那些他從小聽到的西藏傳統音樂？影片中記錄了中共政府在拉薩各處架設擴音器，放送著現代樂器伴奏、歌頌共產黨以及領導人和社會主義的洗腦歌曲，舞台上演出的是共產黨樣板的歌舞，音樂的內容與藏人的生活脫節，和西藏的文化無關。而當阿旺離開拉薩，來到藏區的鄉間，他欣喜地發現民歌的傳統依舊存活在村民的日常生活當中，人們日常勞動時還是唱歌，擠著牛奶、攪拌奶油都有歌。

這部影片記錄了藏人的歌聲和心聲，但令我更印象深刻的是，阿旺曲培在二〇一五年受邀來到台灣，接受《天下雜誌》的訪問時，提到他如何用歌聲度過六年漫長的監牢生活。他說：「我喜歡唱歌，頭三年，我被監禁於看守所，我天天唱歌，從未被禁止。待在同單位，其他單人牢房的人們，甚至會透過牆壁，一個接一個傳話到我的牢房點歌。」他又提到，三年之後被移到正式監獄，和其他西藏的政治犯關在一起，他欽佩這些堅持理想的人們，還和其中一人共同創作隱喻雪域西藏受到壓迫的歌曲。這首歌不時在他口中唱著。有一天，他發現監獄守衛也會哼唱這首歌的旋律。正因為還能唱歌，又在獄中遇到其他的良心政治犯，六年的監禁不但沒有磨損他的心志，反而更加強他想要完成影片的勇氣。他就像《追尋西藏之歌》中的傳統民歌一樣堅韌。

流亡的旋律

「西藏表演藝術研究所」成立於一九五九年，藏人流亡印度之初。以保存西藏藝術的遺產，如歌唱、舞蹈和戲劇表演等項目為目的，並培養傳統西藏三大區域的歌舞表演人才。記得二〇〇八年六月，我在達蘭薩拉進行田野研究時，受邀觀賞研究所的演出，當時是西藏國家藝術表演團類似日本紅白對抗的節目年度現場表演，同時也會評選出年度最佳的表演者，這種機會可遇不可求。

之前，我也曾在達蘭薩拉看過該團的歌舞表演，主要是西藏傳統歌謠和舞蹈，心想這次應該也差不多。節目首先依照慣例介紹了今天的評審，看得出來都是西藏藝術表演國寶級的人物，因為這是年度盛事，整個禮堂座無虛席。時逢二〇〇八年三月西藏抗暴事件之後，當時藏區被大量的中共軍警鎮壓，引發激烈的社會抗議，甚至藏人自焚的壯烈行動。表演一開始播放了三月以來西藏抗暴與中共鎮壓的影片，以及世界各地的聲援作為序幕，當中也有來自台灣的片段。接下來的節目內容，卻超乎我原來的預想，幾乎都是表現三月抗暴事件的歌唱、舞蹈和戲劇，只是用不同的形式表現而已。隨著演出的進行，入了戲的觀眾在台下流出一片淚海，我們這些受邀欣賞的來賓也頻頻拭淚，感同身受全場悲憤的情緒。這是一場令我終身難忘的表演，真實體會到流亡在外的藏人與西藏境內人民命運的嚴酷境遇相連，也認知到對流亡的藏人而言，他們能夠表現歡樂的機會，如今成為共同流淚的場合。

印度的流亡藏人社區，除了積極保留西藏傳統音樂文化，自然也會接觸到印度本地的樂曲，拜網路媒體之賜，藏人社區的年輕人也和世界各地的年輕人一樣，開始玩起西方形態的搖滾樂。人類學者凱拉・迪爾（Kiela Diehl）在二〇〇二年出版了《來自達蘭薩拉的回音：在一個西藏難民社區生活中的音樂》[1]。這是她一九九五年在達蘭薩拉擔任當地「犛牛樂團」（Yak Band）的鍵盤手，第一手記錄流亡年輕藏人組團玩音樂的民族誌。這個樂團可謂流亡社區的元老搖滾樂團，一九八九年，他們在達蘭薩拉慶祝達賴喇嘛獲得諾貝爾和平獎的典禮中，演唱自己的創作獻給達賴喇嘛，同時也就是在這個場合，正式將搖滾樂團的現場演出帶給流亡西藏的年輕人。我會認識這個樂團，不是因為聽過他們的作品，而是我遇到了該

1 *Echoes from Dharamsala: Music in the Life of a Tibetan Refugee Community*

團的創始人桑傑（Sangay）。

當朋友介紹我認識桑傑時，他已經是一個手持佛珠、剃度出家的喇嘛，一生卻有著豐富的經歷。他在六〇年代末期加入印度的邊境特種部隊，因為懂英文被指派為戰技的教官，在執行戰地野訓或受命在高山雪地蟄伏看守時，無線電播放的西方流行音樂，成為他排解單調無聊時光的最大慰藉。當時軍中經常舉辦才藝競賽，桑傑覺得印度人的表演明明不怎麼樣卻能贏得名次，因而興起了參賽的念頭。憑著以前在學校學過吉他，桑傑一九八二年和藏人軍隊同袍組起了樂團，結果一鳴驚人，在比賽中贏得獎金。當時樂團的名稱就以所在的部隊稱號「雪獅」（Snow Lion）為名，一九九一年，桑傑自軍中退伍，就把樂團改名為犛牛樂團。

桑傑脫下軍服成為平民百姓，依然持續他的搖滾夢。和樂團成員在達蘭薩拉經營一家有線網路公司維生，並支應樂團的開銷。該樂團偏向美國藍調和搖滾樂的曲風，主要從事藏文歌曲的創作，其中一首〈獨立〉（Rangzen），在流亡社區成為膾炙人口且被不斷傳唱的歌曲：

藏人啊，
我們最主要的責任是恢復西藏的獨立自由，

這是我們必須完成，排除萬難都要實現的目標。
恢復西藏的獨立自由，
不只是很有意義的事情，也是一定會做到的事情。
有人要去戰鬥直到血流成河，但這將只是讓我們的土地填成墓地，
許多人要用暴力反抗，
但我們最好還是遵從尊者的願望，要使用非暴力的正確道路。
以真理和正義作為我們的基礎，直到我們實現了西藏獨立自由的責任。

這首歌後來收錄在犛牛樂團一九九五年自行灌錄發行的卡帶，大受流亡社區的歡迎。網路上不時可以找到後起的藏人樂團歌手，演唱這首歌向犛牛樂團致敬的影片，可見這個樂團在流亡社區的地位。西藏年輕人玩的搖滾樂團，模仿西方音樂的表演形式，但他們創作的藏文現代歌曲，少了西方搖滾樂的叛逆激進，反而是在流亡的脈絡下，譜出對於家鄉祖國的濃厚想念，以及追求西藏自由的民族心聲。

聚散離合的組曲

犛牛樂團在一九九五年解散，創團的桑傑因為抽中美國的移民籤首先離開，接著另有團員分別移民美國和法國。團員各奔東西，無法再共同譜寫人生聚散離合的樂章。

西藏文化中對於聚散離合的表達，含蓄而婉約。以〈甘露藥〉（Dhue Tsi Men）這首歌為例，看似表達人間情愛卻有密教修行的深意。這首歌的歌詞取自六世達賴喇嘛所作的偈頌，在葛莎雀吉的《花開時節》專輯中，吟唱著離別與相聚的流轉人生，也可以解釋為輪迴之運轉，這種西藏文化與宗教的深奧底蘊，構成當代藏文化歌曲的特色之一。

水晶山上的雪水，薄鈴子上邊的露珠
甘露酵母釀酒，智慧天女當爐
若飲於淨戒，必不墮惡途
和心上人相會，在南村柳林深處
除了巧嘴的鸚鵡，誰也不曉得
巧嘴的鸚鵡啊！請別洩漏了這個祕密
一個帽子戴在頭上

一個將辮子甩在背後
我說：請你保重，她說：請留步
我說：莫難過，她說：不久就能聚首

〈甘露藥〉詞曲的婉約深遠令人感動，但對於年輕的藏人而言，二〇一七年由ANU（「少年」）樂團所推出的單曲〈飛〉（Phur），才是屬於他們的旋律。二〇二一年年初，這首歌的音樂影像在YouTube上已經有超過六百萬的點閱率，成為自二〇一七年以來最受歡迎的藏文流行歌曲。ANU由兩位在西藏青海出生的年輕藏人組成，他們在藏區完成大學教育之後，到北京創業。〈飛〉這首單曲旋風般地席捲了西藏和流亡社區，透過音樂超越了西藏境內與境外的地理區隔，掀起了藏文流行音樂的集體熱潮。

當我到印度的流亡藏人社區田野時，在不同的場合都會聽到這首歌曲，很快就可以隨口哼上兩句。歌詞大意如下：

飛
飛吧！打開命運的枷鎖，如果你嚮往自由，那就飛吧！
如果你要追求真實的靈魂，如果你要追求更高的夢想飛吧，那就飛吧！
如果你不飛，你的生命將會流逝，你的夢想將會被破滅
張開你的自由之翅，實現偉大的夢想，
穿過輪迴，飛向幸福之地，尋求內心深處的靈魂，
當你展翅飛翔，解脫枯燥乏味的生活，若想獲得生命的靈魂。
飛吧，那就飛吧！
若想追尋最真實的微笑，若想追尋最真實的自己

接下來我要說的故事，和這首歌有關。格桑（Kalsang，化名）是我認識多年的藏人朋友，我到印度時，他也提供我研究上所需的協助。格桑是一個很虔誠的佛教徒，記得某個午後，他剛持完每天要唸的功課，開始對我談起這首歌。他告訴我，最近流亡社區有很多人離開，到歐美國家尋求新的身分。連在他身邊相依為命的年輕晚輩，竟也不告而別。他認為，這首歌很紅，也對年輕人產生了影響，歌詞裡面鼓吹勇敢飛翔，有一股莫大的吸引力：「如果你不飛，你的生命將會流逝，你的夢想將會被破滅。張開你的自由之翅，實現偉大的夢想。」許多人就真的採取行動。格桑接著告訴我，他能了解年輕人的渴望，但他自己並不想離開。因為他很滿意現在的生活，有穩定的收入，並能親近上師修行，對他

而言，人生已經足夠。

言猶在耳，但當我隔年規畫達蘭薩拉的田野與他聯絡的時候，他正在一趟遠行中，不過應該會在我抵達時回來，所以我們還是約了在達蘭薩拉見面。只是，等我到達蘭薩拉之後，幾次聯繫都沒回音，我想應該是行程延誤了吧。直到離開前兩天，我收到他分成幾段且斷斷續續的語音訊息，他說因為遇到某些問題，發現自己現在的身分，沒有完整的自由，倉促之間，必須立即做個決定，他選擇了不回來。現在的他，正在歐美某個國家尋求政治庇護。他說：「請為我祈願，我希望獲得真正的自由。」

我知道他是不想離開的人，至少在我們聯絡時，這還不在他的計畫當中。但命運無常，格桑和之前那位離開他的年輕晚輩做了同樣的選擇。更令人感嘆的是，他又重複了自己當年從西藏逃到印度時的不告而別，如〈甘露藥〉歌詞「除了巧嘴的鸚鵡，誰也不曉得，巧嘴的鸚鵡啊！請別洩漏了這個祕密」。格桑再度孑然一身，重新等待一處安頓。即使他在印度已經打下了事業的基礎，滿足當下的生活，以為藏好了難民身分所帶來的缺角，卻在一個轉身，就尖銳地劃出傷痕。我只能回說，請保重，一定有機會再見面。並祈願他早日有「最真實的微笑，做最真實的自己」。

給西藏人的歌

格桑離開印度的那個夏天，我在拉達克遇到一位年輕的藏人朋友，一直哼著「Nga Ni Bhoepa Yin」，這句話的藏文意思就是「我是西藏人」。我好奇地問他，這是什麼歌。他說，這是一首在離散流亡藏人社群內廣為流傳的歌曲。歌詞的大意是，雖然我沒吃糌粑，雖然我沒有留長髮，雖然我沒有穿藏服，雖然我沒有喝過雪山水，但你不能說我不是西藏人。也就是說，雖然不是過著西藏傳統的生活方式，但都不能改變我是西藏人的事實。這首〈我是西藏人〉的詞曲創作者丹增秋加（Tenzin Choegya），是從小和家人流亡到印度，之後移居到瑞士的音樂人。二〇一五年他寫了這首歌放到YouTube上面，堅持只提供藏文的字幕，對於那些不懂藏文想要了解歌詞者的要求，他的建議是「請來學藏文」，因為這首歌訴求的對象是在世界各地的藏人，要傳遞的訊息是雖然離散，但西藏的文化不會消失，藏人的認同也沒有動搖。到二〇二一年年初，這首歌已經有超過四十二萬的點閱率，若以藏人流亡在印度以及其他國家的人口約十二萬來看，可以說是發燒等級的影片。

阿旺曲培從中共的監牢被釋放之後，完成了《追尋西藏之歌》的紀錄片，到美國持續創作有關西藏文化的影音作品，也可以自在地唱他的歌。犛牛樂團的創辦人桑傑在美國原本也有了安定和自由的生活，但因為生了一場病，體會到生命無常，於是回到達蘭薩拉並選擇出家。即使犛牛樂團人事已非，〈獨立〉已經是流亡社區的經典歌曲。至於再度「展翅飛翔」的格桑，想必會熟悉〈我是西藏人〉的旋律。

在《追尋西藏之歌》影片中，一位來自西藏游牧家庭的歌者，流亡到印度之後，就再也唱不出游牧的歌，取而代之的是新譜的流亡旋律，以及聚散離合的組曲。不管是傳統歌謠、搖滾現代的曲風，不論是在西藏境內、印度流亡社區，或在世界其他的國家，人們還是大聲地在唱西藏的歌。

你的名字

從現代音樂探討極簡主義電影配樂

林子晴

台灣屏東人。台北大學通識教育中心副教授，講授世界音樂／西方音樂／台灣等課程。學術興趣是從鋼琴鍵盤技藝，轉化為電腦鍵盤上推敲音樂與文化界線的意涵。相信人可以透過音樂認識其他世界，跨界交流總能發現新鮮事。

他們或許在某個地方……或許是和擁有類似經驗、類似心情，即使失去重要的人或場所，仍舊決定要繼續奮戰。

——新海誠，《你的名字》後記

二〇一六年八月，《你的名字》從日本紅到台灣、票房熱賣。電影是導演新海誠（しんかいまこと）改編自日本五〇年代廣播劇《你的名字》（君の名は）。電影配樂由搖滾樂團RAD-WIMPS主唱野田洋次郎製作，其極簡主義（minimalist music）的音樂風格，正像是人類集體聽覺意識的演變，也是對二十世紀愈趨複雜的現代文明，以及對西方古典音樂的省思。

極簡主義：二十世紀的聲音

音樂反映時代的心理狀態。俄國作曲家史特拉汶斯基（Igor Fyodorovich Stravinsky）在「音樂詩學六講」曾說，音樂是人類如何將時間與聲音組織成特定秩序的思考。自十七世紀晚期到二十世紀，西方古典音樂的結構大致上受制於調性、節奏與和聲。音樂美學家麥爾（Leonard B. Meyer）認為聽眾依循此原則聆聽樂曲，進而在過程中有所期待。當音樂的期待被延遲、滿足或未獲滿足時，人們就產生特定的情緒與感受。

但隨著西方殖民地的擴張與交通的進步，十九世紀西方古典作曲家也受到異文化的衝擊。大作曲家巴爾托克（Bela Bartok）在祖國匈牙利及東歐進行民歌調查後，在接下來的音樂創作中特別保留了不同於傳統古典音樂的特殊元素，甚至以接近噪音或敲擊式的音色，藉以打破調性、節奏與和聲。一八八九年巴黎世界博覽會展示了東亞、東南亞、非洲各地豐富的民族音樂，驚豔了許多作曲家。比如德布西在聽到爪哇甘美朗音樂後說：「如果我們拋棄歐洲的偏見去領受他們打擊樂的迷人美感的話，我們將不得不承認我們的打擊樂根本就像鄉村市集裡毫無修飾的噪音一樣。」[1]

兩次世界大戰帶來人類對文明的幻滅，戰後反傳統、反浪漫的思潮也進入音樂創作的領域。一九二三年，荀白克（Arnold Schoenberg）首先提出「十二音列理論」：將一個八度中的十二個音符，按照任意順序排成一序列作為主題原型（Prime）。當此序列進行完畢之後，下一個序列以上個序列的前後、上下顛倒等複雜變化（Transformations）再次出現，宛如數學排列遊戲，徹底打破古典及民俗音樂只強調特定調性／調式音符的創作方式。例如，十二個音按照順序出現的主題原型：B-A-C-Bb-D-Ab-Eb-Gb-Db-G-F-E，下次出現的可能是逆行（Retrograde）的順序：E-F-G-Db-Gb-Eb-Ab-D-Bb-C-A-B；或倒影（Inversion）：B-C#-A#-

1 Roger Kamien著、王美珠等譯，《音樂：認識與欣賞》，台北：美商麥格羅希爾，二〇〇五。頁五〇三。

C-Ab-D-G-E-A-Eb-F-Gb，或倒影的逆行（Retrograde-Inversion）：Gb-F-Eb-A-E-G-D-Ab-C-A#-C#-B。這種將所有十二個音平均出現於主題的態度，猶如二十世紀人們對於極權階級的反抗，而序列主義的變化，則顯現崇尚科學、反對個人情感介入的操作。只是，這樣的音樂，似乎忽略了一般聽眾難以掌握非調性旋律，也忽視了人們渴望透過音樂表達情感的需求。

亞非音樂特色：反覆與交織（interlocking）的手法

從六〇年代延續至今的極簡主義音樂，可說是對浪漫主義後期過度雕飾及序列主義虛無形式的反抗。極簡主義音樂作曲家賴克（Steve Reich）曾自述，非西方音樂（特別是非洲、印度及印尼甘美朗音樂）重建了他的音樂結構。以非洲揚貝（Yómbè）為例（左圖），它是由幾個小動機[2]組成：主要節奏樂器——鈴（Bell）以每十一拍一次循環，敲擊在第一、三、五、七、九、十拍上。其他三個伴奏樂器：第一個鼓（Drum 1）以每十二拍一次循環，敲擊在第二、五、六、七、八、十一拍；第二個鼓（Drum 2）以每三拍一次循環，敲擊在第二拍上；鼓棒聲（Sticks）雖然與第二個鼓一樣，也是每三拍一次循環，但是晚第二個鼓一拍，敲擊點落在第三拍上。每個樂器都以簡單且重複的節奏進行，但錯落在不同的拍點上，因而每次循環都交織出不同的節奏變化。雖然上述的節奏型最多只有十二拍，但需要一百三十二拍（三、十一、十二的最小公倍數）後，才會回到與第一次完全一致的節奏。聆聽者可自由選擇他喜歡的節型做出回應，享受其他節奏在旁增添新的變化。這種流動交織的節奏，是非洲音樂為何聽起來特別生動活潑的原因。

除了非洲多層次的小動機反覆所交織的錯落節奏變化外，印尼甘美朗音樂的裝飾旋律，及與原骨幹旋律交疊發展的複音音樂（Polyphony），也令西方音樂家們驚豔不已。複音音樂是指兩個以上的旋律同時進行，這是音樂有別於語言的一大特色。人們常形容音樂如同語言，能訴說人類的情感。但一般人在語言的聆聽或敘述時，只能一次說一件事。兩個人同時說話，意義就會混淆，聽者就會聽不明白。然而，在世界各地的音樂文化中，兩個以上經過精心安排的旋律同時進行，不但能被清楚聽見，更能產生出獨特的聽覺饗宴。

2 動機指的是音樂主題能被細分辨識的最小單位，可以是一段旋律、和聲、節奏，或是三者的任意組合。

拍數	1	2	3	4	5	6	7	8	9	10	11	12	13	14	15	16	17	18	19	20	21	22	23	24
Sticks			I			I			I			I			I			I			I			I
Drum 2		•			•			•			•			•			•			•			•	
Drum 1		Δ			Δ	Δ	Δ	Δ			Δ			Δ			Δ	Δ	Δ	Δ			Δ	
Bell	*		*		*		*		*	*		*		*		*		*		*	*		*	

非洲揚貝節奏。本圖參考Titon, Jeff, ed.（2009）. *Worlds of Music: An Introduction to the Music of the World's Peoples*, 5th edition. Belmont, CA: Schirmer Cengage Learning. p.138繪製。

以印尼〈紅花〉（Kembang Pacar）首句前四個骨幹音：3、6、3、5為例（見下圖），當沙龍琴（saron）演奏皮洛格（pélog）七聲音階的第三、五、六音時，裝飾旋律樂器巴龍波南鑼（Bon. Bar., Bonang Barung的簡寫）則將其減值為一拍兩個音：36、36、35、35；巴南惹波南鑼（Bon Pnr., Bonang Panerus的簡寫）又再減值為一拍四個音：363·、3636、353·、3535。這兩個裝飾旋律與骨幹旋律相比，時有些微差異的互相呼應，但同時又是大小齒輪共同推進的循環。若以縱軸線來看，每一個骨幹音又包含與其他音高共振的組合變化，也就是讓人聽到【3＋6】、【6＋6＋6】、【3＋5】、【5＋5＋5】等不同組合。西方古典音樂一首曲子的主題與樂章間往往刻意使用不相關的材料，建立複雜的樂曲；甘美朗音樂則與其不同，而是如萬花筒一般，材料簡單，反覆折射之後卻能變得很複雜，長出多個裝飾、對位旋律，而且會再與原主題動機相互呼應、交纏。無論是動機間的互相模仿，或是同時間的音符共振，都呈現出大我與小我互相涵納的宗教宇宙觀。

其他極簡主義音樂家如萊里（Terry Riley）、葛拉斯（Philip

骨幹旋律 3 6 3 5 3 6 3 5 3 6 3 5 6 5 3 2
Bon. Bar. 3 6 3 6 3 5 3 5 3 6 3 6 3 5 3 5 3 6 3 6 3 5 3 5 6 5 3 5 6 · 6 ·
Bon. Pnr. 363·3636353·3535363·3636353·3535363·3636353·3535656·6535626·626·

印尼甘美朗音樂〈紅花〉的第一句。本圖參考Titon, Jeff, ed.（2009）. *Worlds of Music: An Introduction to the Music of the World's Peoples*, 5th edition. Belmont, CA: Schirmer Cengage Learning. p.320繪製。因甘美朗與西方音階系統不同，旋律約略為西方音階的E-A-E-G#，故以數字表示。

Glass）與亞當斯（John Adams）等，受到這一波音樂與哲學思想影響，都強調簡單、純粹、人心可輕易掌握的形式。在他們的創作中，動機的反覆與交疊旋律，宛如朝聖旅者在廟宇間行腳，透過想像組合來描繪出人心輪廓。這些行動說明人類心靈想要擱置理性的計算，透過更純粹的音樂素材，達到一種「華麗的掙脫」。

美國極簡的經典

人類的心靈能夠從簡單的節奏，或音型動機間的差異，做出象徵性的意義指涉。前面提到過的美國極簡主義作曲家賴克，他就曾在一九七二年的作品〈擊掌音樂〉（Clapping Music）中，有過類似的模仿。我們可清晰地聽見兩組相同的十二拍節奏型，透過每次相差一拍的時間差，形成十一種不同的複節奏樂段。在聽覺或視覺上，我們都能體驗到那股互相追趕、但漸行漸遠的心理張力，以及在最終第十二回卻意外地回到原來的單一齊奏，釋放之前累積所有的緊張感。這是極簡主義音樂的經典例子。

美國作曲家葛拉斯在一九七六的歌劇《沙灘上的愛因斯坦》（*Einstein on the Beach*）是一部將音樂與節奏動機之間的交織，譬喻為穿梭在感性與理性之間的作品。以第一段Knee Play 1為例，葛拉斯以電子管風琴演奏三個長音A1- G1- C1做成全曲的頑固低音，為兩位唸著無意義的字詞、句子及數字的女聲伴奏。當合唱團依著頑固低音的音高演唱one, two, three, four/one, two, three, four, five, six/one, two, three, four, five, six, seven, eight的數字（有時故意遺失某些數字）幾次後，加入男聲反覆唱其音名La- Sol- Do（偶爾拉長節拍）。這些演唱「音樂」（感性）與唸誦「數字」（理性）所交織的聲響海，被用來模擬二十世紀最重要的天才物理學家，同時也擅長小提琴演奏的愛因斯坦腦中世界。這段看似無邏輯可「懂」的音樂元素，因為節拍、旋律動機不斷的反覆，編織成超現實、如夢境般可感知、可理解的抽象情境。

亞洲音樂概念的重返

亞洲的極簡主義思維進入現代北美樂壇、乃至對古典音樂界發揮影響，始於五〇年代在美國哥倫比亞大學教導禪學的日本大師鈴木大拙（すずきだいせつ，D. T. Suzuki）。美國作曲家約翰・凱吉（John Cage）就受到東方思想的影響，重新定義音樂為「聲音與寂靜接續的時間過程」。他以中國《易經》的概念創作《變化的音樂》（*Music of Changes*或譯為《易之音樂》）鋼琴曲，將音樂題材的呈現順序以隨機方式決定，成為「機遇音樂」（music of chance，或aleatoric music）的開端。

日本禪宗思想影響西方古典音樂後，也回過頭來影響了二十世紀最知名的日本作曲家，同時是大導演黑澤明《亂》的電影配樂製作者——武滿徹（Toru Takemitsu）。武滿徹年輕時因質疑日本參戰的動機，以及二戰末期曾被徵召入伍的痛苦經驗，而不願碰觸日本傳統音樂，極力避免成為「日本人」。直到一九六二年，武滿徹接待訪日的凱吉之後，才重拾對日本文化的思考，並追求音樂的極簡形式。他強調以傳統美學概念的「間」（ma）與「觸」（sawari）貫穿音樂作品，並將環境中的簡單聲響稱作「音流」。這些具有極簡主義精神的聲音小片段存在於自然環境中，無所謂結束，也無時無刻即開始，不斷圍繞在我們身邊，就像潺潺的河流一般。用武滿徹自己的話就是：

> 在地鐵昏暗的光線中，只感受到火車行駛的物理節奏。思考音樂，或更精確地說，思考的是那些非託負著音樂意義與功能的聲音本身。
>
> 琵琶演奏如夏蟬之鳴，尺八吹奏如竹林之風。

日本的土地神「結繩」，與極簡音樂

回到新海誠電影《你的名字》。故事是發生在日本飛驒市深山小鎮糸守町的少女宮水三葉，以及相差三年後的東京高中少年立花瀧身上。自三葉生命史中的二〇一三年（對瀧來說是二〇一六年）開始，她與瀧只要在半夢半醒之際就會靈魂互換，結果讓他們在各自的社會網絡裡更受歡迎。樂團RADWIMPS在電影配樂上，細心地用音樂的小片段作為故事的線頭，深描他們魔幻又真實的人生追求。

電影中，口嚼酒獻祭是前現代與現代交疊的重要儀式。三葉在與瀧彼此交換的某一天，和妹妹四葉、祖母一起步行到宮水神社的「御神體」參拜。途中祖母告訴她們「結び」（Musubi）是土地神，其含義相當深遠：

> 連接繩線是「結び」，連接人與人是「結び」，時間的流動也是「結び」，全都是神的力量，我們做的結繩也是神的作品，正是時間流動的體現，聚在一起、成型、扭曲、纏繞，有時又還原、斷裂，再次連接，這就是「結び」，這就是時間。

若我們細看電影配樂第九首〈御神體〉曲中的動機變化方式，會發現它具有與上面描述裡相似的作曲手法，彷彿就是「結び」。頁四〇四圖高音譜記號（line 1）的a、b、c、d、e，其實差距非常小，若不仔細聽幾乎無法分辨，加上它們無法被預測的銜接順序，更增添音樂的神祕色彩。line 2的四小節樂句，在第二次出現（第五到第八小節）時也起了些微的變化。第三個聲部（第十一小節的line 3）更進一步簡化原line 2的樂句，成為兩小節一次循環的動機，並將原來第二、四拍出現的音符，挪至第一、三拍，產生此起彼落的回音。

事實上，《你的名字》幾乎每一首配樂，都充滿小動機或是旋律片段的不斷反覆與些微變化。例如配樂的第四首歌〈初次的、東京〉（はじめての、東京），以聲音描繪女主角三葉第一次到車水馬龍的東京，坐火車、換捷運、看著熙攘人流的情景。第十二首〈喚起記憶的瀧〉（記憶を呼び起こす瀧）、第十五首〈圖書館〉（図書館）、第十九首〈作戰會議〉（作戦会議），及第二十首〈說服鎮長〉（町長説得），都在逐漸加入更多拼貼的小片段動機後使織體（texture）愈加豐富，猶如時空、性別之間的穿梭與重疊。

複調音樂的結繩，銜接的異時空

複音音樂如同兩個人一起說話，雖然內容不同，但可以同時被聽見。儘管大部分的複音音樂仍是建立在同一調性上，但打破統一調性的複調音樂（Polytonality）卻能讓人進入兩個不同時空，形成各說各話的狀況。雖然音符可能聽不太清楚，卻能感受得到其中的特殊情緒。最著名的例子，莫過於史特拉汶斯基《彼得羅西卡》芭蕾舞劇中，將升F大調與C

《你的名字》裡第9首〈御神體〉配樂。

大調和弦一起演奏，形成詭異不和諧的和弦。

有別於二十世紀西方音樂家強調兩個調之間的非共同音所創造出來的衝突與不和諧感，《你的名字》中的〈三葉的主題曲〉（三葉のテーマ）以C調與F調重疊，運用大量共通音與偶爾出現的不和諧音程描繪「結繩」的魔力。此微妙的異／同感，正如同那個世界／這個世界，隱世／現世，夢境／黃昏之時的彼此穿越。

《你的名字》電影配樂充滿緩慢位移與細微變化的反覆，這些配樂搭配生命情境的反覆重新再現，在似乎寧靜卻又無止盡的「音流」中，產生超現實、如夢境般的魔力。複調與複音音樂的小動機編織，被具象化為《你的名字》裡的結繩，讓故事中的主角能標記不同時空，能說話、能相會，也重組彼此間社會關係。這些互相參照對話的結繩行動，說明了現代人並不願漂浮在虛無的話語宇宙。人們持續改變並織造當代的音樂與文化，而讓每個人都有機會能追索不同的身世與名字。

阿美心情

族語流行歌唱得出與唱不出的生命經驗

施永德

投幣式卡拉OK歌手，一不小心成為文化人類學學者、聲音藝術家，從K歌的角度探討聲音、性別、倫理、流動，想點的歌多為阿美族語流行歌曲，所以書寫、創作聚焦於原住民族媒體以及語言、文化主權。阿德任教於台大音樂學研究所。

各位或許會笑我是個書呆宅男，不過我很喜歡分類我所收集的上百首Sowal no 'Amis（阿美族語）流行歌。這種單調的工作很適合波士頓一直下雪的冬天，我躲在家裡慢慢聽歌，然後將歌詞記錄下來，就這樣度過了雪假。透過分析歌詞中的主題以及有點公式化的表現形式，我思考阿美流行音樂作為一種文類的一些重要特質。比如說，長期而言哪些表達形式會流通、延續下去？而哪些陳述似乎不容易出現？在某個音樂類型中，某些特定的生命經驗好像是相對可以訴說吟唱的，而有些則比較說不出來。我的語料庫含括了一九四〇到二〇一〇年代的阿美流行歌歌詞，從中可以觀察到時代的變與不變。覺得乏味嗎？應該不會。反正，感到疲憊還可以站起來跳舞。

創作的彈性

我最初推測，早期阿美族語流行歌在創作手法上，應該會跟那些後來在七〇到八〇年代之間大量生產的作品有一個斷裂。原因是從七〇年代開始，阿美族部落的男人幾乎「都～在跑船」[1]，然後隨著台灣營造業蓬勃成長，他們自嘲自己在台灣各城市當起「男模」（板模工作）和「拉丁人」（工地裡拔鐵釘）。船員和工人的家屬為了方便也跟著一起跑，遷移到台灣西岸與北部，在八斗子、三鶯、哈瑪星、草衙等城鎮建立聚落。他們這些移動的經驗於是反映在當時的流行歌曲中：船員把南洋、拉丁美洲、非洲的節奏和旋律帶回台灣來；歌詞中也經常提到Takaw（高雄）和Taypak（台北），有時也會有Singapol（新加坡）、Tayseiyo（大西洋）、Alapo（阿拉伯）。然而，這段時間所生產的歌詞跟早期的歌詞相比，整體來說還是有高度的延續性。這是我最感到意外的發現。

根據口述歷史，阿美族語流行歌的創作應該早在三〇到四〇年代之間就出現了，主要受到日本公學校的音樂教育課程、日語流行歌和軍歌的影響。阿美族的「現代」或「流行」音樂和「傳統」音樂都有著創作上的彈性，但是以不同方式展現出來。傳統音樂沒有固定歌詞，且充滿營造情緒氣氛但本身沒語意的襯詞，如ho、hay、yan、nalowan、he等。歌唱者可以隨著不同情境隨機添加歌詞，或透過歌唱速度改變歌曲的意思。相較起來，現代流行歌曲的不同不只是在曲調、編曲上，連內容都是有意義的歌詞。然而流行歌也有其彈性。它的曲調類型很廣泛：台灣民間歌謠、日本的演歌、西洋流行歌曲都有阿美族語版本，通常是將現成的歌曲加上阿美族語歌詞。而這種創作方式很實用：一台投幣式卡拉OK，點播華、台、日語歌之後，就能用族語翻唱了。歌唱（radiw）是部落的重要社交方式，大部分的人（特別是中、老年人）除了知道一首歌的「正本」以外，還會編出屬於當下情境的版

1　這是台東阿美式中文，「都」的聲音要拉得超長。

本，所以一首歌好像一個「家族」，雖然每一個版本都很接近，但是都有自己的特色。這種充滿彈性的能量，讓阿美族語流行歌整個豐富起來。一方面，它已經接納了很多種不同的音樂類型，另一方面，如果一首歌真的受歡迎，不同版本的歌詞一定很多，也會在黑膠、卡帶、CD等不同媒體中留下紀錄。

唱得出與唱不出的經驗

從三〇到九〇年代末，阿美族語流行歌的歌詞之間仍有著很強的延續性，顯示出早期歌詞使用的習慣一直流傳到後期。比如，我們今天知道的關於遠洋漁業的紀錄，很多正是來自這些具有相似主題的歌詞。我不由得揣測：這些流行歌曲代表的不只是每個文化世代（cultural cohort）的經驗——如「X年級生」、年齡階層，或次文化，而是某種更大範圍的文化建構（cultural formation）。當然，這並不令人驚訝，畢竟若以傅柯的理論來看，每一個論述內在都具有一種因權力關係而產生的可以說與不能說的分布。但是從歷史研究與人類學的角度來看，我們會想知道所分析的資料除了這種可以說與不能說的分布以外，還能反映什麼特定時間脈絡下的文化現象？這些文化現象超越個別歌曲創作者，反映的是社群的集體經驗以及整體文化吸收新經驗的過程，包含什麼事情是相對可說與不可說的文化傾向。

而到了歌詞的文類之中，這有時或許不是「不能說」，而是一種接近「羞於表達」、「唱不出來」的經驗。這稍後我會談到。

歌詞能創造一種社群延續性，而在阿美族語流行歌中那種屬於阿美文化的延續性，經常被國族敘事所忽略。例如勞動以及移動是阿美人面對工業資本和國家體系的常態，也因此他們常在歌詞中強調「流浪」和「思念」。除了歌詞以外，年齡階層（kapot）的命名方式也能記錄這種長期的經驗。具有創名制年齡組的阿美族部落，每一個新組成的年齡階層成年時，需通過部落耆老的討論命名。這些階層名稱一層一層地反映了當時的歷史脈絡與部落史觀，比如說，lahetay（「拉嘿代」，四〇年代初，被召去當兵的青年）、lacinsek（「拉建設」，七〇年代的十大建設）、ladatong（「拉薩崠」，二〇〇九年八八水災後「蓋滿整個海岸的巨木」[2]）。這種命名方式讓我想到奈及利亞非洲節奏樂手費拉・庫蒂（Fela Kuti）在描述國家勢力時說的：soldier come, soldier go。我時常想，「拉皇帝」、「拉民國」、「拉金門」等年齡階層的命名可以證明，這是原住民對國家的一種感受，「軍隊來，軍隊去。」

根據我的統計，在阿美族語流行歌中最常聽到的詞彙，莫過於rarom（傷心難過）的各

2 這裡不能說「漂流木」，這是一個有忌諱的事情。年齡階層的稱呼有一種力量，如果說「漂流」的話，將對那群年輕人不吉利（使得他們漂流至台北回不來），所以都蘭部落的用法是「巨木蓋滿整個海岸」。

種變化，如mararom konia tireng（我很難過）、mararom ko faloco’（心裡很難過）、o kararoman（讓人難過的）、rarom ko harateng（心情難過）都常出現在歌詞中。Rarom有難過、寂寞、挫折、失望、和思念的意思，’ilol、oron（懷念、想念）和’iwil（孤獨、悲傷、憂愁、悔恨）也常出現，而maeden a samaanen（怎麼辦？有什麼辦法？）也是耳熟能詳的。我們也可以經常聽到演唱者提到’orip（人生或生活，或是一種命運）；還有pinangan no fa’inayan（男人的習性）。此二者將人生的遭遇轉換成一種人（特別是男人）的本質或命運：如果我是’orip no pakoyoc，「孤兒的人生／命」，我沒有其他選擇，maeden a samaanen（怎麼辦？有什麼辦法？）。

與華語語系（Sinophone）流行歌[3]相比，阿美族語流行歌更常利用kinia tireng（這個身體）來代表第一人稱，思念的對象也更加具體，因為所思念的人不是一個「你」或「她」，而是一個需要照顧的「身體」。當mararom kinia tireng（這個身體很難過），演唱者也會maharateng to tireng iso（思念你的身體），叫你dipoten to ko tireng（照顧你的身體）。這種以身體、人生、命運的主題，將偶然性（家貧如洗，要出外工作）轉為本質（男人的習性，這一身的命運）的態度，對二〇〇〇年代後的阿美歌手可能宿命感太重，因此在二〇〇〇與二〇一〇年代之間的作品中已經很少聽到了。

交通工具也經常出現在歌詞裡：公車、海中的漁船、軍艦、來港邊送走親人的手帕，藏在路人枕頭下的照片，陪著苦力、漁人、木工的步伐，留在故鄉家人的來信和淚水，出沒在演唱者的想像中。此外還有港口、港邊、車站、月台等，代表離別以及流動的顯著地點和物件。阿美族語流行歌就是這樣提醒我們，部落對現代社會的經驗其實是一種不斷「離散」的過程，不論是在遠洋或在陸地做板模，不論是在部落蓋鋼筋水泥大樓或移居至都會聚落。

阿美流行歌歌詞中也有一些唱不出來的生命經驗。例如，我們一般認為華語語系流行歌的家常菜——愛情關係的表現，在三〇到九〇年代的阿美族語流行歌中反而相當罕見。當然，歌詞中的演唱主體可能會遇到一位hatoya fulad ko pising ira（貌美如月）的人，也會想milicay to ngangan（借問芳名）——不過，演唱者一直mangodo a milicay（害羞得不敢問）。歌詞中剛成年的kapah（青年）哭訴awaay ccaccay a kaolahan（為何沒有人注意到我，想跟我在一起），而有意中人的女孩，則抱怨父母不贊成她的婚事。演唱者可以訴說感情挫折，但是關於愛情直接的表現，好像屬於歌詞比較「唱不出」的範疇。反正，演唱者一般而言也太mangodo（害羞）——害羞、客氣在阿美倫理中是男人的美德，跟勤勞同樣重要。但也有一種與此形成反差、流行於部落中的「歪歌」，利用各種有趣味的比喻來描述性愛的

3 在此為史書美的華語語系框架，包含了華、台、粵語流行歌曲。

快感，或者讓一首正歌變得「很直接」。這種歪歌，部落老人家——特別是女性——唱得很起勁，但是很少在卡帶或CD中出現。

近年的變遷

隨著台灣主流音樂市場「發現」原住民流行音樂，又透過非主流公司製作後，歌詞的改變也相當多。今日的阿美流行歌有時候也會提到移動，比如圖騰樂團的〈我在那邊唱〉，應該是「留北」青年的主題曲之一。但是，二〇〇〇年代後的原住民流行歌開始比較強調存活、堅持、回部落的路。歌詞及旋律都充滿回歸傳統的願望。最近的阿美流行歌歌詞和音樂影像中也經常能看到社會邊緣的共同經驗，或是透過流行歌主動建立的泛南島認同，以及跟各種社運團體（如婚姻平權、外籍勞工、環保）的聯盟關係。這種改變反映了當代青壯年歌手所面對的不同聽眾群體和政治願望。最後，很有趣的是，年輕一代的歌手也開始從主流華語歌壇學到如何說 maolahay kako tisowanan（我愛你）。這句話，今日在阿美流行歌裡已經不算「唱不出來」的範疇了。

流動、復振、變通

烏克麗麗與夏威夷原住民運動

林浩立

嘻哈文化工作者，正式踏上人類學之路後進入了斐濟群島和更廣闊的太平洋世界，在芭樂人類學中重拾嘻哈的激情，書寫主題遍及音樂、電影、運動等流行文化現象，當然還有最愛的太平洋。現任教於清華大學人類所。

在二〇二〇東京奧運上，身為夏威夷原住民的美國選手卡瑞莎・凱納妮・摩爾（Carissa Kainani Moore）在首次被列為比賽項目的衝浪賽事中奪下女子組的金牌。她的勝利可以說意義重大，因為這個現在看似由白人男性主導的運動，可是與海共生的玻里尼西亞地區島民的發明，且在夏威夷的木製衝浪板上發展到鼎盛。然而在與西方密集接觸後，夏威夷原住民建立的王國被推翻、海岸土地被剝奪、原民人口凋零，曾是酋長與平民全員參與的衝浪運動也隨之沒落。但他們在水中的身影可沒有就此被埋沒。在卡瑞莎之前，杜克・卡哈那莫庫（Duke Kahanamoku）早已於一九一二斯德哥爾摩奧運上得到游泳項目的金牌，並在之後無私地將衝浪推廣到世界各處。或是七〇年代在夏威夷歐胡島北岸擔任救生員的衝浪高手艾迪・艾考（Eddie Aikau），曾在海邊救起超過五百條性命。他們都是在已被白人霸占的海浪中，以高超的技巧、包容的態度，甚至自己的生命，重新與海洋連繫起來。這些夏威夷原住民英雄讓我想到人稱「伊茲」（Iz）的溫柔巨人伊瑟瑞・卡瑪卡威烏歐爾（Israel Kamakawiwo'ole），以及那與他寬大的身形和氣度不成比例的樂器烏克麗麗。

這是一個烏克麗麗與太平洋的故事，請搭配伊茲的名曲〈彩虹之上／多美好的世界〉（Somewhere Over the Rainbow/What a Wonderful World）欣賞。

流動

每個島上的生物，都曾是個旅行者。

——葛瑞格・丹寧（Greg Dening），《島嶼和海灘》[1]

烏克麗麗這個精小的樂器與許多太平洋島上的「傳統」事物一樣，是由外地引入的。葡萄牙外海有個馬德拉群島（Madeira），島上除了遠近馳名的葡萄酒外，還善於製作一種稱為「馬歇提」（machete，或稱braguinha）的四弦「小吉他」。然而，現今這個葡萄牙最富裕的地區之一的小島群，在十九世紀時卻面臨了人口膨脹、糧食短缺的問題，迫使居民大量外移到他處做契約工人。一八七八年九月，在一位德國醫生的牽線下，首批馬德拉島民簽下了甘蔗工契約、乘船抵達檀香山，並帶著他們心愛的樂器而來，以解旅途煩悶與思鄉之苦。

根據川瓜達（Jim Tranquada）和金恩（John King）兩位學者蒐集的史料，在夏威夷關於這個外來樂器最早的紀錄始於一八七九年，而不到十年之內，當地人已開始用烏克麗麗稱呼

1 *Islands and Beaches, Discourse on a Silent Land*

它（一八八八年是最早的記載）。然而，從馬歇提到烏克麗麗的轉變，其實牽扯到另一個來自馬德拉群島的樂器，「拉焦」（rajão）。馬歇提四根弦的音調為D-G-B-D，拉焦比馬歇提稍大一點，有五根弦，音調為D-G-C-E-A，而標準調音為G-C-E-A的烏克麗麗很有可能是夏威夷人融合兩個樂器的結果。目前夏威夷仍可見到拉焦，當地人稱為「芋園琴」（taro patch fiddle），但此稱謂有時也被拿來指烏克麗麗。

早在十八世紀末，美國西北、俄屬阿拉斯加與中國的貿易網絡就已將大批商人、船員與疾病帶來夏威夷。接著在一八一九年，國王卡梅哈梅哈二世廢除了傳統信仰與禁忌體系，隔年首批美國傳教士前來宣教。夏威夷原住民的文化生活至此經歷劇烈的變動。富有意涵的傳統音樂吟唱如今被貶低為蠻狄之音、面臨失傳的危機，取而代之的，是傳教士教導的聖經詩歌與西方通俗歌曲。威權不斷受到外來政權與白人居民挑戰的夏威夷皇室也開始讓其年輕成員接受西方教育。於一八七八年接下王位、有「快樂君王」之稱的大衛・卡拉卡瓦（David Kalākaua），與他的妹妹莉莉烏卡拉妮（Liliuokalani），幼時便在皇家學校受正統樂理樂器訓練，之後也利用這些知識設法復振夏威夷的傳統歌謠（mele）和舞蹈（hula），甚至自己填詞譜曲，如名曲〈夏威夷驪歌〉（Aloha 'Oe）就是莉莉烏卡拉妮的傑作。卡拉卡瓦則是非常喜愛烏克麗麗，不但自己會彈，也常找馬德拉島民來宮中表演。在他的推動下，彈奏烏克麗麗逐漸成為遍及全島男女老少的活動，特別是當時仍居人口多數的原住民，更是這個小樂器的最大支持者。

說了那麼多，竟還沒談到烏克麗麗這個名詞的來源。'Ukulele原本在夏威夷語中指的是另一種西方傳入的東西：貓蚤。'Uku是「跳蚤、嬌小」的意思，而lele是「蹦跳」。至於為何會用跳蚤來稱呼這個樂器，據川瓜達和金恩的考證有兩種說法，其一是在彈奏時的指法靈活多變，彷彿跳蚤在弦間跳躍；其二是源於愛德華・威廉・普威斯（Edward William Purvis），這位曾在卡拉卡瓦內閣服務的英國軍官。他的身材嬌小，在體型魁梧的夏威夷人之間穿梭宛如跳蚤。據說他酷愛馬歇提，還曾教導國王彈奏，因而使得他的綽號與此樂器連在一起。川瓜達和金恩認為後者的說法有些問題，因為其實普威斯與國王的關係不合，在辭職後還寫了一本作品諷刺他，作為夏威夷全民樂器的烏克麗麗，怎麼想都不太可能以國王之敵的綽號為名。

另外還有一種詩意的解釋，與善於詞藻的女王莉莉烏卡拉妮有關。她用了沒有聲門閉鎖音的uku（禮物、獎品），與lele的另外一個意思「飛越、下船」，隱喻烏克麗麗是一個來自遠方的禮物。若了解太平洋島民關於禮品交換、建立關係的宇宙觀，此詮釋就顯得相當有意思。這裡容我自己腦補一下：在夏威夷語中，送人的禮物應該是用makana這個字，uku的含意比較偏向「償還、報酬、薪水」。這樣來看，女王更深的用意是這樣的：夏威夷接納、照顧了這群來自異鄉的馬德拉島民，而烏克麗麗便是島民們的「回禮」。放在當時原民主權面臨美國地主居民挑戰的狀況，此詮釋或許有些喟嘆的意味：你們美國人不但沒有提供「回禮」，甚至還占有我們的土地、喧賓奪主起來。

復振

土地上之政權與生命乃藉由正義延續。（Ua Mau ke Ea o ka ʻĀina i ka Pono）

——夏威夷州座右銘，〈夏威夷一九七八〉（Hawaiʻi 78）這首歌的開頭

你還在聽著〈彩虹之上／多美好的世界〉嗎？記得我第一次聽到這首歌是多年前在英國利物浦碼頭旁的泰德現代藝術館，其中一個現代裝置藝術品上，似乎是為了製造某種反差，作者選擇用喇叭將伊茲柔和的歌聲與那描述美妙境地的歌詞反覆播放。藝術品本身是什麼我已忘了，但那「下、下上、上下」的烏克麗麗刷弦韻律我可忘不了。當時孤陋寡聞，竟不知道歌聲的主人是誰，也不知道他早在一九九七年六月已因過重的身軀衍生的諸多疾病而過世。我從這充滿平靜喜樂的歌曲中，也沒有聽出其為夏威夷原住民運動發聲的隱藏訊息。

卡拉卡瓦在位期間致力復興夏威夷文化傳統，設法結盟日本、滿清等帝國來制衡歐美勢力，引起白人居民不滿。也是在此時，烏克麗麗與原住民都開始逐漸被賦予一種「懶散、幼稚」的形象。前者只是個玩具樂器，登不了大雅之堂，後者則是無法負擔重任，如治理

國家。一八八七年，在擁有民兵武力的白人地主聯盟的脅迫下，一部大為削弱國王權力與原住民權利的新憲法誕生了。一八九一年，卡拉卡瓦過世，只剩象徵意義的王位傳給了他的妹妹莉莉烏卡拉妮。一八九三年，盼望著美國政府前來管理的白人地主又發動另一場政變，將皇室正式推翻，女王還一度蒙受囚禁之辱。儘管之後她親自到處奔走，聲張此政變之不義，但夏威夷成為美國殖民地的大勢已無法挽回。

一八九八年，夏威夷被併吞為美國領土，進入二十世紀之後，原住民人口銳減至歷史新低，只剩兩萬多人。一九五九年三月，夏威夷成為美國第五十州，帶來無限商機與旅遊業發展，原住民生存空間卻更加被壓縮，還要忍受美軍長期對自己土地的試射轟炸。文章一開始有提到一位活躍於六〇到七〇年代的原民衝浪家艾迪．艾考，他的弟弟克萊德（Clyde Aikau）在其傳記紀錄片中談到，他們小時候看到夏威夷烏克麗麗、舞蹈、傳統盛宴（lūʻau）被拿來招待大批觀光客，自己棕色的皮膚走在威基基海灘卻不受歡迎，是一種非常不舒服的滋味，說著說著眼淚就掉了下來。不過，也是在這個時候，自「快樂君王」卡拉卡瓦的努力後的「第二次夏威夷原民文藝復興」正開始在醞釀。

此文化復振運動的先鋒也是一位烏克麗麗樂手，艾迪．卡邁（Eddie Kamae）。他曾在六〇年代走遍夏威夷各個島嶼部落，採集原民傳統歌謠。他與夏威夷滑音吉他先驅蓋比．帕西努伊（Gabby Pahinui）組成的「夏威夷之子」樂團（The Sons of Hawaii）專唱這些包含神話、傳說、地景的夏威夷語歌曲，與同時期夏威夷流行歌手何大來（Don Ho）〈小小氣泡〉（Tiny Bubbles）那種浪漫島嶼的英語歌曲形象大相逕庭。受到這些前輩的啟發，血脈可追溯到尚未被觀光侵犯的禁忌之島尼豪島（Ni ‘ihau）的伊茲，其第一個團體「尼豪之子」（The Mākaha Sons of Ni‘ihau）接下這火炬，且更進一步地將夏威夷著名抗議歌曲，關於主權、歷史與土地的〈夏威夷一九七八〉發揚光大。伊茲的傳記作者瑞克・卡羅（Rick Carroll）回憶起一件插曲：有個晚上「尼豪之子」在一個夜店表演，台下一個遊客要求他們演奏英語流行歌〈夏威夷婚禮歌〉，結果伊茲竟悍然拒絕，堅持改唱夏威夷語的婚禮歌曲〈珍愛〉（Lei Aloha Lei Makamae）。單飛後，他也陸續唱了〈在主權土地上活著〉（Living in a Sovereign Land）、〈覺醒〉（E ala Ē）這些關懷原民主權的歌曲。烏克麗麗在他手中成為捍衛自己身分認同與土地的武器。

變通

我從不會被抓住，因為我是那飄渺山靄。（A‘ole no wau e loa‘a mai. A he uhiwai au no ke kuahiwi）

——山姆・利亞・凱拉伊那伊那（Sam Li‘a Kala‘inaina Sr.），〈希伊拉威瀑布〉（Hi‘ilawe）

然而，伊茲真的是毫不妥協的原民運動者嗎？他另一本傳記的作者丹・柯伊（Dan Kois）認為這是一個頗為複雜的問題。作為夏威夷「人民之聲」，他對夏威夷原住民的奉獻是無庸置疑的。每當他在唱〈夏威夷一九七八〉這首歌時，任何人都能感受到開頭那句夏威夷語的州座右銘是如何真情流露地吟唱出來。但島外的名聲開始建立起來後，他的製作公司開始必須顧及市場上的形象，畢竟他已達成了沒有任何夏威夷歌手曾做到的事情，就是全球商業上的成功。也因此他說過「只要有心，人人都可以是夏威夷人」之類的話。

但這代表伊茲妥協了嗎？首先我們必須知道，夏威夷原住民運動本身就相當分歧，有的想爭絕對獨立主權、有的重視土地權、有的在乎知識傳承。若要知道他的立場，或許我們該回到〈彩虹之上／多美好的世界〉這首歌。儘管它從來不會被認為是一首「抗議歌曲」，歌詞中也沒任何關於夏威夷的字眼，但它其實充滿了為原民發聲的線索。

這首錄製於一九八八年、創下夏威夷音樂銷售紀錄的歌曲，據當時的錄音師米蘭・伯托沙（Milan Bertosa）的回憶，是一個不請自來的美麗錯誤。凌晨三點左右，他接到一個名字長到他無法複誦、但聲音極為溫柔的夏威夷男子的電話，要求一定要此時進來錄一首歌。不久之後，他看到「一棟房子拿著一把烏克麗麗」來到錄音室。在花了好大的功夫找到一把能夠讓他坐下的鐵椅、並把設備架設好後，他一聲令下「開始！」，只聽到那巨漢對著麥克風輕輕地說：「好的，這首是獻給蓋比」（Kay, dis one's for Gabby），然後開始撥弦，低吟那經典的開場「嗚～嗚～」，整首沒有間斷，一氣呵成，一次錄完。

那句往往為人忽略的開頭口白，獻給的就是之前提到的已故夏威夷文藝復興舵手、滑音吉他大師蓋比·帕西努伊，這是第一個線索。民族音樂學家李卡度·崔米優（Ricardo Trimillos）進一步點出，伊茲整首的唱法，包括開頭的「嗚～」與結尾的即興呼喊，處處在向傳統夏威夷歌謠致敬，尤其是「有一天我會向星星許願」那句歌詞，一節節高上去，與傳統吟頌（kahiko）暗合。

然而，我認為這首歌最有意思的地方不是在那暗藏的「夏威夷性」，而是伊茲「混音」的創意。他的早期創作很大一部分就是結合雷鬼與夏威夷的「牙買加威夷」（Jawaiian）曲風，在這首作品裡他則是重新詮釋、融合了茱蒂·嘉蘭（Judy Garland）與路易斯·阿姆斯壯（Louis Armstrong）兩首經典英語老歌，並將其歌詞刻意或不經意地做更改。EMI唱片後來甚至曾打電話給伊茲的公司，詢問是否能叫他重新錄製一次「正確歌詞」的版本。這正是太平洋島民最擅長的事情，將引入的事物融合變通為己用。正是這種創意，讓這首歌不僅僅只是一個「翻唱」的作品，它超脫了夏威夷的框架而不失太平洋的精神，更昭示了當舞蹈等傳統技藝被西方拿來娛樂觀光客時，原住民也有能力反向操弄西方的經典。

烏克麗麗也是一樣，即便現在已被融入於太平洋各島嶼的音樂文化中，島民們並非只是被動地接受它而已。當我到斐濟村落進行田野調查，與村民閒聊時談到烏克麗麗，他們說這裡也有一把。拿出來後，只見琴上只有三根弦，第四根已斷掉。我遺憾地說，怎麼壞掉了呢？他們不懂為何我會這樣講。拿起琴來，三根弦照樣成曲。之後我才很慚愧地發現這是斐濟烏克麗麗調音的方式：將第四弦剪斷，前三弦調成A-C-E。在我於美國求學的城市裡，很幸運地有一個小小的太平洋島民社群。某次聚會上，薩摩亞主人彈著烏克麗麗娛樂客人，吉里巴斯人接著接下這小樂器後，第一件事情便是調成他們島嶼的音調。在東玻里尼西亞則有「大溪地烏克麗麗」這樣特殊的在地發明，弦有八根，且沒音箱。調音是標準烏克麗麗G-C-E-A的複弦版，但中間的C與E高八度，使其聲音更高更細，善於表現「顫音」以及「輪指法」的美感。

如今烏克麗麗正享受著自二〇年代爵士風潮、五〇年代戰後奇蹟後的第三波高潮。它能夠如此經得起考驗，或許與它精小易於流動、能夠變通的特性有關。而同樣地，夏威夷原住民傳統也不斷地透過多樣的管道傳承下去。其人口甚至已逐漸攀升回到與西方接觸前的盛世，主要原因可能是越來越多原住民得以登記兩種，甚至更多的族群身分認同。

流動、復振、變通，夏威夷原住民運動不斷以充滿創意與跳脫既定框架的方式持續進行下去，如同伊茲那首〈彩虹之上／多美好的世界〉的烏克麗麗旋律一樣，在世界各個角落中刷動著。

擁抱你的口音

西語嘲仿、阮月嬌與新台灣

趙恩潔

喜歡慢跑和科幻小說，偶爾客串故宮南院策展顧問。老本行是伊斯蘭與東南亞，新本行是跨物種科技與社會。大愛病發時會認真亂入全球時事。台灣史上首位兩廳院售票表演「吃播」的直播主。農友中少數保有分身人格者。

幽默從何而來？

所謂的Mock Spanish，大約可翻成「西語嘲仿」，指的是在美國嘲仿西班牙語／文／腔調的語言現象。在美國的種族主義形構之中，不同種族位階者對於不同語言的操控力並不對等。語言人類學家珍・希爾（Jane Hill）針對「西語嘲仿」的研究發現，白人的「語言權力」遠高於其他族群，且白人在多語之間會使用多套雙重標準來「嚴以律人，寬以待己」。[1]比如，他們時常胡亂使用西班牙文：像是Grassy-ass，原本是西語的gracias（謝謝），又或者市面上的聖誕卡片不時都有隻狗在抓癢，上面寫Fleas Navidad（「跳蚤聖誕」，其為西語聖誕快樂〔feliz navidad〕的諧音）、亂用amigo（「朋友」）、perfecto（完美）等詞彙，甚至任意在字尾加個o的發音，就把它當成西語表達：mucho-trouble-o、numero two-o，這些根本不存在的西語片語就是如此。上述種種，在美國公共領域中被當作是一種幽默。即便帶著濃厚的英文口音、使用完全錯誤的文法，創造出根本不存在的字詞，也完全可以被大眾接受，甚至被鼓勵，表示這個人很友善、很接地氣、很親切。

然而，以西語為母語的少數族裔美國公民，可就沒有這種語言福利了。烏爾喬利（Bonnie Urciuoli）的民族誌指出，在紐約市下東城區的波多黎各人，雖然在圈內人之間可以自由地混用西語和英語，然而一旦到了白人為主的公共場合，就必須要清楚地區分兩者，因為西語被視為是一種非正式、甚至危險的象徵；即使在私人場合，以西語為母語者也必須小心翼翼在圈內人與圈外人之間拿捏語言的使用。因為，如果英語講太好，會被圈內人說是「裝白人」；若講太差，則會被圈外人懷疑自己的專業能力，甚至是智力。語言絕不只是表達的工具；語言自身就是一種帶有價值與權力位階的符碼。

西語及英語之間的語碼代換，也隨著情境而有所更迭，更反映出社會經濟乃至種族地位的差異。比如，紐約下東城區的波多黎各人與非裔美國鄰居一起打籃球時，由於雙方的社會經濟地位類似，因此他們的談話會夾雜英語及西班牙語，而波多黎各人在這兩種語言之間的轉換也非常順暢。相反地，在面臨一位白人社工時，即便已經知道這位白人社工會一點西班牙語，紐約的波多黎各人也會盡可能避免使用任何的西班牙語，而全數用英語表達。也就是說，由於種族地位之差異，被瞧不起的恐懼內化如此之深，連在白人面前曝露出自己的母語也變成一種可恥的事情。母語從原本自己最親密、最真誠的語言，瞬間變成了需要被隱藏起來的污點。

根據這些現象，希爾發展出一個重要論點，即以西語為母語者在公共場合講西語被視為一種失序，威脅到「白人公共空間」，因此他們必須忍受各種秩序安排；相反地，白人對

1 Hill, Jane H. *The Everyday Language of White Racism*. Malden, MA and Oxford, UK: Wiley-Blackwell.

西語的操弄則可以任意地失序，通常還帶有取笑的意涵，比如在戲劇、電影中以誇大的口音，來表述墨西哥食物、地點或其他相關事物，或是在寫作中刻意地使用西班牙語來表達貶義（即使該西班牙詞彙是中性的）。簡言之，這些任意挪用西語的方式都顯示了，白人認為西班牙口音或西班牙語是不恰當、可笑的、詼諧的（比如電影中幹掉一個壞人時可以對他說hasta la vista〔再見〕）。白人的這種語言權力是基於間接的隱蔽及否認，也就是白人通常會堅稱自己毫無種族歧視意圖，即便許多西語裔者已感覺受到冒犯。所謂的「幽默」，仰賴的是將西語與值得拿來當笑料或負面素材的意象聯想在一起並得以成立的基礎。若沒有這樣的基礎，幽默也就無從存在。換言之，白人幽默的代價是對西語他者的貶抑。根據希爾，這就是美國白人公共空間中的語言霸權。

台灣國語、原住民國語和新住民華語

其實，上述這些場景，我們並不陌生，因為語言意識形態及口音階層化其實是相當普遍的跨文化現象。當然，隨著文化脈絡不同，這些文化現象的內涵與社會意義也有所差異。

我還記得二十年前，台灣的綜藝節目裡，常常會有主持人嘲笑「台灣國語」。比如，大S與小S曾經不斷地嘲仿南部人不會說「優酪乳」，且不斷使用「去福華飯店護膚護髮」的順口溜，來強調台語的缺陷，即「從頭到尾只能呼到底」，「去胡華換店護乎護華」。而也不過才幾年前，我們又看到國片如《大尾鱸鰻2》裡頭，出現引起嘲仿原住民的爭議。原住民相對於「平地人」（原住民愛用語，在此特用）的處境，去到紐約，可能類似於波多黎各人相對於白人的處境，即使現在大部分原住民年輕人對族語的熟稔程度，可能遠低於波多黎各人之於西語。

其實，「原住民國語」今日的發展日新月異。很多很潮的原住民流行語已經成為泛原住民的語言現象，橫跨族群，甚至成為我身邊一些「原化漢人」的愛用語，比如「海嘯」（還是要）、「矮莎」、「怎麼可以」等等。我曾經多次練習「矮莎」的多重意涵以及多變的用法，直到我的數個不同的原民朋友認可為止。也就是說，同樣是模仿，甚至都帶有幽默的企圖，但因互動雙方的關係不同，可能成為意義完全不同的現象。比如，長居在部落或是有許多原民朋友的平地人，很有可能在遇到原民朋友時就會情不自禁地使用原住民中文，而這樣的語碼與腔調轉換，也不會受到原民朋友的排斥。理由很簡單，因為兩者的關係已經先被界定為一種友好的社會關係，因此這種語碼轉換不會構成問題，反而是友誼親密性的表徵。但如果今天是一位不常接觸原住民也對原住民議題不熟悉的平地人，在完全去脈絡的情況下模仿原住民說話，就很有可能會受到公議。

除了充滿特色的「原住民國語」之外，今日台灣的語言地景更少不了「新住民華語」。

必須承認，當我第一次看到網紅阿翰的「阮月嬌的徹夜未眠」這支影片時有點擔心。剛開始看片時，我的人類學政治正確敏感細胞就立刻活絡起來，掐著我的喉嚨逼問，這是不是Mock Vietnamese（嘲仿越語）?!但隨著影片進展，甚至多看了幾次，我開始覺得這簡短的腳本，有好幾處值得琢磨與玩味之處。我還特別轉錄給我的越南舅媽看，並與她討論。後來，我甚至在課堂上讓同學閱讀希爾的作品時，也同時讓他們看這支影片，並問他們覺得這與「西語嘲仿」有沒有差別？如果有，是哪裡不同？以下是這支短片的逐字稿[2]：

大家好，我是來自越南胡志明市的阮月嬌。我很喜歡看台灣的電視，台灣的電視很好看，我喜歡看……摔角。我常常傳給我越南朋友看摔角，他們說……那個不是摔角，那個是……立法院。我搞錯……（笑）我搞錯。

我昨天看電視看到很晚，我婆婆直接衝進來，對我好兇。她對我說，叫我煮水餃。我……跑去廚房煮一堆水餃，一直煮，我煮一堆，一堆水餃。煮到天亮，我婆婆……結果醒來跟我說：「我沒有叫你煮水餃，我叫你去睡覺。」我搞錯（笑），很好笑。我現在……吃不完……我水餃我吃不完。

以我自己的觀影經歷來說，我認為角色與情節的安排其實都很巧妙地烘托出阮月嬌的主體性。首先，阮月嬌喜歡看台灣的「摔角」，但越南朋友聰明地告訴她那不是「摔角」，那是立法院。等於一開始，阮月嬌的故事就先訐譙台灣一頓，將了台灣一軍。彷彿在對著鏡頭說：「你在看我說話口音很特別，我才在看你立法院全世界最特別咧！」

這個開場讓整個主體性的安置有比較平等互惠的布局。

再來同樣重要的是阮月嬌謙虛幽默的個性。她一直說自己「我搞錯，很好笑」，這種樂天、誠實，有種讓人不能不喜愛的感受，讓觀眾立刻想站在她那邊，想知道阮月嬌是怎麼看待台灣的？

接著，出現了「婆婆」這個角色。這個角色莫名其妙要阮月嬌三更半夜煮水餃，立刻讓人聯想起台灣名產「婆媳關係」裡頭的「惡婆婆」（注意：台灣並未獨占此名產，其他文化也有），所以就會有種想同情阮月嬌的感覺，尤其是那句「對我好兇」，讓人有點揪心。結果發現又是阮月嬌聽錯，是「去睡覺」而不是「煮水餃」，於是鬆了一口氣，好險，她沒有被婆婆虐待；或者說，好險，「不是又一個惡婆婆虐待越南媳婦的故事」。先是暗自批評台灣一番，但又表明台灣似乎有所進步。

最後，結局是「吃不完」。台灣人真的很愛吃，或是（可能不愛吃很愛偷減肥但是）會

2「阮月嬌的徹夜未眠」，網址：https://youtu.be/_PXO_cLiEXw

不斷地聊到與吃有關的話題，而「吃不完」作為整個跨文化奇遇記的結尾，有點「跳痛」以至於讓人會心一笑。

最後的最後，是適應新環境的主題。因為聽不清楚中文導致的糗事，顯示出要適應新環境的辛苦，想為她加油。

綜上所述，我認為在各個層面上，阮月嬌都不是「嘲仿越語」。不過，就這個議題而言，重要的是越南人的想法。在台的越南人當然不會只有一種想法，不過我可以分享的是我身邊親人的反應。我給我的越南舅媽看這支短片，問她的感受，她居然表示「模仿很像、超好笑」。我一再確認她會不會覺得不舒服，她直說：「不會啊。很好笑！」我後來再給舅媽多看幾支阿翰的片子，包括「中學少女」、「自助餐阿姨」、「北京留學生」等，她的評語是：阿翰「很厲害」。

口音是傷人的，口音是溫暖的

想當然爾，這個界線是模糊的，正如阿翰日前受訪時提到，自己曾經被罵「種族歧視」。阮月嬌不可能讓每個人都滿意。一定有人認為那是在取笑越南人。我們也必須尊重有人會因此有受傷的感覺。

不過，就台灣的網紅收視觀眾而言，為什麼阮月嬌這麼紅，還創造出阿翰這個品牌？我認為這支目前超過一百三十萬瀏覽人次的影片，可以說是台灣豐富的語言地景上的一個重要歷史紀錄。阮月嬌所代表的越南口音與主體是可愛、親切、讓人覺得溫暖的，但有時候也是霸氣的（其他集的阮月嬌有顯示出她霸氣的一面），就像看《俗女養成記》時，聽到裡頭阿媽與媽媽講出來的「台灣國語」那樣，讓我覺得舒坦、真實，召喚著我童年的記憶。越南腔的中文與台語，就像台灣腔的中文與閩南語，都是這塊土地上豐富而瑰麗的資產。

坦白說，我在小學時代也曾經被訓練為思考自己是龍的傳人、被父母問及如何講一口「標準的國語」，甚至自己給自己加強訓練，只為了說話更字正腔圓。我的「訓練成果」好到可以去廣播電台錄音，前提是如果我願意轉換聲道的話。但許多年過去，物換星移。曾幾何時，某種廣播的或某種司儀口令的誇大腔調開始顯得過氣，甚至讓人覺得稍嫌矯情刺耳。台灣歷經了民主化與多次政黨輪替，語言意識形態也緊跟著變化。

這些年來，我甚至更加賣力地培養了自己的台語腔，即便我的台語仍不流利，但與十年前相比還是進步了許多。在大溝頂巷口遇到以台語問我去哪買著名的鹽埕第一早餐虱目魚米粉湯的母女時，我簡直感動落淚，因為很多時候即使我認真用台語說話，對方往往還是用華語回答，彷彿我的臉上寫著「我不會說台語」似的。在國際場合上，有時遇到來自中國、同為研究各地穆斯林社群的學者，他們總對我說：「聽台灣人說話特別好聽。」那可能是另外一種語言意識形態。因為我講話並不溫柔，也常嗆他們。也許，那是「自由與輕鬆的風格」？我不確定。

當我想起已過世的母親的母親，我的阿媽時，我甚至會認為「發音不標準」是世界上最美麗的事情。我的阿媽不說中文也不會說中文，偶爾講一點「台灣國語」，甚至曾經跟我學過幾個「台灣英語」詞彙。那是最美麗的，是因為即使處在一個結構壓迫的劣勢情況下，仍然願意嘗試、面對生活、保持開放。既是多重文化差異的見證，也是主體性的施展。

當然，人們何時會選擇「隱藏」或「誇大」自己的口音，是根據情境而異的。這些情境可能相當複雜。比如當我在中爪哇地區以外的地方，包括雅加達、外島、馬來西亞，以及在台灣與印尼朋友相聚的時刻，我會採取的不同「口音」策略：有時候說話像個「爪哇人」（鼻音很重且特愛敬語答覆），有時候說話像個「印尼人」（為了顯示我不是馬來西亞人），有時候則像「外國人」（故意發音不標準，以免被誤認為是當地華人而吃虧），有時候則是「台灣人」（就很台，妳懂的）。這些不同口音的操作，除了關於策略，也關乎歸屬。

如果時光可以倒流，回到雙親命令年少的我指導他們的演說稿那天，我想我會對他們說：「台灣國語就好，真的。妳的口音就很好了。」

口音是民主的風，也是異溫層溫暖的鐘聲。

左岸|人類學 326

異溫層迷航記

芭樂人類學2

主編 趙恩潔、林浩立
作者 郭佩宜、黃郁茜、司黛蕊、趙恩潔、林開世、李宜澤、李梅君、陳如珍、蔡晏霖、呂欣怡、鄭肇祺、劉文、趙綺芳、林育生、林文玲、彭仁郁、林益仁、劉子愷、邱韻芳、江芝華、蔡政良、邱斯嘉、褚縈瑩、陳伯楨、羅永清、林浩立、潘美玲、林子晴、施永德(依文章順序排列)
總編輯 黃秀如
責任編輯 孫德齡
企畫行銷 蔡竣宇
校對 文雅
封面設計 廖小子
電腦排版 宸遠彩藝

社長 郭重興
發行人暨出版總監 曾大福
出版 左岸文化/遠足文化事業股份有限公司
發行 遠足文化事業股份有限公司
23141新北市新店區民權路108-2號9樓
電話 02-2218-1417
傳真 02-2218-8057
客服專線 0800-221-029
E-Mail rivegauche2002@gmail.com
左岸臉書 https://www.facebook.com/RiveGauchePublishingHouse/
團購專線 讀書共和國業務部 02-22181417分機1124、1135

法律顧問 華洋法律事務所 蘇文生律師
印刷 成陽印刷股份有限公司
初版 2021年9月
定價 450元
ISBN 9789860666694
9786269505159(EPUB)
9786269505135(PDF)

國家圖書館出版品預行編目資料

異溫層迷航記【芭樂人類學2】
郭佩宜、黃郁茜、司黛蕊、趙恩潔、林開世、李宜澤、李梅君、陳如珍、蔡晏霖、呂欣怡、鄭肇祺、劉文、趙綺芳、林育生、林文玲、彭仁郁、林益仁、劉子愷、邱韻芳、江芝華、蔡政良、邱斯嘉、褚縈瑩、陳伯楨、羅永清、林浩立、潘美玲、林子晴、施永德作；趙恩潔、林浩立主編.
-- 初版. -- 新北市：左岸文化出版：遠足文化事業有限公司發行；2021.09
面； 公分. -- (左岸人類學；326)
ISBN 978-986-06666-9-4(平裝)

1.文化人類學 2.文集

541.307 110014102